于永正教育文集

# 于永正课堂教学实录 I

## [阅读教学卷]

于永正◎著

教育科学出版社
·北京·

# 人生留痕

## ——写在前面的话

### 一

小时候想当画家。邻居家有四幅郑板桥画的竹、兰、菊、梅，每年春节才舍得挂出来，挂到正月十五，就收起来了。听着大人的品评，羡慕得不得了，心想，长大了，我也要当画家。于是天天画画儿，常常画得天昏地暗，废寝忘食。

读初中一年级时，在恩师李晓旭老师的激励下又想长大了当作家。读了神童作家刘绍棠写的中篇小说《运河的桨声》，佩服得五体投地，更坚定了当作家的信念，而且不一定等“长大”了。于是孜孜不倦地读书，苦思冥想地写作。

“文革”彻底粉碎了我的“作家梦”。但改革开放后，它“死灰复燃”，我继续操笔为文，只是不写小说、散文之类，而改写教育随笔和教学论文。心想，写什么不行，只要文章能见诸报端就成。

功夫不负有心人。1980 年第 12 期《江苏教育》发表了我的第一篇教学论文《选材与命题》，同年同月，《徐州日报》发表了我的短篇小说《没脑子的人》。我把《选材与命题》的用稿通知书在衣兜里整整揣了一个星期，逢人便掏给人家看。

从此，一发不可收拾。

我经常开玩笑说："写，让我变成了一条猎狗，瞪大眼睛看世界，张开鼻孔嗅四周，竖起耳朵听动静。干什么呀？搜寻生活中的真、善、美呀！"是的，写，让我读书有了动力——看看人家是怎样看待教育、教学的？人家是怎样做的？人家是怎样研究学生的？人家又是怎样写的？读与写是"洗洁剂"，经常洗去自己头脑中的污垢；读与写也是"充电器"，不断为自己的大脑注入新的理念和动力。

总之，读与写是我教育、教学不断进步的双翼。读与写的过程，是不断肯定自己、激励自己的过程，同时也是不断反省自己、否定自己的过程。在这样一个往复循环的过程中，让自己的实践有了智慧，有了理性，使自己的路走得越来越正了，越来越直了。

感谢读、写的习惯。它充实了我的人生，成就了我的事业，并且让我的人生留痕。过去的事情，用文字凝固下来，就会成为"永久"，哪怕把它放在抽屉里。不写出来，终究只是一种记忆，而记忆不会长久。记忆一旦消失了，过去，就不复存在了。

人应当有追求，有抱负。虽然不一定都能如愿以偿，但为实现理想的付出，一定会收获充盈，会收获习惯，不至于"赤裸裸地来"、"赤裸裸地去"，最终两手空空。这样，至少对得起生我养我的父母，对得起教育我，并寄希望于我的老师。14 岁那年（1955 年），徐州京剧团招收文武场学员（即乐队学员，包括操琴、打锣鼓的），我独自一人，提了把胡琴去应试。没考上。但我对京戏、拉琴的兴趣丝毫未减。到了晚年，才体会到这一习惯给我带来的好处。对我来说，收获习惯，比收获"琴师"、"名角"真的更重要。

## 二

我的文章不是在书斋里写出来的，而是做出来的。

我写的，都是我的故事，我的经验、体会与感受。没有拾人牙慧，更没有抄袭。偶尔引用别人的话，是因为他（她）说得对，引起了我的共鸣，或用来佐证自己的观点，增加说服力而已。

我常常想，为什么叶圣陶、陶行知的书好读？为什么连外国的马卡连柯、苏霍姆林斯基、雷夫·艾斯奎斯写的书也好读，不像读有些理论家的书那样晦涩、费解？他们的书不但好懂，而且让我们感同身受。为什么？因为他们是教育家，而不是空头理论家。教育家的书都是做出来的。

作为一位教师，必须把工作做好，课上好，否则写什么？还要会思考、会感受，少了这一条也不行。没有“消化生活的胃”，对所从事的工作就不会有深切的体察和深刻的认识，就概括不出规律性的东西。

教育的理论是古老的理论。我只不过是用孔子、苏格拉底等中外教育家的理论演绎自己的故事罢了。我很卖力，很勤奋，因为我总想做个学生喜欢的老师，不能愧对学生以及他们身后的家长。

但，做到这一点不容易。我不断告诫自己：不要忘记自己曾经是孩子。一想到孩提时的我，我对学生就会多一份尊重、理解和宽容。我会向学生交出这样一张“名片”——“名片”的正面写着两个大字：微笑；下面书写着三个关键词：尊重、理解、宽容。“名片”的反面写着两个大字：负责；下面也书写了三个关键词：严格、顶真、耐心。

由此，我有了许多故事和体悟；于是，写的习惯让我把它们形诸文字；于是，有了这一套书。亲爱的读者，其实，我的“教学实录”，也是我和学生书写的故事，是有趣的故事。不信，你们读读看。

好文章的确是做出来的，不是写出来的。

“做”出来的文章是鲜活的，可感的，有生命张力的（恕我也使用了“张力”这个费解的词），因而更具有可读性。

## 三

这套文集主要包括以下三个方面的内容。

1．对教育的实践与感悟；

2．对语文教学的实践与感悟；

3．忆师友与对人生的感悟等。

本人从教五十多年，主要教的是语文学科，所以有关语文教育的，占的篇幅最多。除了有对语文教育的认识，更多的是语文教育实践——课堂教学实录。读者从中可以看出我的教育观、语文观、学生观，乃至于我的性格、为人和其他的方方面面。教学实录是最生动的教学论文，是最鲜活的语文教学法。同时，如我刚才所说，也是故事。

《做一个学生喜欢的老师——我的为师之道》，是刚写好的，本书是我对自己从教五十多年的较为全面的总结。这本书，可以说是我的“封笔”之作了。我很用心写它；写好了，也很喜欢它。和其他五本比起来，我自认为，它也是“压卷”之作。因为是一次全方位的总结，个别文字和课例，难免与其他几本书有相似或重复之处。

## 四

有一次，我的一位徒弟写了一篇题为《你了解学生在家里的表现吗》的文章，请我提提意见。一看题目，我就问：“你是质问我吗？——这个题目我读了有点不舒服。我想，任何一位读者读了都会有同感。”接着，我对这位徒弟说，写文章要有读者意识。第一，写的东西，对读者有好处，要传递“正能量”。即使是让读者消遣，那也一定得给读者带去一抹阳光，一缕春风，让人心情放松，甚至博得读者开心一笑。如果文章写出来自己都觉得没多大意思，我绝不投寄给报刊社，不能无端地耗费读者的精力和时间。只有自己觉得有点味道，甚至把自己感动了，才小心地投寄出去。有时，把写好的稿子先请你师母“审阅”。她读后脸上若有笑意，便有门儿；若眉头锁起，评价时吞吞吐吐，我就会把它丢进纸篓，或者打入“冷宫”，以后再加工。第二，要考虑别人能否读懂，尽量不要给读者带来麻烦。老舍先生曾说过，既然我们的语汇中有“可是”、“但是”，就不一定用“然而”。写文章是与别人交流思想的，不要卖弄自己的文字技巧。因此，话说得越明白越好。第三，要摆正自己和读者的关系。我们和读者是平等对话、平等交流，不能有居高临下、教训别人的意思。即使对某些人、某些问题、某些现象有看法，在言辞上也要把握好分寸。

我的这位徒弟对我的话表示赞同，连声说：“记住了！”

张志公先生说：“语言的运用从今不从古，从俗不从雅，从易不从难。”

启功先生写过这样一副对联：

行文简浅显

做事诚平恒

我深以为是，而且努力去践行。至于做得怎么样，就有待于读者去评价了。

## 五

吴法源先生早就想为我出一套教育文集，为此，他费了不少心血。吃水不忘挖井人。感谢法源先生的抬举，感谢为本书的出版付出辛勤劳动的编辑朋友们！

# 目 录 | contents

# 1.《草》教学实录和评析

草

离离原上草，
一岁一枯荣。
野火烧不尽，
春风吹又生。

班级：江苏省徐州市鼓楼小学二年级（1）班
时间：1986 年 10 月
评析：华东师范大学　李伯棠教授

师：上一年级的时候，小朋友们学过三首古诗。一首是《锄禾》，一首是《鹅》，一首是《画》。还记得吗？谁能把三首诗背给老师和同学们听听？（生背，略）

师：学了这么长时间了，还背得这么流利，而且很有感情。小朋友们，我国古代出了很多很多诗人，他们写了许多许多诗。这些诗写得可美了，今天，咱们再来学一首。

[评：教师用亲切、鼓励的口吻，复习旧课导入新课，这不仅巩固了旧知，而且大大地调动了学生学习新知的积极性。]

（出示小黑板）

幻灯片

草

（唐）白居易

离离原上草，一岁一枯荣（róng）。
野火烧（shāo）不尽（jìn），春风吹又生。

师：这首诗是1000多年前唐朝的大诗人白居易写的。（领读题目和作者）这首诗有3个生字，大家看拼音，读一读。（生拼读生字，师指名读，领读了读得不准确的“尽”字）生字都读准音了。请小朋友把这首诗读一遍，看看这首诗是写什么的，哪些地方看不懂。

（生自由读课文）

生：这首诗是写草的。我是从题目上看出来的。

师：你很聪明。读文章，首先要好好读题目；有些文章，一看题目就能看出是写什么的。——哪儿看不懂？

[评：审题，是教学新课的重要一环。因为题目是文章的窗口，通过审题，可以窥见文章主要写什么。]

生：“离离”我不懂。

生：“原上”我不懂。

生：“一岁一枯荣”我不懂。

生：“野火烧不尽，春风吹又生”我不懂。

师：干脆一句话：都不懂！（笑声）没关系，于老师帮助你们读懂。这首诗是写哪儿的草呢？请看“离离原上草”中的“原”字。谁能用“原”这个字组个词语？

[评：通过自读课文，让学生提出疑难之词和句子，然后在讲读课文时分散地结合上下文一一予以解释，这是十分高明的教法。因为这样教，不仅可以分散难点，而且可以让学生在上下文中自己得到正确的解释。]

生：原因。

生：原来。

生：高原。

生：校原。

师：“校园”的“园”不是这个“原”，以后老师告诉你。

生：草原。

生：原子弹。

生：原始人。

[评：先解释“原”字。教师巧妙地先让学生用“原”组词，然后在这些词汇中找出正确的解释。这样做，不仅丰富了学生的词汇，发展了学生的思维，而且对“原”字在本文中的理解就更深刻了。]

师：嗬！小朋友知道的还真不少！（指着刚刚板书在黑板上的上述词语）小朋友想一想，“离离原上草”的“原”指的是黑板上的哪一个词语？

生：草原！

师：大家同意吗？是的。这里的“原”就是指的草原。“原上草”，就是草原上的草。草原上的草长得怎么样呢？请看——

（师顺手在黑板上画了一幅“草原图”）

[评：教师再用图画的形式解释“离离”，使得教学更具形象性了。]

师：小朋友，草原上的草长得怎么样？

生：草原上的草长得很高，很密。

生：草原上的草长得很茂密，一棵挨着一棵。

生：草原上的草长得很茂盛。

生：草原上的草绿油油的，一眼望不到边。

[评：这不是看图说话吗？这不是语言训练吗？老师要有训练意识。]

师：说得太美了。聪明的小朋友看了这幅图，一定知道“离离”是什么意思了。谁说说？

生：“离离”就是茂盛的意思。

生：“离离”就是草长得很茂密，一棵挨着一棵。

[评：学生看了老师的图以后，很快就领悟了，说明形象化的教学方法在低年级的教学中是不可少的。]

师：说得完全正确！谁能把这一句的意思连起来说一说？

生：“离离原上草”就是草原上的草长得非常茂盛。

师：谁能看着图，说得再具体一点？

生：就是草原上的草长得很茂盛，绿油油的，一眼望不到边。

[评：教师很有训练意识。在学生懂得了“离离”的含义后，要求学生把“离离”结合上下文说得具体一些，然后进行说话练习，这样就把读和说结合起来了。]

师：很好！再看第二句“一岁一枯荣”。谁能用“岁”说一句话？

生：我今年8岁了。

生：我奶奶今年80岁了，还能做饭。

师：不简单！祝她健康长寿！

生：祝老师岁岁平安！（掌声）

生：祖国万岁！

［评：这样教学，显得极为风趣，表现出师生之间感情交流的融洽。］

师：小朋友刚才说的句子中都有“岁”字。第一个小朋友说，他今年8岁了，也就是说，他从生下来到现在几年了？

生：（齐声）8年了！

师：8岁是8年，1岁呢？

生：（齐声）1岁就是1年！

［评：“岁”字的教学设计极为高明，融理解、训练于一体。］

师：1岁就是一年，这不懂了吗？哎，一年有几个季节呀？

生：一年有四个季节：春、夏、秋、冬。

师：一年四季草有哪些变化呢？（用彩笔在黑板上画了一棵刚发芽的小草）

师：这是春天的小草。春天的小草怎么样？谁能看图说一说？

生：春天来了，小草发芽了。

生：春天来了，天气暖和了，小草发芽了。

生：春天来了，小草从地里探出了小脑袋。

［评：这又是一次观察、说话训练。］

师：说得太漂亮了！夏天呢？（又画了一棵长得茂盛的草）

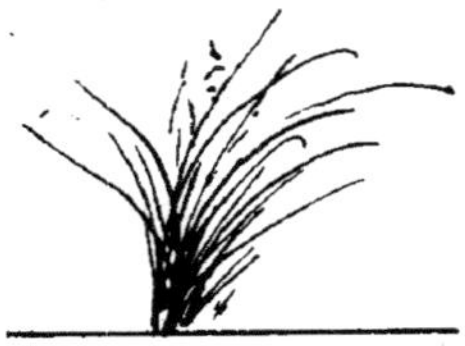

生：夏天到了，天气很热，雨水很多，小草长得非常茂盛。

师：秋天到了，天气凉了，小草怎么样了呢？（在黑板上又画了一棵老叶发黄的草）

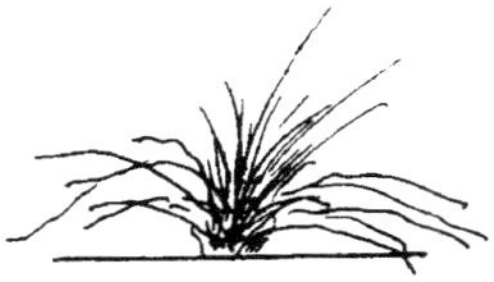

生：秋天到了，天气凉了，小草慢慢变黄了。

师："慢慢"一词用得好，小草变黄有个过程。冬天呢？（接着又画了一棵枯黄的草）

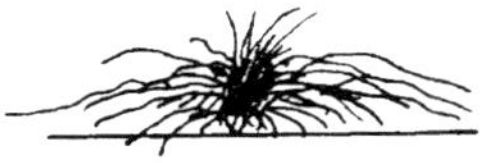

[评：教师用图画画出了"草"在一年四季中生长变化的过程，形象鲜明地描绘了"一岁一枯荣"的情境，使学生对此有了深刻的理解。]

生：冬天，小草都冻死了，叶子变黄了。

生：到了冬天，小草叶子黄了，耷拉脑袋了。

师：（指着黑板上的四季的草）小草一年当中，有两次明显的变化，谁看出来了？

生：一年当中，草绿一次，黄一次。

师：多聪明！

生：草春天、夏天长得茂盛，到了秋天和冬天，就枯黄了。

师：小朋友这么聪明，我想一定知道"枯"和"荣"是什么意思了。（生纷纷举手）不过，我不想让你们说。现在，我请一位小朋友到黑板前边来，看看"枯"该写在哪一幅图的下面，"荣"该写在哪幅图的下面，能写对，就说明他懂了。

（一位小朋友把"荣"写在夏天草的下面，把"枯"写在冬天草的下面。众赞叹。）

师：写对了！请你说说"枯"、"荣"的意思。

生："荣"就是"茂盛"的意思，"枯"就是"黄了、干了"的意思。

师："一岁一枯荣"什么意思？

生：就是一年当中，草茂盛一次，干枯一次。（众赞叹）

[评：利用图画来让学生解释"枯"和"荣"的含义，这样便把含义深

奥的“枯”和“荣”，变得浅显易懂了。］

师：再看“野火烧不尽”这一句。“烧不尽”就是烧不——

生：（齐声）就是烧不完！

师：“尽”就是“完”的意思。这可奇怪了！到了冬天草叶子都冻死了，枯黄了（边说边将“草原图”上的草涂成黄色），大火一烧（说着又用红笔在草上画上火苗），用不了多长时间，就会把草烧得干干净净，白居易为什么说烧不尽呢？

（生看图凝思）

生：大火有烧不到的地方。

生：河边上的草烧不完。（笑声）

师：白居易说的“烧不尽”肯定不是这个意思，是什么没烧完？联系下一句想一想。

［评：这一句点拨得好。］

生：地下的草根没烧着。

［评：学生很能动脑筋，说虽然烧着了地上的草，但草根没有烧着，这是老师循循善诱的结果。这叫“会教”。］

师：对呀！草根没烧着，所以说没烧尽！（说完画了下面的图）

师：学到这儿，我想，小朋友一定明白了第四句的意思了。（许多小朋友举手）谁能到前边来，把第四句的意思在老师画的画上画出来？

［评：教师教学第四句“春风吹又生”，教学时是利用图画让学生自己画“春风吹又生”的情况，这是一个独特的、意想不到的设计。］

（小朋友看图思考。师请一位举手最高的小朋友到黑板上画。这位小朋友用绿粉笔在地平面上画上了草叶，如下图。）

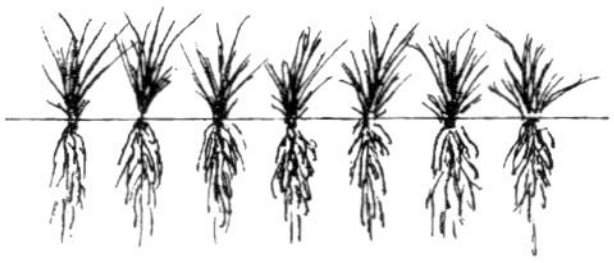

师：请你把画的意思讲给大家听一听。

生：（指着图）春天来了，春风一吹，小草又长出来了。

师：意思你理解了。不过，大家对这位小朋友的画还有什么意见吗？

生：他画的草太高了。春天来了，草不能一下子长那么高。（众笑）

师：请你来改一改，好吗？

（该生将草叶擦掉，改为草芽，如下图）

师：说说你画的意思。

生：第二年春天，春风一吹，小草又发芽了。

师：改得有道理。

生：于老师，还有一样东西没画上去。

师：什么东西？

生：春风。

师：你能把春风画下来吗？

生：能！（走到黑板前，用白粉笔在草的上方画上了几条斜线）

师：噢，这就是风！（众笑）可是风看不见呀！想一想，怎样画，能使人感到在刮风？

［评：这就叫循循善诱。］

（该生把线条和草擦掉，又改为下面的样子）

（听课老师赞叹不已，并为之鼓掌）

［评：这位小朋友真聪明，风是看不见的，风从左边吹来，草向右边倾斜，这就是逻辑思维与形象思维的结合。］

师：(抚摸着该生的头) 你是一位很会动脑筋的小朋友。从你的画中，我看出了，春风是从这边刮向那边的，而且风很轻很轻，像一只温暖的大手，抚摸着小草的脑袋。现在，请小朋友跟于老师朗读这首诗。(师抑扬顿挫、有感情地领读全诗) 小朋友，大火烧得那么厉害，可是第二年春天，春风一吹，小草又齐刷刷地生长出来了。你们觉得小草怎么样?

生：小草不怕烧，很勇敢。

生：小草像刘胡兰一样坚强。

师：(把“强”写在黑板上)“强”字前边的“坚”字换一个什么字更合适? 确切地说，是什么“强”?

生：是顽强!

师：对! 是顽强! (顺手将“顽”写在“强”前边，并在“顽”上加上拼音 wán) 小草的生命力多么顽强! 火把叶子都烧光了，第二年照样发芽，多么了不起呀! 正因为这样，白居易才写诗赞美它。请小朋友朗读这首诗，看谁能背诵出来。

[评：对小草生命力的评价，其实是语文教学与思想教育的巧妙结合。]

(生认真朗读，师指名背诵)

师：小朋友，放学回家谁愿意背给妈妈听? (生纷纷举手，师请一名小朋友到讲台前) 现在，我当你妈妈，你背给我听听好吗? 想想，到了家里该怎么说。

[评：最后教师和学生扮演角色背诵这首古诗，在背诵古诗的过程中，教师寓教于嬉，寓庄于谐，把教学过程推向了高潮，收到了很好的教学效果。这是于老师把课堂教学戏剧化了，把检查跟语言训练结合起来了。]

生：妈妈，我今天学了一首古诗，背给你听听好吗?

师：好! (生背)

师：我女儿真能，老师刚教完就会背了。(众笑)

[评：教师带着风趣的口吻，表扬这位学生，给这位学生极大的鼓励。]

师：谁愿意回家背给哥哥听? (指一生到前边来) 现在我当你哥哥，你该怎么说?

生：哥哥，今天我学了一首古诗，我背给你听听好吗?

师：哪一首?

生：《草》。

师：噢。这首诗我也学过，它是唐朝大诗人李白写的。

生：哥哥，你记错了，是白居易写的！

［评：教师故意把作者白居易说成是李白，以加深学生对作者的记忆。］

师：反正都有个“白”字！（众笑）我先背给你听听：离离原上草，一岁——

生：一岁一枯荣！

师：野火烧不尽，春……春……哎，最后一句是什么来着？

生：春风吹又生！

师：还是弟弟的记性好！（众笑）

［自评：教师故意把诗句背得结结巴巴，让学生背出来，这又是一种检查和鼓励方式。］

师：谁愿意背给奶奶听？（指一生到前边来）现在，我当你奶奶。你奶奶没有文化，耳朵有点聋，请你注意。

生：奶奶，我背首古诗给你听听好吗？

师：好！背什么古诗？什么时候学的？

生：背《草》，今天上午刚学的。

师：那么多的花不写，干吗写草啊？

生：（一愣）嗯，因为……因为草很顽强，野火把它的叶子烧光了，可第二年它又长出了新芽。

［评：教师故意反问，以加深学生对课文中心思想的理解。］

师：噢，我明白了。背吧！

（生背）

师：“离离原上草”是什么意思？我怎么听不懂？

生：这句诗是说，草原上的草长得很茂盛。

师：还有什么“一岁一窟窿”？（众笑）

［评：教师故意把“枯荣”说成“窟窿”，两个词音相近，义不同，一方面提高学生的辨音能力，一方面又丰富了学生的词汇。］

生：不是“一岁一窟窿”，是“一岁一枯荣”。枯，就是干枯；荣，就是茂盛。春天和夏天，草长得很茂盛；到了冬天，就干枯了。

师：后面两句我听懂了。你看俺孙女多有能耐！小小年纪就会背古诗！奶奶像你这么大的时候，哪有钱上学啊！（众大笑）

好，今天的课就上到这，小朋友，放学回家后请把《草》这首古诗背给家里的人听。

［评：教师故意说，“奶奶像你这么大的时候，哪有钱上学啊”，这又一次进行了今昔对比的思想教育。］

（下课）

## 总 评

这是一节令人拍案叫绝的课。1985年秋，于老师在坐有近千人的徐州空军后勤学院礼堂里上这节课时，不时激起赞叹声、掌声。教到最后，掌声雷动。我按捺不住激动的心情，写了一篇题为《寓庄于谐，妙趣横生，教得轻松，学得愉快》的文章（见《小学教学》1987年第10期）。有人说，语文教师不是演员，但应该有演员的素养；语文教师不是诗人，但应该有诗人的气质。于老师不仅有演员的素养、诗人的气质，还具有画家的娴熟的绘画技巧和创造力。在这一节课上，学生既得到了语文能力的训练，又得到了艺术享受，达到了语文教学的一种崇高的境界。于老师把每一个教学环节，组织得那么周密，雕琢得那么精细，使孩子们感到有趣——情趣盎然；有味——回味无穷；有奇——出乎意料；有感——留有思考余地。这一节课，可以说是于老师智慧、功力、经验、教学风格、教学思想及其品格的综合体现。我觉得，这节实录是一件教学艺术的珍品。

# 2.《狐狸和乌鸦》教学实录和评析

## 狐狸和乌鸦

乌鸦在大树上做了个窝。大树底下有个洞，洞里住着狐狸。

有一天，乌鸦飞出去给她的孩子找吃的。她找到一片肉，叼了回来，站在窝旁边的树枝上，心里很高兴。

这时候，狐狸也出来找吃的。他抬起头一看，乌鸦嘴里叼着一片肉，馋得直流口水。

狐狸想了想，就笑着对乌鸦说："您好，亲爱的乌鸦！"乌鸦不作声。

狐狸又说："亲爱的乌鸦，您的孩子好吗？"乌鸦看了狐狸一眼，还是不作声。

狐狸又说："亲爱的乌鸦，您的羽毛真漂亮，麻雀比起您来，可就差多了。您的嗓子真好，谁都爱听您唱歌。您唱几句吧！"

乌鸦听了狐狸的话，得意极了，就唱起歌来。哇……她刚一张嘴，肉就掉下来了。

狐狸叼起肉，钻到洞里去了。

班级：山东省微山县实验小学二年级（1）班

时间：2001 年 10 月

评析：执教者

## 第一节

师：小朋友，人有两个宝，双手和大脑。双手能做工，大脑会思考。动手又动脑，才会有创造。大脑不但会思考，还会想象。（板书：想象）人人都会想象，小朋友的想象力更是了不起。

［自评：这样开头的目的，是想告诉小朋友，读书要想象。］

（说完，板书：狐狸）读读这两个字。（生齐读）你读了这两个字，脑子里立刻出现了什么？

生：我立刻想到了狐狸的样子。

师：说说看，你想象的狐狸是什么样的？

生：它尖耳朵，长嘴巴，还有一条粗尾巴。

生：它很狡猾。

生：我脑子里出现的狐狸，正在偷人家的鸡。（笑声）

生：我想到的这只狐狸，正跟在老虎后面吓唬兔子、斑马、小鹿呢！

师：你听过《狐假虎威》的故事？

生：我看过。

师：小朋友，你们说的这些，就是想象。（师又转身在黑板上写了“乌鸦”二字）看到这两个字，你脑子里出现了乌鸦的样子吗？

生：出现了。它一身乌黑的羽毛，呱呱地叫着，很难听。

师：它叫的声音很难听，嗓子不好。不是感冒造成的，是天生的。（笑声）

生：看到了“乌鸦”，我就想起奶奶说的话：乌鸦叫，没好声，不是下雨就刮风。（笑声）

师：乌鸦还能预报天气？（笑声）真不真？咱们一年级学过一篇课文叫什么来着？

生：看到了“乌鸦”，我马上想到了“乌鸦喝水”的故事！

师：这个故事大家肯定忘不了。乌鸦多聪明，多会动脑筋呀！

［自评：儿童的世界是童话的世界。他们从童话故事中，对这两种动物都有所了解，有好多看法。这样做的目的，意在为学习这篇课文做一下铺垫。］

（说完，师在“狐狸”、“乌鸦”之间加了一个“和”字）小朋友读一读。——这是我们今天要学的课文的题目。（生读）课文预习了吗？

生：预习了。

（师出示生字投影）

幻灯片一

洞　肉　叼　站　流
亲　漂　麻　雀　极
窝　嘴　差　嗓

师：这些生字都认识了吧？同位的互相检查一下——你读给他听，他读给你听。

（同位互相读。指名读。指名读时，师领读了“雀”、“极”、“差”、“嗓”。最后又请班长指定了几位实际是学困生的小朋友读，结果都认识。师予以鼓励。）

[自评：低年级的识字教学非常重要，过去由于考虑上公开课得“展示”重点部分，很不注意识字教学，所以有好多人对此进行质疑。是呀，难道识字就不是重点了吗？但识字教学要从实际出发，有很多人已经认识好多字了，我们抓的、教的，是学生不认识的，是那些难读的。识字，也有个重点的问题。特别要关注学困生。一般地说，他们都能读正确了，其他人基本也就不在话下了。]

师：通过预习，能把生字都认识了就很了不起。谁来把课文读一读？看看能不能读下来。

（师从举手的人中指定4个人，每人要求读两段。在“初读”时，有两点要求非常严，一是要求一定读正确，二是要求读的时候句号、段与段之间必须停顿。下面记录的是其中比较突出的几个地方。）

生：（读）“乌鸦在大树上做了个窝。大树底下有个洞，洞里住着狐狸。”

师：读得很正确。但是，句号停顿的时间太短。一定要注意句号的停顿。还有，“狐狸”的“狸”要读轻声。听我读一下。（师范读第一段）大家都这样练一练。

（生练过之后，再请刚才读的学生读。有进步。）

生：（读）“狐狸想了想，就笑着对乌鸦说：‘您好，亲爱的乌鸦！’乌鸦不作声。”

师：“亲爱的乌鸦”后面是个叹号，也要停顿得长一点。听我读读这一段。（师范读，全班学生再读）“不作声”什么意思？

生：不说话。

师：对，不理睬狐狸，不回答它的问题。

（读到第6、7两个自然段，师说，这两段长，比较难读，因此，要求全班同学把这两段读了两遍）

师：总的来说，小朋友预习得不错，基本上能正确地把课文读下来了。今后读书的时候，要按照老师提出的要求，认真练习。请小朋友再练一遍，好吗？书要反复读，才能读好。要读慢一点，读完一句要想想意思。快了，就没有时间想了。

（小朋友认真读全文）

[自评：初读一定要在“严”字上下工夫。不放过一个错误，一是要做到正确、流利，要学生从小就要“读出标点”。没有停顿就没有思考。当然做到这一点非一日之功，要常抓不懈。]

师：狐狸和乌鸦之间发生了一件什么事？你们能讲一讲吗？先想一想，想好了的，先讲给同桌的小朋友听一听。（同桌的小朋友互相讲）谁愿意讲给大家听？

[自评：这是对初读的“反馈”。看看读懂没有，看看能不能把握住课文的内容。因为低年级的小朋友概括能力不强，而且这一课又不好概括，所以学生能“复述”出来就可以了。]

（一小朋友基本上是复述，可见课文主要内容已经掌握了。还有小朋友要求讲，师示意把手放下。）

师：这个故事大家都了解了，我们就先讲到这里。生字都认识了，下面咱们写一写看谁写得正确、规范。请先“读帖”。

（师投影生字，生字都是楷书）

**幻灯片二**

洞　肉　叼　站　流
亲　漂　麻　雀　极

（要求学生边观察边书空，记住每个字怎么写。然后，请大家把“站、亲、雀”三个字在书上描一描，即“描红”，再在书上的方框里“临帖”，先写“站、亲、雀”三个字，要求做到“一看二写三对照”。）

师：写字，要认真“读帖、描红、仿影、临帖”。刚才咱们也读了，也描了，也临了，下面我请三位同学到黑板上写这三个字。条件只有一个：心细。请班长推荐三位心细的同学到前边来。（班长推荐三位小朋友到黑板前，分别写“站、亲、雀”，其余同学在写字本上写）

师：（指着三位同学写的字）这三个字都写对了，但都不大规范。大家看字帖（指投影），“站”字右边的“口”，要写小一点。因此，“口”上边的“竖”，必须写长，不给“口”字留下很大的空儿。“亲”上边是个“立”，“立”字最后一笔——横——要写长。这个字有三横，这一横是最长的。写“雀”字要注意两点，第一点，第五笔——竖——要向下拉长；第二点，这一竖上边要稍出一点头。大家看字帖。（生静静地听，认真地看）写字不能想当然，爱怎么写就怎么写，这不行。看于老师写这三个字。（下面是师写的字）

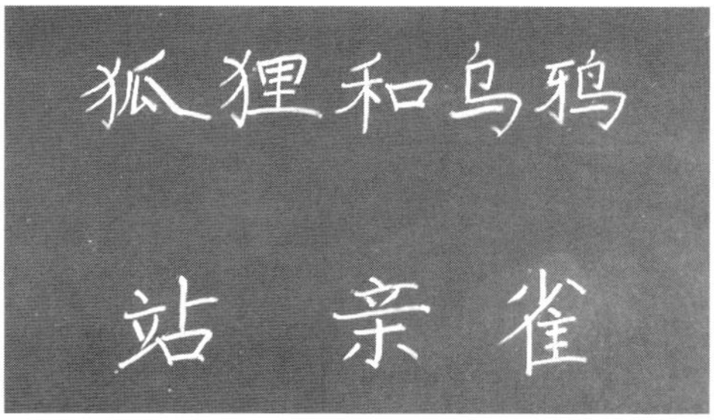


[自评：自从1992年参加了江苏省教育厅（原省教委）召开的南通会议，听了周德藩副主任的报告后，我便十分重视写字教学，严格按照“读、描、仿、临”的规律去做，取得了十分显著的效果。我的体会是，老师一定要认真“读帖”，并把每个字写好。写字时我不再像过去那样机械地分析字形，而是指出学生最容易忽视的地方，让学生“恍然大悟”。]

师：请全班同学把这三个字认真写一写，先看字帖，观察好了再写，写完了自己对照字帖，看写得规范不规范。如果自己不满意，就再写一遍。记住：一看二写三对照，一个要比一个好。（生认真写，师巡视指导，并表扬了几个写得规范的学生。然后又请小朋友把余下的生字临帖一遍。）

师：小朋友写得都很认真，都有进步。我刚才强调的三个字多数人写得都不错。话又说回来，我们不能一口吃成胖子，慢慢来。只要细心，只要坚持描红、仿影、临帖，人人都可以写一手好字。咱们休息10分钟好吗？

［自评：写字教学贵在坚持，是个“慢功”。教学中要肯定学生的点滴进步，否则学生是不会有兴趣的。］

## 第二节

师：上一节课，我们初读了课文，并写了写生字。这节课，我们准备排演课本剧《狐狸和乌鸦》。要想演好课本剧，咱们得进一步熟悉课文，朗读好课文，尤其是要把狐狸和乌鸦的对话读好，读出它们的语气、语调。下面，我们一段一段地研究，好吗？谁读第一段？

［自评：“演”并不是目的。以此促读、促背、促思，并激发学生的兴趣，才是我的本意。］

（一生读）

师：第一段你读懂了什么？

生：我知道了有一棵大树，树上有一个窝，住着乌鸦；大树下面有个洞，洞里住着狐狸。

师：说得多清楚！也就是说，狐狸和乌鸦它们俩是——

生：它们是邻居。

师：是的，还是近邻呢！——谁读2、3两段？

（一生读）

［自评：这一点一定要弄明白。正因为是邻居，狐狸才会对乌鸦有详尽的了解。正因为是邻居，从而也让学生认识到狐狸做法的不道德。］

师：谁能把乌鸦高兴的心情和狐狸的馋样儿读出来？（一生读，读得较好。师又做了示范，读得真是有声有色，特别是读“他抬起头一看，乌鸦嘴里叼着一片肉，馋得直流口水”一句，把狐狸的馋相读活了。小朋友从老师的范读中得到启发，兴趣盎然地重读了2、3段。）

［自评：朗读是活的，是赋作品以生命。好的朗读示范能让学生心中产生一种涌动，感受到朗读的魅力。］

师：以上三段使我们明白了，狐狸和乌鸦是邻居。一天乌鸦找到了一片肉，很高兴；狐狸见了馋得直流口水。要演好课本剧，关键是下边。一定要体会好他们的心情，读出他们对话的语气和语调，还要会背。你们想一想，演课本剧能拿着书念吗？那可不成，得会背。请你们把下面的课文先读熟，把对话背下来，咱们再讨论讨论怎么说、怎么演。

（生读、背4、5、6段）

[自评：这时的背是有目的的，是“演”的需要。当学习成为学生的一种需要时，积极性就会极大地被调动起来。]

师：对话部分会背了吗？那好，我就请两位小朋友背“对话”。谁当狐狸？谁当乌鸦？——条件是会背哟！乌鸦只说了一个“哇”字，但要配合好。

（师请两位小朋友到讲台前“对话”，以下简称“狐”、“乌”）

狐：您好，亲爱的乌鸦！

乌：（不作声，没搭理）

师：这只狐狸说得怎么样？

生：应该“笑着说”。

生：要皮笑肉不笑。（笑声）

师：你体会得真好。那就请你（指说“皮笑肉不笑”的学生）皮笑肉不笑地问候一声吧！

（该生读得十分好，师生热烈鼓掌）

师：那就请你以狐狸的身份和乌鸦对话吧。请你（指第一位说的小朋友）回到座位上仔细看好吗？等会儿我请你来演。

[自评：这个学生非常出色。课堂上老师要善于发现好的典型，及时调换人选，这样会使教学流畅，但要善待被换下去的学生。]

狐：您好，亲爱的乌鸦！（该生皮笑肉不笑，一副讨好的样子，同学又为他鼓掌）

乌：（头也不动，没搭理）

师：（问乌）你怎么不理人家？人家狐狸对你的态度这么好。

乌：他想让我张口，让肉掉下去。

师：行！你一下子就识破了狐狸的诡计。（笑声）你们继续对话吧！

狐：亲爱的乌鸦，您的孩子好吗？（该生更嬉皮笑脸了）

师：（问狐）你为什么不问她丈夫好吗，单问她的孩子？

狐：她很喜欢她的孩子。（笑声）

我希望在我的课堂上，学生总是那么开心

师：狐狸还懂得妈妈的心理呢！（笑声）你们看乌鸦，她还真的疼爱孩子，一听问她的孩子好吗，果然动心了。——哎，乌鸦，你怎么又回过头去了？

乌：我不能上他的当！（笑声）

师：对，千万别开口，一开口，肉掉了。他这是讨好你，想让你开口呀！（笑声）请你们俩继续对话。

狐：亲爱的乌鸦，您的羽毛真漂亮，麻雀比起您来，可就差多了。您的嗓子真好，谁都爱听您唱歌。您唱几句吧！

乌：哇！……

师：（对乌）您怎么开口了？

乌：我太高兴了。

师：你一高兴，就唱起歌来，忘了嘴里的肉了。唉，您怎么能上当呢？（笑声）你们说，（面对全班同学）乌鸦的羽毛真比麻雀漂亮吗？她的嗓子真比麻雀好吗？

生：不是的！是假话！

师：前面的问题，问孩子好，那是讨好的话。后面说的是“奉承”的话，是假话（板书：奉承）。谁愿意和我对话？（师和一男生对话。师读狐狸的话，有表情，有动作，读得活灵活现；该男生表情和动作也很好。师生二人的对话博得了热烈的掌声。）

［自评：老师是课堂教学的组织者和引导者。老师一定要全力以赴地充当好这一角色。这里面有评价，有点拨，有讲解，还有必要的参与。首先要明确自己的身份，其次要聚精会神地听，以便在瞬间做出判断，确定如何评价，用什么语言；确定要不要引导、讲解，以及如何引导、讲解。］

师：下面，咱们就演课本剧。全班同学自由组合，三人一组，一人读叙述部分——1、2、3 段，另外两人扮演狐狸和乌鸦。看哪组演得好。

（生下位自由组合演课本剧。师穿梭其间予以指导。最后，请了两组学生到讲台前表演。椅子作为“树”，“乌鸦”站在上面，嘴里叼着一团纸，算作“肉”。乌鸦和狐狸分别戴上头饰。第一组学生演得很精彩。第二组由老师扮演狐狸，被换下去的小男孩当乌鸦。当“乌鸦”嘴里的“肉”掉到地上时，“狐狸”叼起来就向教室门外跑。小朋友大叫：“您不能向外跑！”师问：“我向哪儿跑？”小朋友说：“您得往椅子下面钻！”“为什么？”“因为您的洞在大树底下！”全班学生哈哈大笑。师说：“我光顾高兴，忘记我的家在哪里了。”全班学生又一次捧腹。）

［自评：多年以前，我在苏州上这一课时就是这样做的。实际上，我是故意跑错地方的，目的是看学生书到底读懂没读懂，书上的内容理解了没有，记住了没有。实践证明，这个小小的细节非常有意思，于是，以后每次执教这一课时，我都把这一细节保留了下来。］

师：看完了课本剧，开心吧？真开心！现在你们还在笑呢！看了课本剧，读书一定会更带劲，读得更有感情，是不是？那就请你们拿起课本来，放声地读吧！我看谁的表情好，读得有意思。

（全班学生兴致勃勃地朗读课文，使朗读出现一个小高潮）

［自评：开始我说了，演并不是真正的目的，目的是“以演促读”。演过之后再读，学生的劲头更是空前的。这样做，我认为落脚点就对了。］

师：上一节课，有的小朋友说，一看到“乌鸦”这两个字就想起了一年级学的“乌鸦喝水”的故事。是啊，乌鸦多聪明啊，她今天怎么能上当了呢？她看到狐狸钻进洞里，会怎么想呢？

生：她会想：“你这个狡猾的狐狸！坏透了！”

生：她会想：“唉，我怎么会上他的当呢？我再也不能光听好话了。”

师：乌鸦一定会这样想的。狐狸说的这些“好听的话”，叫“奉承话”。（指黑板上的“奉承”二字，并让学生读了两遍）爱听奉承话的人，容易上当。谁能在课题上的狐狸和乌鸦的前面各加上一个词？——什么样的狐狸，什么样的乌鸦？

生：狡猾的狐狸，爱听奉承话的乌鸦。

（师板书：狡猾、奉承）

［自评：我曾经写过一篇文章，题目是《发展情节，揭示寓意》。说的是，寓言一类课文的教学，有时可以通过“发展情节”来揭示寓意。这样

做，显得自然，没有斧凿的痕迹，没有说教之嫌。]

师：你们想对狐狸和乌鸦说点什么吗？想一想，想好了再说。

生：我想对乌鸦说：你今后再也不要听奉承的话了。

生：乌鸦，你这么聪明，怎么能上当呢？

生：我想对狐狸说：你太坏了，怎么能骗人家的肉呢？

师：是呀，俗话说，远亲不如近邻，邻里之间要和睦相处，互相帮助，狐狸这个家伙怎么能这样做呀！太缺德了！（笑声）

生：我想对狐狸说：你这么狡猾，还有什么脸出来见乌鸦呀！

师：是呀，谁愿意和他做邻居呀！

生：狐狸你想吃肉，自己去找，你干吗骗人家的呢？

师：是呀，要诚实劳动才对。——就说这些吧，愿乌鸦和狐狸能听我们的劝告。

[自评：这个环节我以前没有安排过。这次安排的目的，是想告诉学生邻里之间应该怎么相处。]

生：我想乌鸦会听，狐狸不会听。（笑声）

师：为什么？

生：他太坏了。

师：那就看他的了。我们希望他能听。（笑声）下课！

[自评：没有想到小朋友会这样说！于是便有了以上的“对话”。既然课堂上有了这样的“生成”，我便只好随机应变了。]

（师生热烈鼓掌）

## 总 评

自评了这么多，最后似乎没有什么要说的了。一节课是由师生共同合作完成的。课堂教学因学生的精彩而精彩。这堂课学生的表现确实不凡。该班班主任老师说是我引导得好，是我能平等地对待学生，会启发，会激励，因此学生的潜能才有如此超常的发挥。我则对她说：“这是次要的。如果没有您平时的教育，学生没有读、思的习惯，平时不善于、不敢于表达自己的意思，我纵有三头六臂也无济于事。”希望读者能从这两节课中看到课的背后的东西。

# 3.《狐假虎威》教学实录和评析

## 狐假虎威

在茂密的森林里，有一只老虎正在寻找食物。一只狐狸从老虎身边窜过。老虎扑过去，把狐狸逮住了。

狡猾的狐狸眼珠子骨碌一转，扯着嗓子对老虎说：“你敢吃我？”

“为什么不敢？”老虎一愣。

“老天爷派我来管理你们百兽，你吃了我，就是违抗了老天爷的命令。我看你有多大的胆子！”

老虎被蒙住了，松开了爪子。

狐狸摇了摇尾巴，说：“我带你到百兽面前走一趟，让你看看我的威风。”

狐狸和老虎朝森林深处走去。狐狸神气活现，摇头摆尾；老虎半信半疑，东张西望。

森林里的野猪啦，小鹿啦，斑马啦，兔子啦，看见狐狸大摇大摆地走过来，跟往常很不一样，都很纳闷。再往狐狸身后一看，呀！一只大老虎。大大小小的野兽吓得撒腿就跑。

凶恶的老虎受骗了。狡猾的狐狸是借着老虎的威风把百兽吓跑的。

班级：河南省郑州市实验小学二年级（1）班

时间：1986 年春

评析：华中师范大学　杨再隋教授

著名的语言学家乔姆斯基说过：“人的思维特性使得一个孩子能够习得一种复杂的和具有高度表达力的人类语言。”而这种习得，实际上就是语言中枢和视觉中枢通过相似性运动而相互激活、相互联系、相互调制、相互匹配的结果。所以，看书、读书当是驱动语言和视觉中枢，从而“习得”语言最为重要的途径之一。

——高林生

## 第一节

师：小朋友，今天我们学习《狐假虎威》。（板书：狐假虎威）这一课的生字比较少，通过预习，认识了没有？好，现在我请小朋友读读课文，看看能不能把生字读正确。

（指名读课文。师纠正了“呀”的读音，告诉小朋友，在这课中，应读第一声，并领读。另外告诉小朋友，“纳闷”的“闷”应当儿化。）

师：小朋友读得不错。这个故事很有意思，小朋友一定非常喜欢。谁能看着图，把这个故事讲给大家听听？（师出示三幅彩色挂图）每个人先练习一遍。

（生边看图边小声说）

师：谁到前边来讲？

（一生到前边，用教鞭指着图讲故事。略。）

师：这位小朋友讲得多清楚！声音又响亮，可以称为故事大王。——谁能用一句话把这个故事讲出来？别看讲的少，可不那么容易。大家可以默读课文，想一想。

［评：让学生通过读书用一句话把故事讲出来，这不仅是在训练学生初步的概括能力，而且也是一种读书方法的训练。］

师：仔细读课文，课文中就有一句话把这个故事概括出来了，也就是说，把“狐假虎威”的意思说出来了。谁能找到，请画下来。

（生读书更细心了）

在课堂上

生：（念）“狡猾的狐狸是借着老虎的威风把百兽吓跑的。”

师：你能不能把这句话的意思用自己的话说出来？

生：狡猾的狐狸借着老虎的威风把百兽吓跑了。

师：对！这一句话

就是狐假虎威的意思。这样看，“假”（说着，用教鞭指着课题中的“假”字）在这里的意思是——

生：假的！狐狸的威风是假的，老虎的威风是真的！（笑声）

［评：这里，学生理解的“假”是真假的“假”，显然是学生运用已学过的知识来理解有误，但真实可信。说明学生在动脑筋，在尝试从错误中去获得正确的概念。］

师：是吗？你再读读课文最后一句话，想一想。

生：（读）“狡猾的狐狸是借着老虎的威风把百兽吓跑的。”

师：看出来了吗？

生：这里的“假”是“借”的意思。

师：同意他的意见吗？

生：（齐）同意！

师：咱们查查字典，看看“假”有没有“借”的意思。

（生迅速查字典）

生：“假”有两个意思，一个是不真实的意思，一个是借用的意思。这里的“假”，是借用的意思。

师：这下，我们心里踏实了。“狐假虎威”的“假”是借用的意思，狐狸借用老虎的威风把百兽吓跑了。下面，咱们认真读读这个故事，要读正确、流利，要读懂，读出感情。——谁读第一节？

生：（读）在茂密的森林里，有一只老虎正在寻找食物，一只狐狸从老虎的身边窜过。老虎扑过去，把它逮住了。

（生读时，师将“窜”板书在黑板上）

师：“窜”是什么意思？可以换个什么词？

生：是跑的意思，可以换个“跑”。

（师随即在黑板的一角板书“跑”）

师：“窜”有跑的意思，但是，这里为什么用“窜”不用“跑”？请查查字典，“窜”到底是什么意思，看看它和“跑”有什么不同。

（生查字典）

生：“窜”是逃跑、乱逃的意思。

师：在这里是乱跑呢，还是逃跑？

生：这里是逃跑。

师：理解了。狐狸看见老虎来了，紧张不紧张？

生：（齐）紧张！

师：大家再读一遍，看谁读得让人感到紧张。

（小朋友认真读第一节。师指名读，读得很好。）

师：请小朋友接着读2—6节，看谁读懂了，怎样读狐狸和老虎的对话。

（生读时，师板书：骨碌、扯、蒙）

师：骨碌是什么意思？谁懂了？能做个动作给我看看吗？

（小朋友非常感兴趣地转动眼珠儿。师认真观看。）

师：我发现一位小朋友做得特别好，请他到前边做给大家看看。

（一名小男孩到讲台前，面向同学，师读“狡猾的狐狸眼珠子骨碌一转……”，他的眼珠转了一圈。众大笑。）

[评：语言是反映客观事物的，要让儿童真正理解语言，除了听一听、看一看、摸一摸、嗅一嗅以外，必要时还可让儿童做一做，这样既加深了儿童对词语的理解，又活跃了课堂气氛。]

师：这就是骨碌的意思。——你们从这句话中看出了什么？

生：狐狸在想主意。

生：狐狸在想点子。

师：是的。“扯着嗓子说”的“扯”懂吗？（边说，边用双手做了个“拉”的动作）

生：是拉的意思。

师：不错。“扯着嗓子”中的“扯”是拉什么的呢？

生：拉嗓子。（笑声）

师：把嗓子拉长？（说着，双手做了个拉喉咙的动作）这能受得了吗？（众笑）想一想，是把什么拉长？读一读就知道了。

（生朗读第二节）

师：读懂了吗？把什么拉长？

生：把声音拉长！

师：对！是说话用力，把声音拉长了。狐狸告诉老虎，我不怕你。最后一个“我”字要拉得稍长一点，而且要读出问的语气。注意：“我”后面是个问号。

（生再练读，指名读，师范读，齐读。师范读得绘声绘色，引起一片掌声。）

师：第四节狐狸说的一段话很难读。大家看看，怎样读，用什么样的语气读，才能把老虎蒙住。

（生兴致勃勃地练习）

师：哪一位小朋友来读读？

生：（读）“老天爷派我来管理你们百兽，你吃了我，就是违抗了老天爷的命令。我看你有多大的胆子！”

（该生读得声音比较小）

师：大家说，声音这样小，能把老虎蒙住吗？谁再试一试？

（一男生读，声音大了）

师：读出点味来了，但还要注意表情。请大家把书放下，看于老师读。

（师用略带夸张的语气，配以适当的手势和表情，读得有声有色，生发出了会心的笑声）

师：大家都练习一遍。

（生积极性空前高涨，全身心地投入）

师：谁站到前面来读？（一男生走到讲台前）

师：你想，老虎把狐狸你逮住了（说着，用一只手抓住该生的肩膀。众笑。），你不能把老虎蒙住，可就没命了！（众笑）

（该生读得很神气。读到“我看你有多大的胆子”一句时，还把脑袋晃了晃，蔑视了当老虎的老师一眼。众笑。）

师：你胡说！我是森林之王！我又没到退休年龄，老天爷怎么不让我当大王了呢？你的话，我不信！

生：不信，我带你到森林深处走一趟，让你看看我的威风！

（说完，“老虎”松开了手。众大笑。）

师：小朋友，请休息一会儿，下节课咱们跟着狐狸到森林里去看看。

（大笑）

［评：过渡得多自然！］

## 第二节

师：小朋友，阅读课就是读书课，上节课大家读得真好，特别是最后那位读狐狸蒙老虎的话的同学，口气大，又神气，连我都被蒙住了。（笑声）现在，咱们接着往下读。

［评：上一节课老师引导学生，通过读课文了解狐狸是如何蒙老虎的。本节课则主要是引导学生通过读了解狐狸如何借老虎的威风在百兽面前神气活现的。这一切都是通过引导读来实现的。］

师：下面7、8两节就是写它们到森林去的情景。这两节写得非常精彩。请仔细读一读，过一会儿，我请几个小朋友把这两节写的事表演一下。要想演好，必须读好。

（生认真读书。然后师指名读，生读时，师把“神气活现、摇头摆尾、半信半疑、东张西望”板书在黑板上。之后，师找了五位小朋友，一位戴上老虎头饰，一位戴上狐狸头饰，另外三位分别戴上小鹿、兔子、野猪头饰。）

师：其余的同学都来当导演，导演更了不起。各位导演看看狐狸和老虎谁在前，谁在后，为什么？请读书，根据书上的要求指导。

生：狐狸在前面走，老虎跟在后面走。因为书上说了：“再往狐狸身后一看，呀！一只大老虎。”

生：图上画的狐狸在前，老虎在后。

师：这二位导演读书很认真。——小兔啦，野猪啦，应在什么地方？

生：它们在森林深处，要站得远一点。

师：看来小朋友把课文读懂了，都是出色的导演。下面请一位小朋友朗读7、8两节，由五位扮演动物的小朋友表演。

（一生朗读，“狐狸”在前面大摇大摆地走，“老虎”在其后东张西望）

师：（问“老虎”）你东张西望什么？

“虎”：我看看动物们是不是怕狐狸。（众笑）

（“狐狸”、“老虎”继续往前走。“小兔”、“小鹿”等一见“老虎”，“呀”的一声，撒腿就跑。）

师：（问“鹿”）你为什么跑？害怕谁？

“鹿”：我怕的是老虎。

师：不是怕狐狸？

“鹿”：谁怕他呀！（众笑）

师：同学们，不，各位导演们，对他们的表演有什么意见吗？

（小朋友给予了充分的肯定）

［评：虽是模拟表演，但通过课文中语言的渲染，掺和进儿童自己的想象，儿童如身临其境，抽象的语言文字顿时“活”起来了，儿童的思维也“活”起来了。］

师：看了表演，我想，神气活现、摇头摆尾、半信半疑、东张西望这些词都懂了。小朋友再读的时候，一定会读得特别有感情。大家读读看。

（生读书劲头十足。练过后，指名读。师对“狐狸神气活现，摇头摆尾”和“呀！一只大老虎”两句做了提示和范读。）

师：小朋友，当老虎看到大大小小的野兽撒腿就跑，会怎么想呢？

生：哎呀，百兽还真害怕狐狸呢！

生：老虎会很后悔，不该抓狐狸。

师：所以我们说老虎——

生：（齐声）受骗了！（板书：受骗）

师：大家把最后一节读一遍。

（生齐读最后一节）

师：小朋友，“狐假虎威”是个成语故事。直到现在，人们在说话、写文章时还经常运用这个成语。请看下面一篇短文。（出示小黑板）

**幻灯片一**

王二小被日本鬼子抓住了。一个日本军官问：“小孩，你什么的干活？”

一个汉奸狗腿子狐假虎威地说：“皇军问你是干什么的，快说！”

王二小瞪了狗腿子一眼，不慌不忙地说：“放牛的！”

师：大家读读这篇短文，想一想，文中的“狐假虎威”是什么意思？

［评：老师在这里插入这篇短文，并非无的放矢，这是对所学知识的巩固和运用，达到知识的迁移。］

生：这里的“狐假虎威”说的是汉奸狗腿子借着皇军的威风吓唬王二小。

生：我们不能叫日本鬼子“皇军”。

师：对！什么皇军？鬼子！

生：这里的“狐狸”指的是汉奸，“虎”指的是日本鬼子。汉奸借着日本鬼子的威风吓唬王二小。

师：完全正确！请看课后第二题。（出示小黑板）

幻灯片二

2. 读读下面的词语，并用带点的词造句。

寻找　骨碌　逮住　一愣　管理　违抗

东张西望　半信半疑　神气活现　狐假虎威

师：谁来读一下？

（指名读，齐读）

师：先看看“寻找”在哪一句话里，找出来读一读。

生：（读）“在茂密的森林里，有一只老虎正在寻找食物。”

师：大家注意，我说上半句，看谁接着说下半句，要求用上“寻找”这个词。——在茂密的森林里，有一个猎人……

生：在茂密的森林里，有一个猎人正在寻找食物。

师：他饿了吗？（笑声）“食”改成什么字？相信你会想出来的。

生：（改正）在茂密的森林里，有一个猎人正在寻找猎物。

师：看！脑子多灵活！再听。不过，这次要求大家不说寻找食物。——在茂密的森林里，有一只小鹿……

生：在茂密的森林里，有一只小鹿正在寻找它的妈妈。

师：它跑丢了，是吗？找到了没有？接着往下说。

生：它找呀，找呀，终于找到了。

师：找到了就好，我们放心了。（笑声）还可以找别的吗？

生：在茂密的森林里，有一只小鹿口渴了，到处寻找小河。

师：好的。请看于老师在干什么。

（师做寻找橡皮状，边找边说：“我的橡皮怎么不翼而飞了？”）

师：老师干什么了？谁能用上“寻找”说一句话？

生：于老师写错了一个字，想用橡皮擦，可是橡皮不见了，他到处寻找也没找到。

师：说得真好！——大家再看看“管理”这个词在哪句话里。

生：（读）“老天爷派我来管理你们百兽……”

师：咱们班张明是干什么的，知道吗？

生：张明同学是我们班的图书管理员，是管理图书的。

师：你们的家长干什么工作？

（生纷纷举手说，其中有一生说他妈妈当会计）

师：你妈妈当会计是管理什么的，知道吗？说说试试。

生：我妈妈在杂品公司当会计，她是管理……

师：有知道的吗？——我告诉大家，是管理财务的。（板书：财务。又有一生说他爸爸是交通警察。）

师：交警是干什么的，知道吗？

生：管理交通的。

师：能不能根据你家长的工作，用上“管理”说一句话？

生：我爸爸是交通警察，他是管理交通的。

师：好，“管理”这个词用上了。——谁接着说？

生：我爸爸在路灯管理所工作，他是管理路灯的。

师：这项工作很重要，以后路灯不亮就找你爸爸。（笑声）

生：我爸爸在监狱工作，他是管理犯人的。（笑声）

师：告诉你爸爸，要时刻提高警惕，别让犯人跑了。（笑声）现在请把作业本拿出来，用“寻找”、“管理”各写一句话。有没有困难？对了，能写几句话更好。

（下课）

## 总　评

阅读课就是教师指导下的读书课。在本课的教学中，教师引导学生不离课文、不离读书，从课文中质疑，又在课文中寻找答案，让学生在读中求懂，在读中学会，在读中获得读的能力。

读，贯穿本课教学的始终，读的方式多，读的面很大，读的要求又逐渐提高，使学生在反复诵读中，读出形——在头脑中唤起语言文字所描绘的形象；读出情——读出语言文字中所蕴含的情感；读出神——读出语言文字中所包含的寓意、精髓以及言外之意。

本课的特点之一是学生学得很活，原因是教师指导有方，课堂上充溢着和谐、欢快的气氛，给学生提供了一个畅所欲言的外部环境。师生之间、同学之间机敏、巧妙的应答，不仅调动了学生学习语文的兴趣，而且其本身就是一次绝妙的语言训练。

# 4.《梅兰芳学艺》教学实录和评析

## 梅兰芳学艺

梅兰芳小时候去拜师学艺，师傅说他的眼睛没有神儿，不是唱戏的料子。

梅兰芳学艺的决心没有动摇。他常常紧盯空中飞翔的鸽子，或者注视水底游动的鱼儿。日子一长，他的双眼渐渐灵活起来。人们都说，梅兰芳的眼睛会说话了。

经过勤学苦练，梅兰芳终于成为世界闻名的京剧大师。

班级：浙江省杭州市娃哈哈小学二年级（1）班

时间：2002 年 10 月 20 日

评析：广西壮族自治区小学教育研究中心　黄亢美（特级教师）

## 第一节

师：小朋友认识我吗？

生：认识，您姓于，叫于老师。（笑声）

师：我姓于，叫于永正。因为我是当老师的，所以同学们叫我于老师。——你们怎么认识我的呢？你们在哪儿见过我？

生：听老师说的。

师：光听别人说，没见过面，不能叫认识，只能说“听说过”。——认识我吗？

生：以前不认识，现在认识了。（笑声）

师：（高兴地）头脑真灵活！认识了，咱们就上课。同学们这么机灵，精神这么好，真让于老师感动。我先请小朋友听一段京戏好吗？这是《宇宙锋》里赵艳蓉的一段唱。前面两句是：“老爹爹发恩德将本修上，明早朝上金殿面奏吾皇。”

（师播放梅兰芳演唱的这一段“西皮原板”，生聚精会神地听。播完了两句后，声音渐弱，直至消失。）

师：好听吗？

生：（齐）好听！

师：知道谁唱的吗？（生摇头）这是梅兰芳唱的。（板书“梅兰芳”三个字，然后投影梅兰芳的照片。生愕然。）梅兰芳是男的，扮演的却是女的。男的演女的，叫男旦。他是京剧四大名旦之一。他9岁那年，拜吴老师学艺。（师转身在“梅兰芳”三字后又加上了“学艺”二字）可是师傅说他眼睛没有神儿，不是唱戏的料子。梅兰芳听了以后怎么做的呢？请大家看一篇课文（师发复印的课文）。一看就清楚了。读读吧，全文带拼音，好读。

（生自由读课文。师巡视，倾听了部分学生的朗读。）

师：大部分小朋友都读了两遍，有的已经开始读第三遍了。谁读懂了“学艺”这个词语？梅兰芳学艺，是什么意思？

生：梅兰芳跟老师学习唱京剧。

生：梅兰芳拜师学习演京戏。

[评：这叫整体感悟。]

师：（高兴地）不愧是“娃哈哈”！只读了两遍，课文的意思就基本上读懂了。刚才大家读书的时候，我发现有一位小朋友做了不少记号（举起他读过的课文），这是个好习惯。可惜只发现了一个。也许大家光顾着了解课文的意思了，还没来得及做记号。下面，请小朋友再默读课文，把不懂的词语、句子画下来，在你喜欢的地方画上波浪线。会做记号，就是会思考。

[评：常言道：不动笔墨不读书。教者十分注意培养学生良好的读书动笔习惯。让学生在初读课文时边读书边动笔点、画、批、注，这是“以读代讲”的第一层次的要求。]

（生认真默读。师巡视，并将生画下的词语，择其要者写在黑板上。整个板书如下。）

幻灯片

**梅兰芳学艺**

料子　紧盯　注视

世界闻名　京剧大师

梅兰芳的眼睛会说话了。

师：小朋友画的这些词语，还有句子，是有些难理解。不过，只要多读几遍课文，边读边想，这些难懂的词句就会逐渐弄明白。请大家再读读课文，读慢点，边读边思考。

（生再次朗读课文）

师：谁愿意读第一自然段？许多小朋友不举手，大概心里没有把握，是吧？没关系，那就再练一练。

（生齐读第一自然段）

［评：在“好多小朋友不举手，大概心里没有把握”的情况下，教者认为火候未到，所以让同学们再多读几遍。读通、读顺是阅读教学最基本的要求，只有在读通、读顺的情况下才有可能进行词句的品味和感悟。］

师：好。谁愿意读？我想把这个机会给一位不举手的。（向一女生）请你站起来。你怎么不举手？是——

生：害怕。（该生的声音有些发颤）

师：一听这声音就知道是有些害怕。（生会心地笑了）你现在勇敢地看一看台下听课的老师，看一看周围的同学，再看一看于老师。（生环顾四周）好的。我看你呀，还是比较勇敢的嘛。

生：还是有些害怕。（笑声）

师：深呼吸，再深呼吸。——好些了吧？

生：好一些。

师：有老师和同学们为你撑腰，能不能把第一段读一读？

生：能。

师：好，试一试，错了也不要紧。

（生读，尚好）

师：看看，多好哇！没错一个字！掌声鼓励！

［评：读通、读顺、读正确这是“以读代讲”的第二层次的要求，在这一层次里，学生只要读得正确就算达标，所以教师给这位学生的最高评价就是——“没有一个字是读错的”。］

（生齐鼓掌。师指出：“师傅说他的眼睛没有神儿”一句，要在“说”的后面停顿一下，然后领读这一句；领读后，再请该生读，有所进步。师又请了一生读第一段，读得较好；师再请“害怕”的学生仿读，效果渐好。）

师：（十分高兴地）真棒！一遍比一遍好。谁也不可能练一两遍就把课文读好，必须多练习。

［评：柳斌先生强调指出：“素质教育的第一要义就是面向全体学生。”于永正老师特意请一位不敢举手的学生来读课文，他着意地面向“学困生”，旨在面向全体。另外，这位“学困生”所经历的从害怕到不害怕，从读不好到读得好的过程，也让我们感悟到了语文课程三维目标中“过程与方法”的具体内涵。事实证明，只有让学生着实地经历实践这一“过程”，才能切实地提高学生的说读能力。］

请大家再把第一段读一读，这次要求高了，看谁读得像说话一样自然。（说完，师范读第一句）要慢一些，当然也不要太慢。

［评：在读通、读顺的基础上又要求读好，即“像说话一样自然，要慢一些，当然也不要太慢”，这是“以读代讲”的第三层次的要求。］

（生自由练读。后又请几位学生读，在师指导和鼓励下，一个比一个读得自然。）

师：谁能把第一段的意思通过表情和读的语气、语调表现出来？这个要求更高了，试试看。

［评：要读出相应的语气和语调，这是本课“以读代讲”的第四层次的要求。］

（生兴致勃勃地练读）

师：我发现有一位小朋友的表情特别好，请他到前边来读读。

生：（读）梅兰芳小时候去拜师学艺，师傅说他的眼睛没有神儿，不是唱戏的料子。

（该生晃着脑袋，皱着眉头，读出了师傅瞧不起梅兰芳的语调）

师：看他的表情、听他的声音就知道他对师傅说的话的意思完全理解了。——谁愿意跟他比赛？

（又一生读，语气、语调、表情更好，师予以充分肯定）

师：第一段会背的举手！（多数学生举手）背的时候，能不能加上动作？这会儿，要求又高了。大家站起来背背看。

［评：加上动作和表情背读，这是本课“以读代讲”的第五层次的要求，也是“以读为本”的最高要求。教者对学生朗读的要求逐层提高，朗读训练的层次性显而易见，“以读”为本落到了实处。］

（生饶有兴趣地加动作背诵。先后有两位小朋友到前边颇有感情地加上体态动作背诵。其中一位背“拜师学艺”时加了个作揖的动作；另一位则跪下磕头。背“师傅说他的眼睛没有神儿”一句时，把手摆得像货郎鼓似的。教室内不时响起阵阵笑声。）

师：真好！老师也背背好吗？

（生掌声响起，师表演性地背读，语气、语调和动作惟妙惟肖。师读毕，全体学生再背诵，有的站起来，还有的下位背，边背边加动作，气氛十分活跃。）

师：背得多好哇！你们就像当年的梅兰芳，当年的吴老师。

［评：教师表演性地背读既是示范指导，也是民主参与，充分显现了教师是学生学习活动中的组织者、引导者、参与者的角色定位。］

大家读读第二段，读的时候，要想一想“紧盯”和“注视”是什么意思，看能不能也像刚才那样，用动作和眼神把它们的意思表示出来。

（生练读，有的边读边加动作）

师：这两个词的意思谁读懂了？

（师从几个举手的小朋友中请出一位到讲台前站在凳子上，师用手指着上空，对这位小朋友说，天空中有一只鸽子，看你能不能盯住它。师一边说“他常常紧盯空中飞翔的鸽子”，一边从左上空迅速划到右上空，又从右上空迅速划上左上空，然后在空中极快地画了一个圈儿，最后静止在前上方，说，鸽子落在房屋上了。站在凳子上的小朋友的眼珠迅速地跟着转动，最后盯着前上方，一眨不眨，博得同学们一阵阵掌声。）

师：“紧盯”的意思懂了吗？

生：（齐声）懂了！

师：（对站在凳子上的学生）你再向下看。下边是一个大水池子，里面有很多鱼。你看那一条——（师说到这里，用右手指着“水池”，指尖忽而东，忽而西，忽而快，忽而慢，该生的眼珠则随着师手指的方向快速转动，仿佛在跟踪一条游动的鱼。）

（师生的表演又得到了同学们的阵阵掌声）

师："注视"的意思知道了吗？

生：（齐声）知道了！

[评：通过个别读、集体读、师生竞赛读、伴以体态动作读等方式，很自然地就在读中解释了"注视"和"紧盯"这两个词语，"以读悟语"和"以读悟情"有机结合的点再次显现。]

师：（对站在凳子上的学生）"眼睛会说话"这句话你读懂了吗？

生：懂了。

师：那好，我来考考你。请你用眼睛告诉我，你很喜欢于老师。

（该生抿着小嘴，眼睛一眨不眨地看着师，频送"秋波"，目光流露出喜悦之色）

师：请你用眼睛告诉我，你很生我的气。

（该生朝师怒目而视，目光还真有些咄咄逼人。师故意装着害怕的样子，向后一退。众生大笑。）

师：再请你用眼睛告诉同学们，你在思考问题。

（该生皱着眉，脑袋微晃，眼珠子在眼眶里转了两个圈儿。众生又哈哈大笑。）

[评：通过用体态动作来解释"眼睛会说话"，理解词句的方法真是多种多样。]

师：看来你的眼睛真会说话！是块当演员的料子。——小朋友，"眼睛会说话"的意思明白了吗？这句话明白了，紧盯、注视也理解了，课文一定会读得更好。请同学们把第2段读一读。

[评：学生们读书的热情之所以空前高涨，是因为有情有趣，是他们理解了。琅琅的书声，活泼可爱的表情，流露出来的是一种兴致、一种理解后读书的愉悦。]

师：谁能够背下来，和老师比赛一下，看谁背得好。要求带表情，加动作。

（师请一男生到讲台前和他比赛背读。在背读中，师生的表情、动作特别形象，课堂上情趣盎然。经民主评议，师生"并列第一"。最后又齐读了一遍。）

师："大师"什么意思呢？请大家把最后一段读一读。

生：（齐读）"经过勤学苦练，梅兰芳终于成为世界闻名的京剧大师。"

师："大师"什么意思？

生：很著名的那些人。

生：学得很好很好的人。

生：可以教别人的人。

生：可以当老师的人。

师：小朋友，听我讲讲梅兰芳的一些事情，听过之后，你们就知道什么叫"大师"了。1913 年日本发生了大地震，梅兰芳义演赈灾，把挣来的钱，捐献给日本人民抗震。1937 年日本侵略者占领上海后，梅兰芳蓄须明志，拒绝为日本人演出。梅兰芳是著名演员，演技非常高超，曾到美国、苏联、日本等国演出，轰动世界，受到高度评价。这样的人才叫"大师"！好，再把最后一段齐读一下。

[评：教者采用讲故事的方法让同学们理解较抽象的"大师"一词，对于低年级的学生来说，这无疑是一种形象直观的解词方法。]

（生齐读最后一段）

（下课）

## 第二节

师：小朋友，课文读了很多遍，能背下来吗？现在我想请人把课文读一遍。咱们班谁读得好？

（师请一位女生指定三位小朋友到讲台前分别读 1、2、3 段。三位小朋友读得入情入境，很有味道。然后又请一位小朋友把全文背了一遍。）

[评：又回到了整体，再一次让学生从整体感悟课文。]

师：小朋友，一节课下来，大家不但把课文读好了，而且不少人会背了。看来，只要努力，谁都能把课文读好并背下来。咱们班谁朗读得比较好？

（生推荐出一位女生）

师：（问该女生）读一年级的时候，你朗读能力怎么样？

生：刚上一年级时，读得不好。现在读得好一点。

师：后来怎么读好了呢？

生：认真练习，有时在家里也朗读。

师：练多了，就会有收获。

（接着，师又了解了部分同学在写字、唱歌、弹琴等方面经过努力取得明显进步的情况，并深情地说，只要努力，什么都可以学好）

师：小朋友，我从小就喜欢京剧。上小学三年级时学唱旦角戏，记得开始学的是《汾河湾》中的一段。但老师说我的嗓音不好，音色不亮，不甜美，但我不服气，天天早晨在河边练习发音。后来我又唱给老师听，老师高兴地说："于永正，没想到你进步得这样快，唱得真不错！"你们想不想听听？

生：（大声）想！

（师唱了梅派代表剧目之一的《霸王别姬》中的一段"南梆子"。其以假乱真的男喉女声赢得了老师和同学们的热烈掌声。）

师：同学们，戏可不是白听的，下面要请你们做一个练习，用"经过……终于"写话。

（师板书："……经过……终于……"）

[评：上挂下联，一切都在不经意中。于老师为什么要了解学生朗读、写字、唱歌等方面的情况？为什么要介绍自己学唱戏的情况，并亲自唱了一段？其中的用心不言自明。]

师：这次写话练习比较难，"经过"和"终于"前面我为什么点上了省略号？就是说，这两个地方必须有个交代，一句话怕说不清楚。大家先想想，想好了再写。

（生思、写。师巡视辅导。师边走边自言自语："嘿，没想到，还有写我的！"一会儿又说："还有写他哥哥的呢！"）

[评：实际上，这是一种暗示，一种引导，一种启发。大道无痕，道法自然！]

师：写好的举手？（多数学生举起了小手）请小朋友自己小声读一读好吗？看看通顺不通顺，交代清楚不清楚。同位的还可以交流一下。读了同位的，再对照自己写的，看看要不要修改。这叫互相学习。

［评：读、写都是个性化行为，学语文是自己的事儿，但必要、适时的交流则有互相启发、借鉴的作用。］

（生自读，交流、修改。接着师请几位小朋友读造的句子。）

生：上一年级的时候，我朗读课文没有感情，经过努力，终于会朗读课文了。

师：是呀，只要努力了，就会有进步。

生：哥哥第一次没考上大学，但他没有灰心，经过努力，今年终于考上了清华大学。

师：你哥哥真有志气。

生：妈妈生病了，病得很厉害，经过医生的治疗，妈妈的病终于好了。

师：我们就可以放心了。

生："大师"这个词我不理解，认为是可以当老师的人。经过于老师的讲解，我终于明白了"大师"的意思。于老师解释得多好啊！（掌声）

师：你不但会听，还会写。

生：叶和佳同学（即第一位读课文的小女孩）开始读课文读得不好，经过老师的鼓励和帮助，她终于敢读了，而且读得很好了，受到了老师的表扬，得到了同学们的掌声。

（掌声）

师：这次的掌声是给你的，因为你很会捕捉写话的材料，而且写得很好。

生：于老师小时候嗓子不好，不是唱戏的料子（笑声），经过勤学苦练，终于把戏唱好了。大家都说，于老师唱得还真有点梅兰芳的味道呢！（热烈的掌声）

师：谢谢你的鼓励！不过，我的老师的确说过我唱得像梅兰芳。（笑声）当然这是给我打气，是鼓励我。不管怎么说，只要我们刻苦努力，任何事情都会取得成功。

［评：用"经过……终于……"写一两句话的练习已经不是一般的造句而是属于造段了，这样的练习应当说是有一定难度的。但是，由于有了之前的朗读理解、同学们一二年级的学习比较，以及老师学唱京戏的现身说法，所以同学们都能写出有一定质量的句段，这也充分体现了阅读教学读与写、说有机结合的特点，说明了于老师是做了精心设计的。］

下面咱们写生字。

(师投影生字,这些生字都是楷体)

师:写字的第一步是“读帖”。请认真观察每个字的写法,边看边书空。

(生边看边书空)

师:写字的第二步是描红。请在讲义上,把这些生字描一遍,边描边记。

(生描红)

师:写字的第三步是临帖。请照着字帖,把每个字写一遍,如果不满意可以写两遍、三遍。临帖要一看二写三对照。(生临帖)

师:这些生字中有几个比较难写,比如艺、或、紧、注、者。请再把这几个字看看,我请五位小朋友在黑板上写一写。(五位小朋友写过之后,师一一做了指正,并做了示范。然后再请小朋友写一遍,板书见下图。)

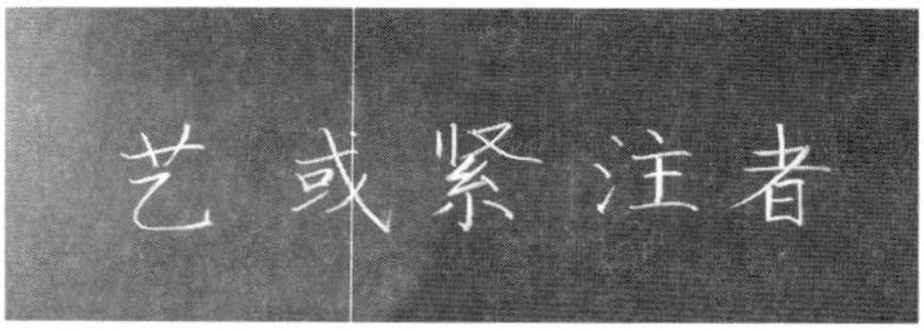


师:字是人的第二张脸,希望大家把字练好。只要认真,我相信娃哈哈小学的学生都能把字写好。记住:我们是娃哈哈!(笑声)

[评:打铁还得自身硬。自己善书,而且善于读帖,才能指导学生写好字。]

(下课)

## 总 评

从上述教例中,我们可以充分领略到已过花甲之年的于永正老师那充满童心童趣且融“唱、念、做、打”为一体的教学风格,还十分明显地感悟和触摸到在这节课中所凸显出来的面向全体、民主参与、注重过程、以读为本、读写结合等语文教学理念。于老师的课给我们的启迪是多方面的,在这里想特别提及的是他以读代讲的教学特色。

我们知道,阅读教学要以读为本。以读为本的基本特征就是以读代讲,以读代讲又特别地强调要读出感情,因此,在阅读教学中以教师为中心进行烦琐多余的内容分析和串讲的现象现在的确是少了,以读代讲、以读悟情逐渐占据了课堂教学的主流地位。但是，当前出现的一些现象却也是令人担忧的：一些教师一味地强调多读，而读书的层次性和指向性都十分模糊，因此，这样的多读是低效的甚至是无效的；一些教师单纯地强调以读悟情，一再地要求学生读出感情来，但由于没有注重通过读进行语词的理解和感悟，所谓的“情”也就成了无源之水、无本之木，即使勉强读出的“情”也只能是假意虚情。而于永正老师在这节课中以读代讲的特色就在于：多读，是有层次性的，五个不同层次的读就有五个不同层次的要求；多读，是有指向性的，通过多读来着重理解和感悟“料子”、“紧盯”和“注视”等语词的意思，在初步理解的基础上又通过辅以体态动作的读来加深对词句所含情感的理解，在这里，以读悟语（语言文字）和以读悟情（思想感情）是有机融合在一起的。以读悟语是以读悟情的基础，如果语词文句的意思尚未理解，情感会由何处而生？如果漠视和淡化以读悟语而一味地强调以读悟情，这种忽视语言文字的理解，偏重于课文内容和思想感情的感悟，语文课岂不又由过去的“思想内容分析课”嬗变为“思想内容感悟课”了吗？长此下去，“指导学生正确地理解和运用祖国的语言文字”这一最基本的语文学科教学目标岂不又成了虚有之物？入深山者得珍宝，下大海者获骊珠。我想，这节课给我们最大的启示应当是：以读悟语 + 以读悟情 = 以读代讲。悟此道者，才能科学而有效地实施以读代讲，凸显以读为本，进而切实有效地提高学生的语文素养。

## 评　课

### 对话　建构　熏陶

——评于永正老师《梅兰芳学艺》一课的教学

张庆

《梅兰芳学艺》是国标本苏教版教材二年级上册的一篇课文，说的是梅兰芳小时候拜师学艺、刻苦练功的故事。近来许多地区已经开始实施语文课程改革，如何将课程改革的新理念转化成教学行为，已成为当前语文教学的热点问题。于永正老师以《语文课程标准》的新理念执教了《梅兰芳学艺》一课，激发了学生的主动意识和进取精神，加强了阅读活动中的情感体验，取得了很好的教学效果。

于老师是怎样教学这篇课文的呢？

## 一、激发动机

上课伊始，于老师便对学生说：我知道你们都很喜欢听音乐，今天我要让同学们听一段京戏。于是就播放了梅兰芳在《宇宙锋》中的几句唱词。优美动人的旋律、独具韵味的唱腔，激起了学生的极大兴趣。老师问："好听吗？"学生都说："好听。""你们知道这是谁唱的吗？""梅兰芳。"老师在屏幕上打出梅兰芳的大幅照片，说："这就是梅兰芳。他是四大名旦之一，是著名的京剧大师。他的戏唱得这么棒，是勤学苦练的结果。他9岁那年，跟一个姓吴的师傅学戏，师傅说他眼睛没神儿，不是唱戏的料子。他没有灰心，下决心练好基本功，终于成为世界闻名的京剧大师。想不想知道他是怎么学戏的？""想！"

一段唱腔、一幅照片、几句颇能勾起悬念的开场白，激起了学生学习这篇课文的兴趣。

## 二、强化初读

强化初读，就是一开始就给学生留出充分的时间，让他们去跟文本从容对话。学生是语文学习的主人，强化初读，就能为他们创设良好的自主学习的情境，有利于培养他们自主学习的意识和习惯。

于老师耐心细致地教给学生读书的方法，培养他们不动笔墨不读书的良好习惯："要一边读书一边思考，画下自己不懂的词语或句子。圈圈画画是留下读书时思考的痕迹。"然后就让学生各自去阅读课文。学生一边轻声诵读，一边圈圈画画，读得非常认真。当初读结束时，有的读了三遍，有的读了四遍，学生大都对课文内容有了一个大致的了解，还画出了自己不懂的地方。于老师让学生把不懂的词语、句子写在黑板上，他们分别写出了"料子"、"紧盯"、"注视"、"世界闻名"、"京剧大师"、"梅兰芳的眼睛会说话了"等。

## 三、以演助读

于老师指着黑板上的这些词语和句子说："这些词语和句子不懂，是老师告诉你们呢，还是你们自己通过读书去弄懂呢？"学生们都愿意自己弄懂。

老师说："怎么弄懂呢？大家一边读一边联系上下文想一想，就会明白了。"

学生读完了课文，老师说："谁读懂了？谁读懂了，你的声音、表情会告诉我。要把课文的意思写在你的脸上。大家读的时候要加上表情、动作。要把课文读得熟熟的，最好会背。"儿童读书情趣盎然，相当投入，还情不自禁地比比画画。

于老师说，你是不是读懂了，我一看你的表演就知道了。他请几位同学当众边读边表演。当读到"梅兰芳小时候去拜师学艺"时，有的作拱手状，有的则深深地鞠了一躬。当读到"梅兰芳学艺的决心没有动摇"时，有的摇了摇手，有的则攥了攥拳头。

学生理解词语或句子，大都是以相应的生活表象作支撑的。于老师帮助学生理解词语或句子，正是借助了他们已有的生活经验，以建立词语与相应的生活表象的联系。如读到"他常常紧盯空中飞翔的鸽子，或者注视水中游动的鱼儿"一句，为了帮助学生理解句子中的"紧盯"、"注视"，他请了一个学生到前面来。老师举起手中的话筒演示鸽子在天空飞翔，让学生的眼睛跟着"鸽子"转动。老师说，这就叫"紧盯"。老师又将手中的话筒放低，演示鱼儿在池中游动，学生的视线又跟着"鱼儿"转来转去。老师当即说，这就叫作"注视"。

许多学生读到"梅兰芳的眼睛会说话了"，总有这么一个疑问：说话得用嘴巴，眼睛怎么会说话呢？老师说：眼睛也会说话，不信我们试试。他让一个学生不用说话，也不用动作，只用眼神来表演"我瞧不起你"，学生直向上翻白眼，显出不屑一顾的样子。老师又让他表演"我非常喜欢你"，学生频送秋波，眼神里充满了爱意，引得同学们哄堂大笑。通过表演，学生们频频点头，觉得眼睛还真的能说话呢。

二年级的学生以形象思维为主，又喜玩好动，采用以演助读的学习方法是符合儿童心理特点的。

## 四、引导迁移

学习这篇课文，要求学生模仿"经过勤学苦练，梅兰芳终于成为世界闻名的京剧大师"这样的句式，用"经过……终于……"说话。为了帮助学生学会使用这两个词语，教师先做了铺垫：你们班有没有原来学习不好，经过努力有提高的？学生纷纷打开了话匣子：有的说自己的字原来写得不好，经过勤学苦练有了很大的提高；有的说自己原来读书不行，经过自己努力有了很大的长进；有的说自己的心算原来很慢，经过天天练，速度有所提高……于老师又讲了自己原来的嗓子不好，经过勤学苦练，学会了旦角的唱腔，并现场给学生表演了一段。

有了这么多的具体材料，于老师再要求学生用“经过……终于……”写话，思路很快就打开了，写出的句子内容丰富多彩。

于老师的这两节课体现了《语文课程标准》的一些新理念。“新”在哪里呢？我以为主要体现在以下三个方面：

一是体现了新型的师生关系——平等对话。

对话本身就体现了民主、平等和彼此沟通等理念。只有建立起民主、平等的师生关系，才能在师生互动中形成体验、探究的氛围。师生之间的对话性沟通超越了单纯意义的知识传递，具有重新建构意义、生成意义的功能。来自他人的信息为自己所吸收，自己的既有知识被他人的视点唤醒，这样就能产生一些新的认识。比如对“京剧大师”这一词语的探讨，已非单纯意义的知识传递。有的说“戏演得非常好就叫大师”，有的说“专家就是大师”，有的说“会演很多很多的戏，就是大师”，有的说“大师应该知道很多很多的东西”……在讨论中老师说起了梅兰芳在抗日战争时期留起胡须，不给日寇演戏的事。这对学生颇有启发，有的学生说：我以为光是戏演得好还不能叫大师，还得道德高尚才能称得上大师。师生思想相互撞击，相互启迪，从而生成了一些新的认识。

二是体现了全新的学习理念——自主建构。

建构主义理论认为，学生是知识意义的主动建构者，而不是外界刺激的被动接受者。只有通过自己的切身体验和合作、对话等学习方式，学生才能真正完成知识意义的建构。这与长期以来形成的那种“牵引式”、“灌输式”教学是截然不同的。后者好像是一种工业生产的方式，是按照图纸去生产一模一样的机器。而前者则类似农业生产的方式，农民并不制造禾苗，只是为禾苗的生长提供条件，如按时播种，并适时灌溉、施肥、捉虫等，从而促使禾苗茁壮成长。于老师在教学中十分尊重学生的主体地位，时而组织，时而释疑，时而示范，时而鼓励……总之，是为“禾苗”的生长提供条件，绝不越俎代庖。这里只举出于老师教学中的一个细节，我们便可见一斑。

当让学生朗读课文时，于老师没有喊那些举手十分踊跃的同学，而是把眼光投向了一个没有举手的腼腆女孩。老师亲切地问："你为什么没有举手呀?"女孩的声音低得几乎听不到："这么多老师……我，我，有点怕。""坐在位子上读，是不是好些?就坐在位子上读吧。"老师蹲下身来给她当面指点。在老师的鼓励下，她居然读下来了，老师便让全班学生给她掌声鼓励。第一次试读成功，她的信心似乎增加了许多。于老师趁热打铁："读得不错嘛，我看你站起来读，会读得更好的。"她站了起来，脸红红的，越读越流畅，果然比第一次读得好。

三是体现了语文学习的特点——人文熏陶。

语文本非无情物，但是在应试教育的影响下，语文教学却被异化成烦琐的分析、机械的训练，本来是颇具感染力的作品，由于被肢解得七零八落，却变成了味同嚼蜡、面目可憎的东西。

于老师上语文课，注重加强学生的阅读实践，注重学生阅读活动中的情感体验。考虑到课文内容与学生的生活有距离，于老师适时地为学生提供了有关梅兰芳的音像资料；并借助表演的手段，以调动学生的生活经验，让他们更好地感受梅兰芳苦练基本功的动人情境，感悟"梅花香自苦寒来"的人生真谛。梅兰芳是京剧大师，京剧又是中华文化的精粹。于老师还通过这篇课文的教学，使学生初步感受到京剧艺术的博大精深，享受到审美的乐趣。当于老师在伴奏带的音乐声中唱了一段京剧时，学生们都情不自禁地和着节奏手舞足蹈起来，可见他们已经在京剧的优美旋律中陶醉了!

# 5.《惊弓之鸟》教学实录和评析

## 惊弓之鸟

更羸是古时候魏国有名的射箭能手。

有一天，更羸跟魏王到郊外去打猎。一只大雁从远处慢慢地飞来，边飞边鸣。更羸指着大雁对魏王说：“大王，我不用箭，只要拉一下弓，这只大雁就能掉下来。”

“是吗？”魏王信不过自己的耳朵，问道，“你有这样的本事？”

更羸说：“请让我试一下。”

更羸并不取箭，他左手拿弓，右手拉弦，只听得嘣的一声响，那只大雁直往上飞，拍了两下翅膀，忽然从半空里直掉下来。

“啊！”魏王看了，大吃一惊，说：“真有这样的本事！”

更羸笑笑说：“不是我的本事大，是因为我知道，这是一只受过箭伤的鸟。”

魏王更加奇怪了，问：“你怎么知道的？”

更羸说：“它飞得慢，叫的声音很悲惨。飞得慢，因为它受过箭伤，伤口没有愈合，还在作痛；叫得悲惨，因为它离开同伴，孤单失群，得不到帮助。它一听到弦响，心里很害怕，就拼命往高处飞。它一使劲，伤口又裂开了，就掉了下来。”

班级：江苏省徐州市鼓楼小学三年级（1）班

时间：1992 年春

评析：中央教育科学研究所　张田若研究员

由教师讲懂，还是在教师的指导下学生自己读懂，虽然都是“懂”，但这二者的价值取向却大不相同。前者看重的是为教书而教书，注重的是结论；而后者关注的是学生如何在读书过程中成长，注重的是体验。不同的关注，反映了不同的教学观念。所以，教学观念也并不虚幻缥缈，它实实在在地支配着我们的教学实践。

——高林生

## 第一节

师：小朋友，我在黑板上画一样东西，你们看画的是什么？

（师用彩色粉笔在黑板上画了一张弓）

生：于老师画的是一张弓。

师：这叫什么呢？（师指弦）

生：这叫弦。

（师又画了一支箭，生做了回答）

师：大家知道有了弓，有了箭，才能射鸟。可是古时候，有个叫更羸的人只拉弓不射箭，就能把大雁射下来，这是怎么回事呢？今天，我们学习第27课《惊弓之鸟》，学了这一课就明白了。

[评：引入新课方法多样，避免了千篇一律。从画弓箭入手，既理解了什么是弓，什么是箭，什么是弦，又制造了悬念，引人入胜。]

（师板书：惊弓之鸟）

师：通过预习，生字都认识了吗？（生答：认识了）字认识了，就可以读书了。首先，要求读得正确、流利。（板书：正确、流利）要做到这两点，第一，精神要集中，要眼到、口到、心到。（板书：眼到、口到、心到）第二，哪一句读得不流畅，就反复练习几遍。请打开书，我们先读读第一、二两节试试。

[评：这样读很好。如齐读就不易做到这一点。]

（指名读，第一句该生就读“断”了）

师：不要紧，你再读两遍就读流利了。

（生练习两遍，读通了，接着往下读，直到读完）

师：（高兴地）就这样练！大家都像他这样把课文读一遍。做到眼到、口到、心到，读得正确、流利。（全班同学读课文。读完之后再指名读。）

师：读书还要边读边想，要想想词语的意思，理解课文的内容。怎样理解词语呢？主要的办法是联系上下文（板书：联系上下文）。有些词语的意思课文中就有，只要认真去读，就会知道。比如这些词语——（师挂小黑板，出示：惊弓之鸟，大吃一惊，信不过，孤单失群）一看上下文就懂了。

（生认真默读课文）

师："惊弓之鸟"是什么意思？你从哪儿看出来的？

生："惊弓之鸟"的意思是：害怕弓弦响的鸟。我从最后一节看出来的。（生读："它一听到弦响，心里很害怕，就拼命往高处飞……"）

师："惊"是什么意思？

生："害怕"的意思。

师：（高兴地）你读书做到"心到"了。

生：我还从第五节看出来了。（读"只听得嘣的一声响，那只大雁直往上飞……"）

师：对！从这里也可以看出，"惊弓之鸟"就是害怕弓弦响的鸟。"之"就是"的"的意思。大家再看看，"大吃一惊"什么意思？这里的"惊"和"惊弓之鸟"的"惊"有没有区别？

生：这个"惊"是"奇怪"的意思。

生：是"惊奇"的意思。

师：你们从哪儿看出来的？

生：从魏王说的话看出来的。（读："啊！……真有这样的本事！"）

师：（随手板书两个叹号）从这两个叹号也可看出，这里的"惊"是"惊奇"的意思。"大吃一惊"就是感到非常奇怪。下面还有一个地方能看出"惊"是"奇怪"的意思，你们往下看，能不能找出来，这一点比较难。

［评：学生有好胜心理，你越说难，他越要去学、去想。这是"激将法"在教学中的运用。］

生："魏王更加奇怪了"，说明刚才"大吃一惊"已经是奇怪了。所以这里加个"更"字。

师：（非常高兴）说得对！大家再读读第三节，看看"信不过"是什么意思？

生："信不过"就是"不相信"。我是从两个问号看出来的。（读："是吗？……你有这样的本事？"）

师：这就叫作“聪明”！这就叫“心到”！（顺手板书两个问号）你读书不仅字字入目，而且标点符号也入目。不仅入目了，而且动脑子想了。——“孤单失群”是什么意思？

生：孤单失群就是“离开”同伴。（读：“……它离开同伴，孤单失群，得不到帮助。”）

师：“群”就是——

生：同伴。

师：“失”就是——

生：“失”就是“离开”。离开同伴就剩自己了，孤单了。（笑）

师：说得对！上面两个词语我们是怎样理解的？

生：（齐声）联系上下文理解的。

师：（在黑板上的“联系上下文”的下面加上着重号）

［评：老师不是授之以鱼，而是授之以渔。］

但是，有些词语，特别是带生字的词语，从课文中不能直接找到答案。比如这两个词——（师挂黑板出示：悲惨、愈合）虽然联系上下文也能知道一点意思，但心里没有底，这时，就应查查字典。请左边四排的同学查“惨”，右边四排的同学查“愈”。看谁查得快，能讲讲它们的意思。

（生通过查字典，再联系课文，理解了“悲惨”、“愈合”在本文中的意思）

师：小朋友，多数汉字一字多义。这里根据句子确定意思，也就是说，要据文选义。看看这句话里的两个“直”意思是不是一样。（小黑板出示：“只听得嘣的一声响，那只大雁直往上飞，拍了两下翅膀，忽然从半空里直掉下来。”）

（多数学生说两个“直”意思不一样，但不同在哪里，一时又说不出来）

师：我们不妨查查字典，看看字典里“直”有几种解释。为了省时间，我把字典里几种解释抄下来了。大家看看——

（小黑板出示：“①不弯曲；②使弯曲的伸开；③垂直；④爽快；⑤一个劲儿地；⑥汉字笔画名称，即“竖”；⑦公正的。”生看了七种解释，又读了一遍句子，知道第一个“直”是“一个劲儿”的意思，第二个“直”是垂直的意思。）

［评：这两个“直”很少有人注意，于老师却抓住了。因此可以看出于

老师具有厚实的语文基本功。没有良好的语文基本功，就谈不上语文教学艺术。]

师：同学们，联系上下文是理解词语的最根本的方法。古人说："书读百遍，其义自见。"只要我们认真读书，做到眼到、口到、心到，就能理解词语和文章的意思。

（最后师又让生自由读一遍课文）

## 第二节

师：上节课谈到，读书要做到眼到、口到、心到。要读得正确、流利。这还不够。理解了，还要读得有感情（板书：有感情）。这个要求更高了。能读出感情来，就不仅证明你理解了，而且说明你学得相当不错了。怎样读得有感情呢？第一，要学会"过电影"，想象课文描写的情景。请同学们读读第二节的一、二两句，说说你读的时候，脑子里出现了什么样的情景。

（生读第二节中的一、二两句话："有一天，更羸跟魏王到郊外去打猎。一只大雁从远处慢慢地飞来，边飞边鸣。"）

生：我读的时候，脑子里出现了魏王带着人在郊外打猎的情景，还出现了一只大雁在天上慢慢地飞，叫的声音很悲惨的情景。

师：怎样读叫人觉得这只大雁飞得慢，叫的声音很悲惨？大家读读试试。

（生练习读。师指名读。）

师：这位小朋友读得真有感情。我听了之后，真像看到了一只受伤的大雁在天空中慢慢地飞，边飞边鸣，叫人听了很伤心。大家都这样读一遍。

（全班同学认真练读，兴趣十分浓厚）

师：请大家再读读第五节，说说你脑子里又出现了什么样的情景。

生：我读了以后，脑子里出现了更羸拉弓的样子，好像看到大雁掉下来了。

师：还听到什么声音了吗？

生：听到了弓弦响。

师：响得很吗？

生：响得很，嘣的一声！（笑）

［评：引导学生入情入境是语文教学艺术的一个特点，于老师善于启发学生展开想象，进入作者描述的情境之中，“还原”了，就理解了。这样才能读出感情。］

师：谁来读读这一节，让人们听了好像真的看到了更羸拉弓射雁，听到了弦响，看到了大雁一个劲地往上飞，又啪嗒一声掉下来的情景。（指名读。读得不太好。师提示：读这一节，速度要稍快，紧张一点，“嘣”和两个“直”要强调。然后师做了示范。生练习后，读得很有感情。）

师：同学们，读对话比较难。大家把书放下，看老师读2—4节。注意老师读魏王和更羸对话时的语气和表情有什么不同，并想想为什么不同。（生看师读2—4节）

［评：抓住了难点，突破，很好！教师上课，一定要抓住重点、突破难点，不要平均使用力量，不要无的放矢。］

生：于老师读更羸的话是微笑的，语气——

师：语气是认真的，对吧？读魏王的话是什么表情？什么语气？

生：皱着眉头，不相信的语气。

师：想一想，读更羸的话为什么面带微笑，态度认真？

生：因为更羸是大臣。他和国王说话，应当有礼貌。

师：是的，要毕恭毕敬。第一要读出感情，第二要想想人物的身份，体会他们的思想感情，要把自己当作魏王，当作更羸。下面，大家都学着老师读的语气和表情，把2—4节朗读一遍。（生模仿力很强，读得特别认真。指名读，效果很好。）

师：请同学们自己练习读6—9节，体会一下，每一节应该以什么样的表情和语气读。

（练过之后，指一名叫张雷的学生到讲台前读）

张：（读）“啊！”魏王看了大吃一惊，说，“真有这样的本事！”

（有人举手，该生叫彭晓明）

彭：“啊”读得不好，听不出是大吃一惊。

师：请你读一下。（彭读，读得很好）

师：你读得不错，表情也好，两眼都直了，看样子被惊呆了。（笑声）请你到前边来，读给大家听听。（彭到前边读）

师：（对彭）你别回位了，请你和张雷比赛，看谁读得好。请张雷读第7节。

［评：小学生喜欢比试。适当开展比赛是激发动机、调动积极性的有效手段。这一点教育心理学有过专门的论述。于老师是深得此道的。］

张：（读）更赢笑笑说："不是我的本事大，是因为我知道，这是一只受过箭伤的鸟。"

生：（举手）张雷没有笑。

师：说得对！书上明明写着"更赢笑着说"嘛！张雷请重读一遍，注意表情。

（张雷重读，面带微笑，大有进步）

师：（对彭晓明）请你读第8节，你刚才读魏王的话非常好。

彭：（读）魏王更加奇怪了，问："你怎么知道的？"（笑声）

师：大家笑了，看来同学们很满意。——大家谈谈，哪里好？

生：彭晓明的表情好，眉头皱着。

师：因为更加奇怪，所以眉头皱成一个大疙瘩；语气也很像魏王。最后一节是更赢讲原因的。这一节最重要，要读得清楚，速度稍慢一点，表情要自然，请张雷读。（张雷读。读得比较好。师让全班学生像他们二人一样把6—9节读一遍。）

师：同学们，书越读越有味，现在请同位同学一个当更赢，一个当魏王，把对话部分有感情地读一遍。能背下来更好。读的时候除了注意表情，还可以加点动作。

（生兴高采烈、津津有味地分角色读。有的放下书来表演。）

（师指定两个人到前边，一人读魏王的话，一人读更赢的话，并让他们把各自读的话练一遍，尽量背下来）

师：现在我们三个人开始读，其他小朋友当裁判员，看谁读得好，如果有意见举手提出来。（师读叙述部分，三人把课文读了一遍，一生举手）

生：魏王看到大雁掉下来，大吃一惊，夸更赢有本事，应当捋一下胡子。（笑声）插图是这样画的。

［评：书的确读活了。］

师：有道理！一捋胡子，就更有国王的味了。（笑）请"魏王"把第7节再读一遍，加个捋胡子的动作。（"魏王"加动作读。全班大笑。）

师：读活了！有味！——“魏王”，当你听了更羸的解释以后，会怎样想、怎么说？

生：啊，原来是这么回事！

师：你是国王，说话要文绉绉的，考虑一下应换个什么词儿？加个什么动作？

生：（捋胡子、点点头）啊，原来如此！（笑声）

师：好一个魏王！（笑）你还会对更羸说什么？（生一时说不出）

师：其他同学可以帮忙。

生：更羸，你真善于观察、善于动脑筋！

［评：水到渠成。这实际上就是本文的中心思想。但教师揭示得巧妙，不露痕迹。巧，就是艺术。］

师：这叫作把书读活了！能说出这样的话来，说明大家完全读懂了。更羸怎么知道不用箭，只要拉一下弓，那只大雁就能掉下来？（这是课后的思考题）

生：更羸看到这只雁飞得慢，便知道这是因为受过箭伤。受过箭伤的雁害怕弓弦响。弓弦一响，它一使劲飞，伤口裂开了，就掉了下来。

师：更羸为什么一见这只大雁飞得慢，就知道它是受过箭伤的？其他人也看见了，为什么不知道？只是因为他们不善于观察、不善于动脑子吗？

［评：这一问，问到点子上了。］

生：因为更羸是个有名的射箭能手。

师：对！（随手板书：有名）有名，就是说他的箭射得怎么样？

［评：注意文章前后的联系。］

生：他射箭射得准。

师：更羸一定经常干什么？

生：他一定经常打猎，射鸟。

师：经常打猎，经验怎么样？

生：他的经验多。

生：他的经验丰富。

师：他的经验太丰富了，他知道受过箭伤的雁飞得慢。（小黑板出示这一句话）这是最重要的一步。所以，当他看到这只雁飞得慢的时候，就断定它受过箭伤。这就是更羸想的过程。魏王等人为什么看不出来？根本的原因，是因为他没有这个经验。这就告诉我们：知识越多，经验越多，认识能力就越强，就越聪明。今天，“惊弓之鸟”这个成语人们还经常运用。请看这篇短文——

（小黑板出示短文：“日本鬼子被八路军包围在山下的公路上。经过一个小时的激烈战斗，八路军消灭了1000多名侵略者。有一小股日本兵顺着一条山沟，逃到一座树林里。他们又渴又累，刚想坐下来喘口气，忽然身后传来两声枪响，他们像惊弓之鸟，抓起枪，慌慌张张钻进草丛里。”）

（师请生读短文。生通过阅读，知道了“惊弓之鸟”这个成语在短文中的意思，师告诉生，这个成语就是比喻受过惊吓，一有动静就害怕的人。）

［评：这样训练就活了，也实了。老师的训练意识很强。］

（接着，师又指导学生用“悲惨”造句。这是课后要求的。）

师：读读“悲惨”所在的句子，看看这里的悲惨是说什么的。

生：这里的悲惨是说声音的。大雁叫的声音很悲惨，叫人伤心。

师：小朋友，我说一句话的开头，看谁能接着往下说，并用上“悲惨”一词。——猎狗的腿断了，夜里……

生：猎狗的腿断了，夜里叫的声音很悲惨。

师：谁用“悲惨”这个词自己造一个说声音的句子？

生：小白兔死了，小白兔的妈妈哭了，声音很悲惨。

师：“悲惨”不光可以说“声音”，还可以说别的。看下边一个句子——

（小黑板出示：杨白劳被地主毒打了一顿，悲惨地死去了。）

师：这个句子中的“悲惨”是说什么的？

生：是说杨白劳死的样子。

师：现在请小朋友考虑一下，下边两个句子能不能加上“悲惨”一词，可以在哪儿加？

（出示下面两个句子：①旧社会，劳动人民吃不饱，穿不暖，有的卖儿卖女。②卖火柴的小女孩在大年夜冻死了。）

生：旧社会，劳动人民吃不饱，穿不暖，有的卖儿卖女，生活很悲惨。

师：“悲惨”还可以加在别的地方吗？想一想。

生：旧社会，劳动人民生活很悲惨，吃不饱，穿不暖，有的卖儿卖女。

师：很好！再看第二个句子。

生：卖火柴的小女孩在大年夜悲惨地冻死了。

生：卖火柴的小女孩在大年夜冻死了，死得很悲惨。

师：说得真好！听于老师说个句子，你们听一听行不行—— 一个日本鬼子被八路军打得头破血流，样子很悲惨。（许多学生立刻举手）

生：这样说不行。日本鬼子被打伤，活该！谁叫他们侵略我们的！（众笑）

师：这是罪有应得！看来我用词用错了。（笑）

［评：造句训练很独到，最值得称道的是不离开具体的语境。］

（下课）

## 总 评

阅读课上教师讲得多，学生读得少，这是国际通病，不光我们中国是这样。这两节课的优点很多，但是最大的优点是真正把阅读课上成阅读课了，或者说上成读书课了。什么叫教学艺术？能引导、启发学生乐意读书，把书读好、读懂，读得津津有味，就叫教学艺术。这就是真传。

# 6.《翠鸟》教学实录和评析

## 翠　鸟

翠鸟喜欢停在水边的苇秆上，一双红色的小爪子紧紧地抓住苇秆。它的颜色非常鲜艳。头上的羽毛像橄榄色的头巾，绣满了翠绿色的花纹。背上的羽毛像浅绿色的外衣。腹部的羽毛像赤褐色的衬衫。它小巧玲珑，一双透亮灵活的眼睛下面，长着一张又尖又长的嘴。

翠鸟鸣声清脆，爱贴着水面疾飞，一眨眼，又轻轻地停在苇秆上了。它一动不动地注视着泛着微波的水面，等待游到水面上来的小鱼。

小鱼悄悄地把头露出水面，吹了个小泡泡。尽管它这样机灵，还是难以逃脱翠鸟锐利的眼睛。翠鸟蹬开苇秆，像箭一样飞过去，叼起小鱼，贴着水面往远处飞走了。只有苇秆还在摇晃，水波还在荡漾。

我们真想捉一只翠鸟来饲养，就把这个愿望告诉了老渔翁。老渔翁跟我们说："孩子们，你们知道翠鸟的家在哪里？沿着小溪上去，在那陡峭的石壁上。洞口很小，里面很深。逮它很不容易呀！"我们失望了，只好打消了这个想法。在翠鸟飞来的时候，我们远远地看着它那美丽的羽毛，希望它在苇秆上多停一会儿。

班级：浙江省湖州市云巢小学三年级（1）班

时间：2002 年 10 月

评析：云巢小学　周建华（我的弟子）

## 第一节

师：小朋友，今天我们学一篇你们书里没有的课文，题目叫《翠鸟》。

课前已经把课文发给你们了，要求自学生字，自己读读课文。预习得怎么样？生字都认识了吗？课文都读过了？好。我想请一位小朋友来替我写课题，谁愿意来写？

（指定一生到讲台前）

师：（对讲台前的小朋友）我知道你会写“翠鸟”两个字，但我想考考其他小朋友，看他们会写不会写。——小朋友，（面向大家）写“翠”要注意什么？

生：上边是个羽毛的羽（师插话：“和羽字完全相同吗？”）这个羽不带钩。（师插话：“你看得很仔细。”）下边是个——（该生说不出，师告诉他是个“卒”，读 zú）写“卒”时，最后一笔——竖，不要向上伸长。

师：多会观察呀！这一点非常重要，许多人把这一笔写到两个人字中间去了，把两个人隔开了，这两个小朋友对你就有意见了，怎么把我们隔开了呀？对不对？（对讲台前的小朋友）请你把《翠鸟》这个题目写在黑板上。其他小朋友跟着书写。（该生写得比较好）

[评：“翠”字容易写错。此举显然是一种“强刺激”。这么“隆重”地板书，小朋友在这么专注的情况下写这个字，记忆肯定会牢固。写好字（包括写正确、写规范）是小学语文教学应该做的事情。字认多了，常用字能写正确、写规范了，就为学生的终身学习奠定了基础。]

师：人们为什么叫这种鸟为翠鸟？翠是什么意思？

生：翠是“绿”的意思。它的羽毛是绿色的。

师：你从哪儿看出来的？

生：（读）“头上的羽毛像橄榄色的头巾，绣满了翠绿色的花纹。背上的羽毛像绿色的外衣。”——从这两句话中可以看出翠鸟头上和背上的羽毛是绿色的。

师：你预习得好，读书时认真思考了。——我想问你，既然翠是“绿”的意思，为什么我们不叫它“绿鸟”？（笑声）

（生一时说不出）

师：你们见过柳树和竹子吗？它们的叶子是什么颜色的？

生：绿色的。

师：为什么杜甫说“两个黄鹂鸣翠柳”，不说“绿柳”？为什么人们称竹子为“翠竹”，不说是“绿竹”？想想它们的样子。

生：因为竹叶和柳叶都有点亮闪闪的，像翡翠。

师：你见过翡翠？这是个笼统的说法，翡翠是一种很硬的玉，绿色的叫翠。

生：我见过的就是这种翡翠，亮闪闪的。

师：有意思！这叫见多识广。柳叶、竹叶绿得很鲜亮；同样，翠鸟的羽毛也很鲜艳，有点亮闪闪的，很讨人喜欢，所以人们叫它翠鸟，对吗？

生：对！

师：翠鸟的羽毛以及柳树、竹子等植物的叶子的那种绿，让人们看了很舒服，所以我们又选用了一个“翠”字来形容它。—— 一起把课题读一遍。（生齐读）

师：声音不要大，大了反而让人觉得它不美了，也让人觉得小朋友好像不喜欢它。——再读。

（生再齐读，声音柔美亲切）

［评：小朋友往往喜欢扯着嗓子读书，“响亮”要看场合，要有个度，特别是齐读，更不要那么用力气。于老师的引导很艺术、很委婉，就这么一“点”，学生们的语调、语气轻柔了，让人感到亲切。］

师：多美的名字啊，小朋友读得多动听呀！谁读读第1段？

（生读第1自然段，读得正确、流利）

师：读得一字不差，是很了不起的。我再提个要求，能不能让人一听你的朗读，就好像见到翠鸟一样？——大家都练一练，把表现翠鸟特点的词语做个记号。

［评：怎么指导朗读？于老师的做法给我们提供了范例。一要一步一步来；二要讲究方法。］

（生边读边画，师巡视指导，嘴里说着：“有人画出了‘红色的’……有人画出了‘橄榄色’……”生读完后，师又请刚才那位小朋友读，读得大有进步。）

［评：学生读、画，要加以引导，同时要重视过程。学生一次比一次进步了，就是有效的训练。］

师：这次听他读，我真的像见到了翠鸟。为什么？因为他把“红色”、“橄榄色”、“透亮灵活”、“又尖又长”等词语读得特别清楚，特别响亮，让我听了以后，印象特别深刻。看谁能赛过他？

（接着又有两位小朋友读第一段，一个比一个好）

师：你们很喜欢翠鸟，是吗？可是从你们的朗读中，我还不能明显地感觉到这一点。——看谁既能把翠鸟的特点读出来，又让人听了感觉到你很喜欢它。先练一练。

［评：朗读是赋予作品以生命。一定要在体会作品思想感情的同时，注入自己的感受、自己的情感。］

（生又兴致勃勃地读起来。师指名读，又做了范读。师的范读赢得了众生的热烈掌声。最后全班齐读。）

［评：老师的示范非常重要。但要选择好时机，一开始就范读，有“告诉”之嫌。于老师选择的时机，对我们很有启发。］

师：小朋友越读越好，越读越有味道！

［评：小朋友之所以“越读越好”是因为于老师训练有方。先是要求读正确，再要求读出特点，最后要读出自己的感受。这“三步曲”很值得我们借鉴。］

师：是不是有人会背了？（有几个人举手，表示会背）读熟了，会背了，你们今后写小动物的外形（板书：外形）就不发愁了。

［评：一句话就把阅读和写作的关系点明了。该点到的一定要点到。］

师：这一段写的是翠鸟的外形。我们再读读2、3自然段，看看下面这一部分是写翠鸟的什么的。

（生自由读）

师：读懂了吗？谁来说说？

生：这两段是写翠鸟怎样捕鱼的。

师：主要是写翠鸟叼鱼的。

（师板书：叼鱼）

师：翠鸟叼鱼的动作怎么样？

生：快！

生：很快！

师：不是一般的快，所以你加了一个“很”字！（笑声）谁来读第2自然段？

生：（读）翠鸟鸣声清脆，爱贴着水面疾飞，（师插话：“疾飞”读得好，让人一听，感到翠鸟飞得的确很快。大家一起读读这句话，看能不能让听的人感到飞得更快一点？生齐读。读完该生接着往下读。）一眨眼，又轻轻地停在苇秆上了。（师插话：你为什么落得这么轻？）

生：我怕惊动小鱼。

师：你真有心眼！（笑声）

师：既然如此，能不能读得再轻点？（生重读，读得非常好）你既然这么有心眼，下面一句话肯定会读得更好，请读下去。

生：它一动不动地注视着泛着微波的水面，等待游到水面上来的小鱼。

［评：按说老师不宜打断学生的朗读。但于老师这样做让人觉得很有必要。看来，只要恰到好处，有利于学生感悟，就可以而且应该这样做。］

师：你理解得太好了。正因为你懂了，所以才读得这么又轻又慢。——谁接着往下读？

（一生读第 3 自然段。该生把“尽”读成第四声了，师告诉他，在这里应读第三声，并领读了这一句话。）

师：翠鸟动作快吗？谁能读得让人觉得更快些？

（又一生读，但又读得太快了，引起了一阵笑声）

师：（对读书的小朋友）你知道为什么有人笑吗？

生：可能笑我读得太快了。（笑声）

师：我听你读，就觉得好像有人在后面追你似的，把你赶得上气不接下气的（笑声），读这一段速度是要快一点，但是要把写翠鸟动作的几个词读清楚，这些字要咬“死”。——大家听我读读好吗？

（师范读，生鼓掌）

师：谁敢向我挑战？

（然后有三位学生读，一个强似一个，把翠鸟读活了）

［评：于老师的课堂教学是民主的，他和学生之间是平等的。所以，学生才能放得开，才能主动地、轻松地学习，才能有好的效果。］

师：我只好甘拜下风了。——最后一段写的什么？谁来读读第 4 自然段？

（一生读。生读完老渔翁说的话——“孩子们，你们知道翠鸟的家在哪里？沿着小溪上去，在那陡峭的石壁上。洞口很小，里面很深。逮它很不容易呀！”师开玩笑说：“你的语气不像老渔翁，是一个小渔娃！”于是生争先恐后地读老渔翁的话，声音一个比一个苍老。师连忙说：“别读了，再读你们就都成了老头老太了，放学回家爸妈认不出你们来了，那还了得！”生哈哈大笑。)

[评：适当的幽默使学习变得轻松。幽默是于老师教学获得成功的一个重要因素。]

师：(生读完第4自然段)这段写的什么？

生：告诉我们翠鸟家住在哪儿。

师：按理说，这话不通，但许多人都喜欢这么说：家住在哪里。我看最好能改一改。

生：翠鸟住在哪里。

生：翠鸟的家在哪里。

师：在哪儿？

生：在石壁上的洞里。

师：那里怎么样？

生：洞口很小，里面很深。

师：你去参观过？

[评：又是一句不经意的幽默。]

生：(笑)我进不去。(笑声)

(师板书：住处)

师：(指着板书)课文介绍了翠鸟的样子，怎么叼鱼以及它住在什么地方，这样，我们对翠鸟的了解就比较全面了。咱们休息10分钟再上好吗？

(下课休息)

## 第二节

师：读了这么多遍课文，特别是第1段，有人都会背了，你头脑里一定有了一只活的翠鸟。谁愿意到黑板上画出来？(指定4人在黑板上用彩色粉笔画)其他同学在纸上画简笔画。带水彩的可以按书上写的涂上颜色。

(生作画，师为在黑板上画的同学做了指点)

[评：作画是一种“还原”——把抽象的文字“还原”为客观事物。读懂了，学生头脑里一定会有图像的。画画，是想象的“物化”。但能否“物

化”得好，还要看作画的本领是否强。因此，教师做些指点是必要的。还有，这里的作画不是为画而画，是为下面的“说”做铺垫的。这是于老师的精心之处。]

师：每个人的头脑里都有一只翠鸟，而且每个人头脑里的翠鸟和别人的不一样。看——（指一幅画得好的图）这只翠鸟画活了。谁来看着这幅画，向大家介绍一下翠鸟的外形？先自己小声说说，可以按书上写的顺序介绍，也可以用自己的话、不按书上的顺序介绍。

（生练习。然后指定了两生到黑板前，一边指着图一边介绍。其中一生先介绍翠鸟的羽毛，接着介绍了翠鸟的眼睛、嘴和爪子，而且加了个头：“同学们，现在我向大家介绍一下翠鸟。”并加了个结尾：“我的介绍完了，如果还想具体了解的话，请看书或者上网。”她的出色介绍，博得了其他学生的热烈掌声。）

[评：这里的“说”，就超越了“看图说话”，成为一种“口语交际”了。因为此时的说，是有目的、有对象的。同时，这里的“说”也是一种反馈——看学生读熟了没有，记住了没有。]

师：同学们，有一位从外国来的“世界绿色和平组织”成员，想来采访翠鸟。你们对翠鸟的情况十分了解，想不想当翠鸟，接受这位朋友的采访？

生：（齐声）想！

师：好，我现在就来当这位绿色和平组织的成员。（一本正经地整整衣冠，扶扶眼镜，轻咳一声）翠鸟朋友，你们好！我是世界绿色和平组织的成员，是你们的好朋友。这是我的证件，（说着从上衣口袋里摸出一个“证件”，亮了一下，其实是一张名片）我想采访你们，愿意接受我的采访吗？

生：（齐）愿意！

师：你们的声音怎么这么好听？天天练嗓子吗？

[评：乍一听，是随意的交谈，其实是课文内容的一个方面。]

生：我们天生的鸣声清脆！（笑声）

师：这样的嗓子唱起歌来一定动听。你们愿意唱一支歌给我听听吗？哪位翠鸟愿意唱？

（一位女生唱了一支《春天在哪里》）

[评：于老师使语文课堂教学真的成为了一种生活。]

师：歌声真清脆，真优美！听说你们捕鱼的本领很高，外号叫什么“叼

鱼郎”?(把“郎”字说得很死,语调有点凶)

生:我们不是狼!(笑声)

[评:学生果然把“郎”误为是“狼”。老师的“误导”(语气上的),成了调节课堂气氛的润滑剂。](教者注:这是支玉恒老师支的“招”。他很善于支“招”,我从他那里学到了不少东西。话又说回来,谁叫他姓“支”的呢!)

师:是新郎的郎,不是大灰狼的狼。

(说完板书:叼鱼郎。生喜形于色)

师:能说说你们是怎么叼鱼的吗?

生:平时,我们站在苇杆上一动不动。

师:为什么不动?

生:怕惊动小鱼呀!小鱼一出现,我们就蹬开苇杆,箭一般地飞过去,叼起小鱼就飞走了。

师:你的眼睛视力这么好!是3.0的吧?(笑声)

生:我们的眼睛很锐利。

师:你们一定要好好保护视力,不然就看不见鱼了。你们动作很快,从哪儿能看出来?有什么能证明你们动作神速?

生:书上写了,我们已经飞远了,那苇杆还在摇晃,水波还在荡漾……

师:哪儿写的?读给我听听?

(生齐读课文第3自然段)

师:果然神速!真是名不虚传,是名副其实的叼鱼郎!

[评:多么精彩的一句侧面描写!可是我教的时候却忽略了。]

师:我能到你们家里做客吗?

生:你去不了。我们的家在悬崖峭壁的洞里,洞口很小,里面很深,人进不去。(笑声)

师:你们真会找地方,那里多安全呀!那我就不去了。你们翠鸟对我们人类有什么要求吗?

生:请人类爱护我们鸟类,我们是大自然中的一员,是你们的好朋友。

师:你们吃鱼,我们鱼塘里养的鱼不遭殃了?(笑声)

[评:这一处点得特别好。有没有人有这种认识?有的。这么一问、一解释,疑团就没有了。我们不能不佩服于老师考虑得周到。]

生：我们吃的是河里的小鱼。

师：不吃养鱼塘里的？（笑声）

生：我们的个儿小，吃得不多。（生大笑）

师：看来你们也吃。不过，吃了也不要紧，大自然少不了你们。还有什么要求吗？

生：请人类保护河流，不要向江河湖海里排污水。现在有许多河流污染了，鱼虾死光了，我们常常挨饿。（笑声）

师：是的！为了所有动物，也为了人类自己，我们要保护水资源。你们到过太湖吧？太湖正在治理污染。现在太湖的小鱼是不是好吃多了？没大有怪味了吧？（笑声）

[评：湖州在太湖之滨，小学生很熟悉，老师的引申、调侃，不但使学生明白保护太湖水资源的重要，而且使他们感到很亲切。]

生：好吃多了！（大笑）

师：我打算回去专门写一篇介绍你们的文章，让人类认识你们，了解你们，保护你们。

生：谢谢！

师：不知有没有专门介绍你们的文章？

生：（高兴地）有！给！（说完把课文递了过去）

师：（看了一会儿）哎哟，是汉字吗？可惜我只能听懂汉语，认不得方块字。你们读读我听听，如果写得好，我回去找人翻译成英文、法文、德文、俄文，登在世界各大报纸上。

生：也可以上网。（大笑）

师：好！登报、上网，宣传宣传你们，让更多的人了解你们，保护你们。谁来读？

（师请了三位同学读全文）

[评：我没想到于老师在这里能做这样精彩的安排！多么自然、流畅！难怪冯春河先生说，读于老师的课堂实录，就像读优美的散文，生动、流畅、自然、耐人寻味！此话一点不假。于老师就这样神不知鬼不觉地回到了整体！而且不动声色地让学生读得那么清晰，那么自豪！原因很简单，此时的学生已把自己当作翠鸟了，入情入境了。]

师：这篇文章写得还真不错！那我就带走了！谢谢各位翠鸟接受我的采

访！翠鸟朋友们，拜拜！

（掌声）

［评：这一环节很精彩。它精彩在寓理解、反馈、口语交际于一身。］

（下课）

## 总　评

相信每位读者读到这里都会掩卷沉思。可能最想说的话就是：于老师真是活到老、学到老，与时俱进的特级教师啊！20 年前于老师教这一课的方法，我认为至今仍有它的可资借鉴之处，好多地方处理得是很独到、很精彩的。于老师舍弃的，不见得就不是艺术品，只是在于老师看来，它不如现在的好罢了。

## 教学札记

湖州的徒弟周建华一听完我执教的《翠鸟》，便对我说："您这次上的《翠鸟》和几年前上的有很大的不同。"我说："人的认识总是不断提高的，不能'闺女穿娘的鞋——老样儿'。老样儿，就意味着停滞不前。要常教常新；用时髦的话说，叫'超越自我'、'与时俱进'。"

这次教《翠鸟》新在哪里呢？

20 年前教《翠鸟》，把工夫花在分析翠鸟的外形和叼鱼的动作上了，花在分段、写段意上了，读书却不充分。这次，没有在内容上做太多的分析，而是突出一个读字——用了整整一节课的时间读书。因为读书很充分，所以不少学生都能把写翠鸟外形和叼鱼的两段话背下来了。我想，能把生动的、规范的语言内化吸收了，不就是一个很大的收获吗？今后如果让他们也写一种动物，还会一筹莫展吗？

20 年前教《翠鸟》也进行了说的训练，但那只是机械地复述课文，是被动的。这次，我让小朋友扮翠鸟，我则以"世界绿色和平组织成员"的身份采访"它们"。角色变了，感觉就不大一样了，"翠鸟"们说的话，也就出现了意想不到的精彩！同样是说，以前是死的，现在是活的；以前是为说而说，现在则是心灵的对话，是现实的口语交际。

20 年前教《翠鸟》，我边讲边画（画翠鸟），自己很得意（多少也有卖弄的意思）。这次，是让学生画。因为我现在真正明白了，学生是学习的主人。学生能把抽象的文字“还原”成生动的图画，就证明把课文读懂了，而且这样做发展了学生的想象力，更有趣味性。

20 年前布置了两项作业，一是填空——读完课文，每人发一张表，要求填上合适的词语（所填词语都是表现翠鸟特点的）。二是辨析——辨析“希望、愿望、失望”。这次，没有了。因为现在我明白了，语文能力不是做题做出来的；我知道了语文教学要“少做题，多读书”（《语文课程标准》语）。我们再也不能让学生泡在题海里受折磨了，再也不能做扼杀学生灵性和悟性的事了。

理念新了，即使穿旧鞋也可以走新路；理念不转变，即使穿新鞋，也照样会走老路。这样说，并不是不要做题，也不是说上述两题做得毫无价值，只是说要“少做题”，让学生去做更值得做的事。

# 7.《给予树》教学实录和评析

## 给予树

圣诞节快到了。该选购圣诞礼物了。孩子们热烈地讨论这个话题，互相试探对方的心意，希望送出最诚挚的祝福，收到最甜蜜的笑容。让我担心的是，家里并不宽裕，我只攒了一百美元，却要由五个孩子来分享，他们怎么可能买到很多很好的礼物呢？

圣诞节前夕，我给了每个孩子二十美元，提醒每人至少准备四份礼物。接着，我把他们带到一个商场，分头去采购，约定两小时后一起回家。

回家途中，孩子们兴高采烈。你给我一点儿暗示，我让你摸摸口袋，不断让别人猜测自己买了什么礼物。只有八岁的小女儿金吉娅沉默不语。透过塑料口袋，我发现，她只买了一些棒棒糖——那种五十美分一大把的棒棒糖！我有些生气：她到底用这二十美元做了什么？

一回到家，我立即把她叫到我的房间，打算和她好好谈谈。没等我问，金吉娅先开口了："妈妈，我拿着钱到处逛，本来想送给您和哥哥姐姐一些漂亮的礼物。后来，我看到了一棵援助中心的'给予树'。树上有许多卡片，其中一张是一个小女孩写的。她一直盼望圣诞老人送给她一个穿着裙子的洋娃娃。于是，我取下卡片，买了洋娃娃，把它和卡片一起送到了援助中心的礼品区。"金吉娅说话的声音很低，显然在为没能给我们买像样的礼物而难过。"我的钱就……只够买这些棒棒糖了。可是妈妈，我们有这么多人，已经能得到许多礼物了，而那个小女孩却什么都没有。"

我紧紧地拥抱着金吉娅。这个圣诞节，她不但送给我们棒棒糖，还送给我们善良、仁爱、同情和体贴，以及一个陌生女孩如愿以偿的笑脸。

班级：江苏省徐州市民主路小学三年级（5）班

时间：2011年秋

评析：天津市南开小学　靳家彦（特级教师）

## 第一节

师：小朋友，今天我们一起学习一篇课文——《给予树》。（师板书课题，楷书，字较大）预习了吗？预习得怎么样？

生：我把课文朗读了四遍，生字都认识了。

生：我读了三遍。

师：看来预习得较充分。（说完，转身在黑板上写了“并不宽裕”）这个词语谁读懂了？

（有三五个学生举手）

师：我问得太突然，大家一时反应不过来。——请默读课文的一、二两个自然段。大家一读就明白了。

［评：根据学生真实的学习状况及时调整教学的引领方式，这便是课堂生成的最朴实、最有效的呈现。学生不懂怎么办？引导他读书！这是阅读教学最经常、最扎实的教学手段。］

（生默读。片刻之后，许多人举起了手。）

生：课文中写的这一家生活一般般。

师：（学着学生的语气）是一般般，不是二般般。（生笑）课文里，是怎样具体地写的？

生：“我”只攒了一百美元，要由五个孩子来分享，每人只能得到二十美元。（师在“并不宽裕”下面板书：一百、五个、二十）

师：从这里可以看出——

生：从这里可以看出这一家人的生活并不富裕。

师：你说得很好。妈妈好不容易才攒了“一百美元”，要分给“五个”孩子，每个只能得到“二十美元”，这些数字就是对“并不宽裕”的具体说明。好多词语的意思在下文中，只要联系上下文就能读懂。（师又板书“如愿以偿”）这个成语谁读懂了？——它的意思也在课文中。请大家把金吉娅对妈妈说的话朗读一遍，读完就明白了。（生朗读，师巡视）

［评：“并不宽裕”一词是学生联系上下文内容自己读懂的。“好多词语的意思就在下文中，只要联系上下文就能读懂”一句话，点石成金，具有规律性。再用“如愿以偿”一词实践验证，匠心独具。］

师：在讨论以前，先请一位同学读读“如愿以偿”所在的那一段话。

生：（读）我紧紧地拥抱着金吉娅。这个圣诞节，她不但送给我们棒棒糖，还送给我们善良、仁爱、同情和体贴，以及一个陌生女孩如愿以偿的笑脸。

师："如愿以偿"什么意思？

生：愿望实现了。

师：谁还有补充吗？没有啦？那"偿"呢？听好了——（师扫视全班学生，示意注意听）"偿"是满足的意思，因为愿望实现了，得到了满足。课文里写的是谁有一个什么愿望？她的愿望是怎样实现的？

生：一个贫穷的小女孩，在圣诞节想得到一个穿着裙子的洋娃娃。金吉娅用二十美元给她买了一个洋娃娃，她的愿望实现了。

师：说得很好，但最后少了一句。你能再补充一下吗？

生：这位小女孩感到十分满足。

师：好极了！这件事就是对"如愿以偿"的具体生动的解释。当我们把"如愿以偿"解释清楚的时候，也就把握了课文的主要内容。

[评：学生再次体验到学习成功的喜悦，教师一步一个脚印地引导学生学会阅读，这就是大师教学的魅力所在。不用东拉西扯，不用花招百出，"当我们把'如愿以偿'解释清楚的时候，也就把握了课文的主要内容"，教学就是如此朴素、简单！]

师：你们朗读得怎么样？谁愿意把课文读给大家听一听？

（许多学生举手。师请三位学生"开火车"把全文读了一遍并相机纠正读错了的地方，领读读得不通顺的句子。表扬第一位读一至三段的学生读得正确、流利；表扬第二位学生基本上读出了金吉娅的语气——她读的是金吉娅说的话；表扬第三位学生读得比较有感情。）

师：请同学们听我朗读，特别注意我是怎样读金吉娅说的话的。大家注意没有？课文里是这样写的："金吉娅说话的声音很低，显然在为没能给我们买像样的礼物而难过。"老师现在就是金吉娅，看我是不是声音低，是不是难过。（师板书：低、难过。板书完，范读全文。师声情并茂的朗读，赢得了全场热烈的掌声。）

[评：于老师的声情并茂的朗读可谓一绝。于老师在教学中有"三绝"：板书一绝，范读一绝，教学语言一绝。语文教师的基本功示范不能用电脑和荧屏代替。教师水平的高下，一眼即可看出。]

师：同学们，你们从我朗读的金吉娅说的话里听出了什么？

生：我听出了她的善良。

生：我听出了她的仁爱。

生：我听出了她有同情心。

生：听老师读金吉娅说的话，我觉得金吉娅好像就在我面前，好像看到了这位有同情心的小女孩。

师：你是个非常会听、善于想象的学生，也是一个很会表达的学生！是啊，金吉娅才八岁呀！（师转身板书：八岁）大家都来读读金吉娅说的话，看谁读得好，能把金吉娅的善良、仁爱和同情心读出来。

（生认真读，师巡视，有时俯下身子倾听学生的朗读，不时地进行指点）

师：同学们读得很投入，很努力。谁来读读金吉娅说的话？

（一生站起来读）

师：你很努力，声音比较低，让人听了，能体会出金吉娅有些难过。请你和全班同学都注意这句话："我的钱就……只够买这些棒棒糖了。"这里的省略号表示什么？

生：表示省略。

师：是吗？你再读读，大家都读读。

生：表示不好意思说。

师：不好意思说，就是说话有点——

生：吞吞吐吐的。

师：是呀。那么这句话该怎么读？说的时候会是什么表情？眼睛向哪里看？谁来读读？

（一生读，读得不好；第二位读，稍好些。于是，师范读，眼皮耷拉下来，声音低且慢。生再练习，再指名读，终于有了较大进步。）

[评：由不好到好、由不会到会，好的课堂就是要体现这个过程。如果是从好到好、从会到会，这个课上的有什么意义？会听课的人就要听这个最有价值的过程。高明的教师要展现的也正是这个过程，而不是结果。]

师：更难读的是下一句。谁来试试？

生：（读）可是妈妈，我们有这么多人，已经能得到许多礼物了，而那个小女孩却什么都没有。

师：再听我读这一句。

（师范读。“可是妈妈，我们有这么多人，已经能得到许多礼物了”，师读得声音高、速度也快；“礼物”后面虽是逗号，师却做了较长时间的停顿，然后忽然用低而缓的声音读“而那个小女孩却什么都没有”。把金吉娅的善良、仁爱之心，表达得淋漓尽致，有一种强烈的感染力。听课的老师和学生无不为之动容。范读后，生再练。）

师：请大家推荐咱们班的朗读高手来读读金吉娅说的话。

（生推荐一女生读，尚好）

师：同学们，你们还小，还不能体会出金吉娅的心情。但是，你们能读到这程度已经不错了。不管怎么说，你们一定要努力把课文读好。这节课就上到这里。请同学们休息一会儿。

［评：引导和鼓励贯穿教学的全过程，学生的积极性是在教师的激发和获得成功的体验中不断释放的，在任何情况下都不能放弃激励和调动。］

## 第二节

师：小朋友，课文后面最后一道题是：替得到洋娃娃的小女孩对金吉娅写几句感谢的话。咱们替这个小女孩写封信吧！看大屏幕——

金吉娅：

一个想得到洋娃娃的小女孩

于圣诞节

师：信的称呼和署名我替你们写好了，你们照抄就行了。当中的话你们自己写。但是黑板上板书的词语——并不宽裕、一百美元、五个孩子、二十美元、八岁、如愿以偿，必须用上。一旦你们用上了，就会明白，作者为什么要具体地写出这些数量词，对金吉娅的理解也就更深了。如果有困难，有的词语用不上，随时举手示意，我会帮助你们。

（生写，师巡视、辅导举手示意有困难的学生。不断提醒学生，别忘了黑板上的词语。）

[评：“读中有写，写中有读，读写结合，互相促进”，这是于老师课堂教学结构的一大鲜明特点，体现了语文教学的基本规律，如鸟之两翼、车之两轮，相辅相成，缺一不可。我们有些课堂效率不高，是否和读写割裂、重读轻写有关系？这个问题应当引起语文教师和教学研究者的高度重视！]

师：（示意让小朋友把笔停下）有个别小朋友开头就写：“我知道，你家里并不宽裕，你妈才攒了一百美元……”这样太突然了。多数小朋友不是这样写的。请大家听听这位小朋友是怎样开头的。（让一位小朋友站起来读开头）

生：（读）金吉娅：（师插话：这是称呼。）你送给我的洋娃娃收到了，这个洋娃娃漂亮极了，谢谢你！……

师：第一句话一定要告诉金吉娅，礼物收到了。有的小朋友先问候一句“你好”，再说“你送的礼物我收到了”，这样更有礼貌。（生继续写信）

[评：请注意，这又是由不会到会、由不好到好的过程，这就是教的过程，也是学的过程。]

师：别忘了用上“八岁”和“如愿以偿”，如有困难，请举手，我会帮助你们。

（师巡视，不停地辅导举手的学生。约15分钟后，学生基本上写完了。）

[评：于老师的课可贵之处就是当堂写，当堂练，当堂指导，当堂提高。因为都是即时生成的，对老师的要求就非常之高，但学生的收获也最大，大面积获益。]

师：写好了之后，先自己读一读，修改一下。然后，同桌的交流一下，互相学习，互相提提意见。

（生自改、交流）

师：请班长过来一下。（班长走到讲台前）班长，下边我想请几位同学来读读写的信。谁来读，由你指定。（师和班长耳语。班长请了一位男生读。师用投影仪将他的信投到屏幕上去。）

生：（读）金吉娅：你好！你送给我的礼物收到了，谢谢你！你家里并不宽裕，你妈妈攒了一百美元，分给五个孩子。你把二十美元买了洋娃娃，如愿以偿了。一个想得到洋娃娃的小女孩，于圣诞节。”

师：（和蔼地）这位小朋友在努力地把黑板上的词语都用上，尽管如此，还少了一个“八岁”。看来“八岁”还真不好安排呢！这封信哪些地方写得好？

生：第一句好。

师：第二句也可以。“分给五个孩子”改成“却要由你们五个人来分享，每人只能得到二十美元”就好了。——第三句“把”改成什么？（生：改成“用”）“买了”前面加上“给我”两个字。“如愿以偿”前面加上个什么字？（生：“我”）对，这样一改就通顺了。这位同学写的字已经有体了，在班级里可能一般，但拿到全国去，绝对是优秀的！但从内容上看，还不能算一封优秀的信。至于怎样用上“八岁”，怎样写才算优秀，你注意听下面同学写的信。

[评：这种细致入微的具体指导对学生的帮助最大。好文章是改出来的，具体怎样改，有些学生并不清楚。改什么，怎样改，为什么这样改，必须结合具体文章加以说明。老师们千里迢迢来听于老师的课，就是要学习于老师在课堂上怎么指导学生学习的，这是千金难买的宝贵经验，要反复揣摩，深入研究，得其真髓，这才能有最大收获，取到真经。]

（事后，告诉听课的老师，在班长耳边说的话是：“请你找一位平时不喜欢作文的同学来读。”意在关注后进生。）

师：请班长再推荐一位。（班长走到师跟前，与师耳语。一男生走上讲台。投影仪展示该生写的信。）

生：（读）金吉娅：你好！你送来的漂亮的洋娃娃我收到了，我太高兴了！谢谢你！我知道，你家里的生活并不宽裕，你妈妈只攒了一百美元，你们五个人每人只能分到二十美元，可是你看到了我的卡片后，却给我买了洋娃娃！我会记住你这位八岁的小姐姐的！祝你圣诞节快乐！一个想得到洋娃娃的女孩，于圣诞节。

师：我觉得这封信就好像是那位得到洋娃娃的小女孩写的！读得也好。我十分欣赏“我太高兴了”和“我会记住你这位八岁的小姐姐的”。这位同学的字写得很规范。掌声送给他！（对第一位读信的同学）你知道怎样用上“八岁”了吗？（该生点头）

［评：让学生做榜样，易学易得，师生互动，生生互动。这样的课堂充满友爱之情、互助之情，使人觉得和谐温馨。］

师：请班长再推荐一位。（对班长耳语）

（投影仪展示该生写的信）

生：（读）金吉娅：你好！你送的圣诞礼物我收到了，非常感谢你！（师插话："非常"二字用得好！这样，感谢之情表达得就更深了。）我知道，你家里并不宽裕，你妈妈好容易才攒了一百美元，却要分给你们五个人，每人只能得到二十美元。（师插话：从"好容易"三个字中，可以看出母亲的艰辛，家庭的困难。这位同学体会得很深刻。）当你看到了我的卡片后，毫不犹豫地用二十美元给我买了洋娃娃！（师插话：从"毫不犹豫"可以看出，金吉娅是多么善良，多么有同情心啊！）我抱着援助中心送来的漂亮的洋娃娃，高兴极了，我终于如愿以偿了！金吉娅，听说你才八岁呀，就这么善良！祝你圣诞节快乐！一个想得到洋娃娃的小女孩，于圣诞节。"（掌声）

师：这封信写得非常出色！黑板上的词语都用上了，而且用得很恰当。当这些词语都用上了，我们就更会感到金吉娅真是个懂事的孩子，是一个具有爱心的人，她是爱的小天使！我可以断定，这位小朋友平时喜欢读课外书。对吗？（全班学生点头）

［评：再次用学生做榜样，调动学生积极向上的学习动力。教师相机鼓励和引领学生奋力爬坡，向上攀登！］

师：（问第一个读信的小朋友）看了这封信，你知道怎样修改你的信了吗？

生：知道了。

师：请全班小朋友认真修改自己写的信。

（生修改，师巡视、辅导，重点辅导了第一个读信的小朋友）

［评：在指导后让学生再次自己动手修改，这样的课堂效率，值得我们认真学习借鉴。］

师：刚才第一位读信的小朋友改得很好，可惜没有时间读了。不过，要想写好作文，必须像最后一位读信的小朋友一样，多读课外书。同学们，记住，书是最好的教作文的老师！

下课！

## 总 评

这是一堂读写结合、高效优质、朴实无华、内涵深邃的语文课。课文是学生自己读懂的。词语、句子、段落、全篇的内容和中心都是在教师精心引导下，学生在读中理解、读中感悟的。师生走进文本、走进生活、走进心灵，学生就获得了丰富的精神营养，充分发挥了课文的示范作用。

于老师在指导书信写作时，充分捕捉到课堂上“生成性课堂资源”，形成高效的课堂面貌。这是一次生动的写作指导，又紧扣阅读的收获，有助于学生对课文内容更深层次的理解和感悟，它需要面向全体学生，一切从学生的实际出发，这就要求教师有极强的课堂教学调控能力，用机敏的教学智慧处理即时生成的各种问题，使学生的参与度达到最高。

# 8.《小稻秧脱险记》教学实录和评析

## 小稻秧脱险记

一天，水稻田里发生了激烈的争吵。一群杂草把小稻秧团团围住，气势汹汹地嚷道："快把营养交出来！"

小稻秧望着这群蛮不讲理的杂草，说："我们刚搬到大田来不久，正需要营养，怎么可以交给你们呢？"这群杂草不由分说，一拥而上，拼命地跟小稻秧抢营养。小稻秧气得脸色蜡黄，当场就病倒了。

突然，一阵毛毛雨从天上飘下来。一棵杂草警觉地抬起头，看了看天说："不对呀，大晴天怎么会下雨呢？"这时，一个洪亮的声音响起来："这不是毛毛雨，而是化学除草剂，是专门用来收拾你们的。"杂草问："你是谁？""我是喷雾器大夫。"喷雾器一边喷洒着除草剂，一边大声地说，"平时你们欺负小稻秧，现在轮到你们倒霉了。"

稻田里的毛毛雨下个不停。杂草有气无力地说："完了，我们都……喘不过气来啦。"不一会儿，杂草纷纷倒了下去。

一阵微风吹过，小稻秧高兴得跳起舞来。他们吸足了营养，又向上挺了挺身子。

班级：江苏省徐州市民主路小学三年级（7）班

时间：2000 年秋

评析：徐州市中山外国语实验学校　刘尊立

当你想从这一教学实录中获得点什么的时候，不妨先记住以下的三句格言：

1. "当孩子们在帮助下，自己去发现那些基本规则时，他们学得最好。"
2. "唯一愚蠢的问题是你不问问题。"
3. "要想快速有效地学习任何东西，必须看它、听它和感觉它。"

——高林生

## 第一节

师：同学们，今天，我们来学习《小稻秧脱险记》。请小朋友跟于老师一起写课题。注意“稻”的笔顺，“秧”的右边第一笔的起笔位置。

（师板书，生书空）

师：学这篇课文，我们有四项任务。（出示投影，师读）

**幻灯片一**

**学习目标**

1. 读课文，读准生字字音，画出不理解的词语。
2. 正确、流利、有感情地朗读课文，边读边体会词语的意思。
3. 小稻秧遇到了什么危险？后来是怎样脱险的？
4. 写生字，要求写得正确、规范。

［评：开宗明义，切实具体，是走向教学成功的第一步。这组目标，重点突出，层次分明：既突出了“双基”训练的要求，又点明了需要认知的问题；既确立了教学的终极目标，又点明了操作程序与方法。］

师：现在，先来看第一个任务。（出示投影）这一课的生字一共有16个。

**幻灯片二**

杂　拥　拼　棵　剂　喷　器　欺

负　喘　纷　吵　汹　蛮　搬　雾

小朋友注意看，这些生字，哪些不用老师教，也不用看书上的拼音，你就认识？

生：我认识“棵”和“拼”。

师：这个“拼”你是什么时候认识的？

生：我是一年级时认识的。那时书上有一个词是“拼音”。

生：我还认识“剂”、“吵”、“雾”。

师：对你来说，近一半的生字都认识了，你读书的时候，只把不认识的字画出来，并加上拼音就行了。还有哪些字你认识？

生：我还认识“杂”、“器”。

师：（指“纷”）这个字，有认识的吗？

生：认识，这个字读 fēn。

师：你是怎么认识的？

生：我是在《清明》这首诗里学的。里面有一句是“清明时节雨纷纷”。

生：我还认识“搬”。

师：你是在哪儿认识的？

生：在我们家门口墙壁上的“搬家公司”的广告上认识的。

师：那是一些野广告。看来，野广告也有好处，可以帮助你认字。作为你，还要“感谢”野广告呢。请大家拿好书，认真地读书，遇到不认识的字看一看课后的生字表，那上面有注音。

[评：教学要从实际出发。教那些学生不会的，这是取得实效的必由之路。我们不要低估了小学生的潜在能力。如果不从实际出发，还是一个字一个字地去教，对已经认识这些字的学生来说，无疑是一种无端的浪费。]

（生读书，师巡视、指导）

师：我发现有同学已经读第二遍课文了。有的同学在读书时，把自己不认识的生字的拼音写在生字的上面。这是个好习惯。

（生默读，边读边写拼音）

师：读完、写完后，请同学读一读生字的拼音并记住它。

（生读，师巡视、指导）

师：书上生字能记住的请举手。（生纷纷举手，师出示投影）请同学们看，哪些字记住了。

（指一生读，其余学生跟着读）

师：注意“欺负”的“负”，单读时，读四声。和“欺”连在一起时读轻声。请接着读。

（生读完，师出示投影）

幻灯片三

杂草　一拥而上　拼命　一棵
化学除草剂　喷雾器　欺负
喘气　纷纷　争吵　气势汹汹
蛮不讲理　搬到田里　倒霉

师：看一看，这些字组成的词你会不会读。（指一生读）还有问题吗？

生：（指“蛮”）这个字我读不准。

师：多虚心，有不懂的就问。谁来当她的老师？

（一生站起来教读）

生：“气势汹汹”的“势”我读不准。

（一生站起来教读）

师：还有问题吗？（生摇头）看来需要老师帮助的很少很少，有些字是平时就会的。第一个任务完成了。下面我们还有一个任务。请大家一边读课文，一边把不懂的词语画下来。

（生读课文、画词语，师巡视，并发给部分学生小黑板，让他们把不懂的词语写在小黑板上）

师：请写好的小朋友把小黑板送过来。（生纷纷送来，师把小黑板挂在大黑板上。这些词语是：团团围住、气势汹汹、蛮不讲理、不由分说、警觉、收拾、有气无力、纷纷。）

[评：让学生读书，使学生在读中感悟，让学生提出不理解的词语，既使学生成了学习的主人，又体现了从实际出发的原则。“不会提问题的学生不是好学生”、“学贵有疑”这些话在于老师的课上真正得到了落实。]

师：请大家把这些词读一读。

（生读词语）

师：这些词，有的需要老师帮助，有的自己通过读课文就可以理解。请大家读课文，边读边想这些词语的意思。我相信，多数词语同学们能通过读课文理解。

[评：高明的一招！它高明在把“球”踢给了学生。]

（生读课文，师巡视）

师：读完两遍的请举手。（生举手）好，读的时候不仅要考虑词语的意思，还要注意做到正确、流利，如果能做到有感情就更好了。请大家再读一遍课文。

（生继续读课文）

师：有的同学已经读到第四遍了。刚才有同学问我（板书“蜡黄”）“蜡黄”的“蜡”的读音。请大家读字音。（师顺手在“蜡”上面加上拼音，生读 là）“蜡黄”是什么意思？就是指脸色像黄蜡一样。

师：第二个问题基本上完成了。哪个小朋友有把握把课文读得正确、流利？（生举手）三分之二的同学举手了。哪些同学虽然没有把握读正确，但是愿意试一试？（一生举手）好，请你站起来。于老师很喜欢这个小朋友，因为她勇敢，敢试。请你试着读一读。

（生读得较流利，但读到“小稻秧望着这群蛮不讲理的杂草，说……”时，“蛮”读错了，但自己意识到后，就改正了）

师：请停下来。这个小朋友读得好不好？好在哪里？

生：“蛮”一开始读错了，后来改正了。

师：好。你听得真认真。于老师就喜欢这样的同学，自己错了自己改正。请你再读一读那一句。

[评：这就叫严格训练。把课文读正确、流畅也不是那么容易。]

（生读完那一句后，接着读下去。师相机纠正错误。）

师：哪一位同学能不让老师教，就能读得正确、流利，还能有感情？

（指一生读。生读得很好，师相机表扬。）

师：读得多好呀！不要老师教，你就能读好了，真不简单。

[评：读准生字字音，把课文读得正确流畅、有感情，学生把这两项任务基本完成了。是怎么完成的？是在老师引导下，学生自己完成的。课堂上主体和主导的关系处理得非常好。]

（下课）

## 第二节

师：我们读了一节课的书，黑板上的词有些同学肯定都读懂了。如果还有不懂的，请听于老师读，听后再读两遍，我想大部分词语都可以读懂。（师有感情地配乐朗读，生不时发出赞叹声。师读完后，生禁不住鼓起掌来。）

[评：示范就是指导。对低、中年级的学生来说，更是如此。课文写得有情有趣，老师的朗读也有情有趣。]

师：怎么样？

生：好——！

师：请像老师一样读。

（生像师一样有感情地读，师不时地进行表扬）

师：读到这里，我想，“团团围住、气势汹汹、蛮不讲理、不由分说、一拥而上”肯定懂了。谁知道“团团围住、气势汹汹”是什么意思？

（师叫几位举手的同学到前面）

师：这几位同学都懂了，没有懂的同学请看我们表演。看了你们就会懂的。现在，我当小稻秧，你们几个当杂草。杂草把小稻秧团团围住，你们应该怎样站？

（生一拥而上，从四面八方把师围住。笑声。）

[评：寓释词于生动形象的活动中。这是个创造。]

师：你们要干什么？

生：快把营养交出来。

师：“一拥而上”你们懂了，但“气势汹汹”这个词没读懂。你们应该怎么说？做什么动作？想一想。要凶，声音要大，把腰卡起来。

生：（卡腰、瞪眼、大声、凶恶地）快把营养交出来！

师：我们搬到大田来不久，正需要营养，怎么能交给你们呢？

（生不知所措）

师：（问全体同学）他们应干什么？

生：他们应上前去抢营养。

师：对，要抢。营养在地里，快——

（“杂草们”一拥而上，抢起了营养。“稻秧”没精打采地垂下了头。下面的学生哈哈大笑。）

师：杂草厉害不厉害？凶不凶？（生：厉害，凶！）这就是气势汹汹。杂草野蛮不野蛮？（生：野蛮）讲不讲理？（生：不讲理）这就叫蛮不讲理！杂

草让小稻秧发言吗？（生：不让）这就是“不由分说”。各位“杂草”请回去。（笑声）

［评：于老师把课上活了。］

（师拿下小黑板，生读上面的词语“团团围住、气势汹汹、蛮不讲理、不由分说、一拥而上”）

师：（指“警觉”）看来，这个词语要老师帮忙了。谁不需要？

生：“警觉”就是“灵敏”的意思。

生：“警觉”就是感觉到了什么，然后他抬头看看。

师：有一点意思，但没说清楚。下面，老师来表演一下。看了老师的表演你就知道是什么意思了，但也不一定说得出，我也不要求大家说。

［评：好多词语只可意会。］

（师请两生一起表演。一生读书，一生当喷雾器大夫，师当杂草。）

生：（读）突然，一阵毛毛雨从天上飘下来，一棵杂草警觉地抬起头，看了看天说——

师：（警觉地抬起头，看了看天）不对呀，大晴天怎么会下雨呢？

生：这时，一个洪亮的声音响起来——

生：（表演喷雾器大夫）这不是毛毛雨，而是化学除草剂。

师：你是谁？

生：我是喷雾器大夫。平时，你们欺负小稻秧，现在轮到你们倒霉了。（师做“惊恐”状，并“啊”了一声。生笑。）

师：什么是“警觉”，你们看到了吗？我们再表演一下“警觉”请大家看清楚。

（师生又表演一次）

师：懂了吗？这就是“警觉”的意思，不要说，体会一下就行了。（拿起小黑板）请大家读——

生：警觉——警觉。

［评：朱作仁教授说，多数词语只可意会，不可言传。所以于老师没要求小孩子们给词语下一个“准确”的定义，而是通过观察，去感悟、去“意会”。］

师：再看“收拾”。这个词谁读懂了？

生：“收拾”就是欺负我，我就打你。（笑声）

师：请你读一读书上最后两节。

生：（读）稻田里的毛毛雨下个不停。杂草有气无力地说：“完了，我们都……喘不过气来啦。”不一会儿，杂草纷纷倒了下去……

师：懂了吗？

生：就是把你打死。

师：是我吗？（笑声）

生：就是把杂草毒死。

［评：能理解到这个程度就很好了。］

师：对，“收拾”在这里就是这个意思。你是怎么懂的？

生：我读了后面的课文懂的，后面写“杂草纷纷倒了下去”，“倒下去”就是死了。

师：“倒下”，就是完蛋了，被消灭了。这下，你是真的懂了。请大家再听我说一句话：“早晨，妈妈对我说：‘请你把房间收拾一下，下午有客人来。’”这里的“收拾”是什么意思？

生：就是把房间弄干净。

生：就是“整理”的意思。

师：两个同学都明白了，第二个同学表达得更好。

［评：这又是一个教得活的例子。］

词语一定要联系课文来理解。谁能把杂草的话读一读，让人感到它已经是有气无力了。

生：（读）完了，我们都……喘不过气来啦。（声音大）

师：你没有完。（生笑）要么你的抗毒能力强，要么我的化学除草剂是假冒伪劣产品。我再喷洒一点。（说完，师又朝该生身上“嗤嗤”地“喷”了几下。生大笑。）

［评：于老师多么幽默！适度的、上品位的课堂幽默顿使课堂气氛轻松了许多。］

生：完了，我们都……喘不过气来啦。（生上气不接下气地读）

师：我听到你喘气困难了，但是声音仍然很大。说话的声音这么大能算完吗？（生笑）

生：（小声地、断断续续地）完了，我们都……喘不过气来啦。

师：好，掌声鼓励。（生鼓掌）这就是“有气无力”。读——（生读

“有气无力”）

师：“纷纷”谁懂了？请懂的同学站起来。我读课文，你们做动作，看你们是不是真懂了。（许多学生纷纷站起来）

师：（朗读）杂草有气无力地说：“完了，我们……都喘不过气来啦。”不一会儿，杂草纷纷倒了下去。

（在师读完之后，站起来的学生纷纷倒下。有的居然倒在桌子下面。课堂气氛十分热烈。）

师：请大家坐好。看哪个同学腰挺得直。（师及时组织教学，生立刻坐端正）“纷纷”懂了吗？（生齐答：“懂了。”）刚才有个同学说，她学过“清明时节雨纷纷”这首诗。那里的“纷纷”是什么意思？

生：那个“纷纷”是指毛毛雨慢慢地下。

师：不是慢慢地下。

生：是指不断地下。

师：对，是指不断地下。课文中的“纷纷”是“一个接一个”。记住，理解词语一定要联系上下文。

[评：注意前后联系，注意“左右开弓”，这是老师机智、灵活以及学识渊博的集中反映。]

师：通过刚才的表演，这些词语都懂了。现在再读，就会读得更好。下面，我们找一个读书最好的同学来读。

（由学生推荐一名女生，到前面配乐朗读。女生读得很有感情，学生听得入了迷。读完，学生热烈鼓掌。）

师：还记得第三题的要求吗？“小稻秧遇到了什么危险？后来是怎样脱险的？”请大家简单地说一说。

生：小稻秧刚搬到稻田来不久，它就被杂草抢营养。（师插话：这句话应该这样说：“杂草就来抢营养”。）后来喷雾器大夫喷了一些化学除草剂，把杂草消灭了，小稻秧这才脱险。

生：小稻秧刚搬到稻田来不久，就被一群杂草团团围住。那些杂草抢去了它的营养。后来，喷雾器大夫来了，把杂草给消灭了。小稻秧终于脱险了。

[评：水到渠成。语文教学的首要任务是进行语言文字训练，是读的训练，并不仅仅是为了理解课文内容。读到位了，内容自然会理解的。]

师：说得好，一个比一个好。书读好了，问题也就解决了。下面，请大家把课堂习字簿拿出来，我们来完成最后一个任务——正确、规范地写生字。注意，一要正确，二要规范。每一个字描红、仿影、临写各一遍。

师：自己检查一下写字姿势，“三个一”做到了吗？好（放古筝曲），先描红一遍。

（生描红，师巡视、指导，并提示保持适当的速度）

师：哪些字的笔顺你拿不准，需要老师帮助？

[评：指导写字也要实事求是，从实际出发，教学生不会的。]

生：“杂、欺”这两个字的笔顺我拿不准。

（师示范写“杂、欺”）

师：还有哪些字？

生：器。

师：（范写后）一起把“器”书空一遍。

师：下面再把仿影和临写两项任务完成。

（下课）

## 总 评

从教学思想上看，于老师执教的这一课的确做到了“三为主”——以学生为主，以自学为主，以读书为主。“先学后教”，“教学生不会的”，讲学生不懂的，是这两节课的一大特色。这两节课标志着于老师的教学思想、教学观念又有了新的变化。从教学整个过程看，于老师一如既往，突出了语言文字训练，特别突出了朗读训练、字词句的训练。较以往不同的是，这一次更加放得开，更加生动活泼，可以说是大开大合。从课堂气氛看，更加宽松，更加和谐；从识字教学看，更加重视写字教学，不但要求写得正确，而且要求写得规范。这个“规范”指的是合乎汉字楷书之规范。于老师继承了传统的“描红、仿影、临帖”的练字方法进行写字训练是符合写好汉字的规律的。

# 9.《庐山的云雾》教学实录和评析

## 庐山的云雾

庐山的景色十分秀丽。那里有高峰，有幽谷，有瀑布，有溪流，尤其是变幻无常的云雾，更给它增添了几分神秘的色彩。在山上游览，似乎随手就能摸到飘来的云雾。漫步山道，常常会有一种腾云驾雾、飘飘欲仙的感觉。

庐山的云雾千姿百态。那些笼罩在山头的云雾，像是戴在山顶上的白色绒帽；那些缠绕在半山的云雾，又像是系在山腰间的一条条玉带。云雾弥漫山谷时，它是茫茫的大海；云雾遮挡山峰时，它又是巨大的天幕。

庐山的云雾瞬息万变。眼前的云雾，刚刚还是随风飘荡的一缕轻烟，转眼间就变成了一泻千里的九天银河；明明是一匹四蹄生风的白马，还没等你完全看清楚，它又变成了漂浮在北冰洋上的一座冰山……

云遮雾罩的庐山，真令人流连忘返。

班级：江苏省徐州市大马路小学三年级（4）班

时间：2002 年 4 月

整理、评析：徐州市中山外国语实验学校　刘尊立

## 第一节

师：请同学们看老师写两个字。（板书：庐山）认识吗？

生：（齐声读）庐山。

师：你们听说过庐山没有？有人去过吗？

生：我没有去过，但我爸爸去过，他跟我说过。

生：我看电视时，知道有一个（座）山，叫庐山。

生：我是看地图时知道庐山的。

师：同学们背诵过很多古诗，有没有人是在诗中了解庐山的？

生：《望庐山瀑布》。“日照香炉生紫烟，遥看瀑布挂前川。飞流直下三千尺，疑是银河落九天。”

[评：教学要有的放矢。摸清学生对庐山的了解，是为介绍庐山做准备。]

师：同学们，庐山在我国江西省的北部，紧靠长江边。毛主席写的“一山飞峙大江边，跃上葱茏四百旋”，指的就是庐山。庐山是世界文化名山，将来有机会你们都要去看一看。现在，我在“庐山”的后面加三个字。（师板书：的云雾）加了这三个字，就是今天要学习的课文的题目“庐山的云雾”。

[评：这种“聚焦”式的出示课题的方法，激发了学生的学习兴趣。]

师：读这个题目，你看课文会重点写什么？

生：这篇课文会重点写庐山上的云雾。（师在“云雾”的下面加上点）

师：读题目要动脑筋，好多文章的题目会告诉作者要写什么。读了这个题目，我们看出作者重点要写它的云雾。现在你脑袋瓜里面会产生什么问题？

生：为什么要写庐山的云雾？（师板书：?）

生：庐山的云雾有什么稀奇的？

生：庐山的云雾是什么样的？（师板书：?）

师：这两个问题，于老师都明白。你们是想让我告诉你们，还是自己到书里找答案？

生：在书里找答案。

师：有的同学可能想要老师直接告诉答案。——有没有这样想的？

生：（齐声）没有。

[评：简单的是最有效的。于老师只卖了一个“关子”，就激发了学生学习的主动性，简洁。]

师：好。打开书，拿起笔，默读课文，把不认识的字加上拼音，把不懂的词语做个记号，同时想一想刚才提的两个问题。

（生默读课文，师巡视，相机板书：幽谷、变幻无常、腾云驾雾、飘飘欲仙、千姿百态、弥漫、瞬息万变、一泻千里等词语）

师：这些词语的意思我也懂，我现在就可以告诉你们，你们是希望我现在告诉你们，还是希望自己读书，联系课文去理解？

生：我们愿意联系课文理解。

师：你们是学习的主人。——大家同意吗？

生：（齐声）同意。

师：请同学朗读课文，把课文读得正确流畅，能读出感情来最好。同时，一边读一边思考你们刚才提的两个问题和黑板上词语的意思。这些词语的意思一读书就懂，不需要老师讲。

（生自由读书，读得很认真。师巡视、指导，不断地给予鼓励。）

［评：学生读书时，于老师不断地在学生中间走动，或表扬，或点拨，或纠正错读，使每个学生都感到老师在关注着他。］

师：读了几遍了？

生：我读了三遍。

生：我读了两遍。

师：读得很仔细。于老师最担心的是同学们书读不好，谁愿意读第一段？（请一生读，读得很流利）

师：这段话里面有 5 个生字，请同学们再读一读。（生自由读第一段）

师：读得真好。5 个生字认识了吗？（生齐声：认识）记住它们。我再请一位同学读读第一段。（一生再读）

师：读得真好，正确、流利而且有感情。注意看，这一段有一个词——（师板书：尤其）“尤其”这个词，可以换一个什么词？

生：可以换成“特别”。

师：“特别是庐山的云雾”。既然可以换成“特别”，那么“尤其”后面的话应该怎样读才有味道？前面的话应该怎样读？（师在“尤其”的前后加上省略号）自己读一读，体会一下。

师：谁愿意读一读？（请一生读）

生：（读）庐山的景色十分秀丽。那里有高峰，有幽谷，有瀑布，有溪流，尤其是变幻无常的云雾，更给它增添了几分神秘的色彩。

师：好不好？

生：（齐声）好。

师：好在读出了变化，前后的语气不一样。谁愿意再练练？（请一生读，读得很投入。“尤其”前的话，读得较舒缓，是一般的叙述的语调。“尤其”

后面的则加重了语气。)

师：一听就很神秘。他强调的是后面的“尤其是变幻无常的云雾”，他的语气读得很重，提醒人们注意这一点。一齐读一读，体会一下。

(生齐读)

[评：抓住重点词“尤其”指导读书，既解释了词义，又揭示了句子之间的内在联系。设计精巧。]

师：大家想一想，作者为什么不说“尤其是庐山的瀑布，更是雄伟壮观”呢？

生：因为课题是“庐山的云雾”，主要写的应是云雾，而不是瀑布。

师：噢，明白了，因为课题是“庐山的云雾”，所以他要特别强调云雾。谢谢你。刚才有好几个同学画出的不理解的词是“腾云驾雾、飘飘欲仙”，请你们读这两句话“在山上游览……”。想站的就站，想坐的就坐，可以做一些动作。通过你们读课文的动作、表情、语气，我可以知道你们是不是理解了这两个词的意思。(生读这两句话。有的站着，有的坐着。读到那两个词语，有些学生做起了动作。)“走路不观景，观景不走路”，就是叫我们小心点的。其他同学读书，请他们三位做动作。

生：(齐声读)在山上游览，似乎随手就能摸到飘来的云雾。(三人伸手向空中摸去)漫步山道，(三人慢慢地走，边走边看)常常会有一种腾云驾雾、飘飘欲仙的感觉。(三人伸开双臂，上下摆动做飞行状，听课教师中发出一阵笑声)

师：做得好。我看你们马上就要变成神仙了。“腾云驾雾”还可以怎么做？

生：我觉得还可以像孙悟空那样。(说着模仿孙悟空打眼罩远眺的动作，师生哈哈大笑)

师：你刚才怎么没有做出来？大家再读书，让她做一做这个动作。

(生读书，女生做动作，逗得大家大笑)

师：我也跟着成为神仙了。她这样一做，我就想起《西游记》里的孙悟空，他腾云驾雾。(说着，师单腿直立，手掌翻遮在额前，做孙悟空远眺状。师生哈哈大笑。)在你们心里是不是出现了孙悟空的形象？(齐声：是的)这样就读懂了“腾云驾雾”、“飘飘欲仙”，懂了吗？(齐声：懂了)飘飘然，马上就要成为神仙了。看了他们表演的动作，加上自己的想象，大家再读书，就会读得更美。“庐山的景色十分秀丽……”要读得轻一点。

[评：还概括的、抽象的词义为生动具体的动作，生动、形象，使学生学得有滋有味。这才是“阅读课”。]

（生齐读第1段）

师：谁来读第2段？

生：（读）庐山的云雾千姿百态。（师插话：千姿百态，画这个词的同学请注意，下面的话就是解释千姿百态的。）那些笼罩在山头的云雾，像是戴在山顶上的白色绒帽；那些缠绕在半山的云雾，像是系在山腰间的一条条玉带。云雾弥漫山谷时，它是茫茫的大海；云雾遮挡山峰时，它又是巨大的天幕。

师：“千姿百态”懂了吗？（齐声：懂了）注意，我们读书的时候要一边读一边想象课文中写的景象。请大家一齐读二、三两句，要一边读一边想象，看脑子里出现什么样的画面，也就是要“过电影”。（生齐读二、三句，师板画两座山峰）

师：你们脑海里出现没出现画面？（齐声：出现了）我请两个同学，谁脑海里出现了“像戴在山顶的白色绒帽”的形象？（请一生）谁脑海里出现了“像是系在山腰间的一条条玉带”的形象？（请一生）请你们在山峰上画出你想象出的形象，其他同学仔细看，看是不是和你想的一样。（两生画，其他同学看）

[评：板画是于老师的“绝活”。这次，他让学生参与画，在画中理解了词义。真是“一画胜百言”。阅读就是“还原”，在于老师的课里得到了充分的体现。]

师：懂了，从你们的画中，我看出你们读懂了，只是，你们的画画技巧还有待提高。再一起读下面的两句。（生齐读）这两句话的画面书上有。（边说边出示投影，指着画面说）这就是云海，云雾弥漫整个的山谷像天边的大海；云雾遮挡了山峰，又像巨大的天幕。好不好看？（齐声：好看）通过想象，通过观察，这一小节理解了，我想大家一定会读得更漂亮。（生齐读这一节，读得很投入、很精彩）

[评：这叫以画促读，以想象促读。]

师：放下书，谁愿意把这一节读给这大家听？（请一生读）

师：听了你的朗读，我好像来到庐山，看到了庐山的云雾。

## 第二节

师：上节课，1、2两段同学们读得都很好，比我读得好。我在备课时感到最难读的是第3段。我一连读了七八遍都没读好，最后我又认真地读了三五遍。我读了十来遍才读好的。同学们，你们觉得第3段难不难读？（生齐声：不难）唉，怪了，我怎么觉得难读？既然这样的话，我就请你们跟我比赛。敢吗？（生齐声：敢！）请你们先练习一下，然后和我比赛。

[评：这就是“蹲下来看学生”。于老师“降”下自己的水平，目的是提高学生的水平。小学生好胜心强，一提比赛就来劲。]

（生自由练读，师巡视、指导）

师：准备好了吗？（生齐声：好了）谁愿意和我比一比？（生都举了手）手举高的，我不找，因为我知道你们一定都很厉害。我找一个手举得不高的。举得不高的，我想可能把握不大，或者信心不足。（找一女生）我想她不会比过我的。请大家当裁判。

（女生读书，读得流利、有感情）

师：坏了，找错人了。（生笑）你叫什么名字？

生：朱丽丽。

师：不该找朱丽丽，该找朱丽，两个“丽”当然厉害。说真话，听了她的朗读，我不敢读了。

生：不要紧。

师：怎么不要紧？

生：你一定会读得很好，我支持你。

师：有你的支持，我什么都不怕。别说朱丽丽，就是朱丽丽丽……我也不怕。——说是这么说，不过我还有点胆怯。这样吧，找个同学替我跟她比，谁愿意？（生纷纷举手）

师：为了有把握，请大家再练一练。朱丽丽可非同一般。（生练得非常起劲。练后，请一女生读。）

师：你可要好好读，替我争光呀！

（女生读得流利、有感情）

师：怎么样？比过她没有？（生齐声：比过了）朱丽丽，你说比过你没有？

生：和我差不多。

师：差不多，就是说差一点，差得不太多，是吗？（笑声）不过，也得谢谢你（指替师比赛的学生）替我参加比赛。

生：谢谢你给我一次比赛的机会。（笑声）

师：真好，握握手。有照相的吗？给我们照张相。（环顾四周）很可惜，我们不是领导人，不然早有人照了。（师生大笑）我非要找个超过她的。（找一男生）沉住气，一定要超过她。

（该生读得很好）

师：怎么样？超过没有？（齐声：超过了）朱丽丽，你说超过了没有？

生：他读得比我好。

师：多谦虚！谦虚是一种美德。不过我觉得，他读分号时没有你（指朱丽丽）停顿得好。谁再来替我比？找我的一家子，于瑾瑾来替我比。大家听好。（于瑾瑾同学读，读得很出色）

师：姓于的读得怎么样？朱丽丽你说怎样？

生：好。

［评：于老师是一位好演员，又是一位好导演。他这里“导”、“演”了一场读的比赛。把学生的读书积极性都“哄”了出来。这是“重情趣”的最好体现。］

师：大家说呢？

生：好！

师：好就好在于瑾瑾同学读的“刚刚”、“明明”。（板书“刚刚”、“明明”）“刚刚还是随风飘荡的一缕轻烟，转眼间就变成了一泻千里的九天银河；明明是一匹四蹄生风的白马，还没等你完全看清楚，又变成了漂浮在北冰洋上的一座冰山……”你们说快不快？“瞬息万变”是什么意思懂了吗？（生齐声：懂了）“瞬”就是眨眼，“息”就是喘气。一眨眼、一喘气的工夫就“万变”，能不快吗？再读一读。

［评：这两个词确实能看出变化快来。学生读得好，于老师也抓得好。］

（生齐读第三自然段）

师：刚才，有几位同学替我比赛，给于老师增了光。还要不要我与她比？（生齐声：要）是不是要出我的洋相？（生齐声：是。听课老师大笑。生又赶忙齐声说：不是。）

生：于老师看你的本领了。

师：不是出洋相，是看我的本领。谢谢大家给我这个机会。我下面亲自与朱丽丽比，请大家当裁判。（师读，读得好，但在最后故意把“一座冰山”读成“一座座冰山”）

生：读错了！多读一个字。

师：多读了一个什么字？

生：把“一座冰山”读成“一座座冰山”。

师：我看差不多，这样读也行嘛。

生：不行。前面是“一匹白马”，后面就要“一座冰山”，不能变成“一座座冰山”。

［评：妙！多读了一个字，让学生多了一次品味课文的机会。］

师：噢，原来这样。谢谢同学们给我指出了错误。看来，我不是朱丽丽的对手。同学们，书读到这时，我们可以看到庐山的云雾的确太迷人，所以作者都不想回去了。

［评：一句很平常的话，很自然地说出来的话，就把下文的“流连忘返”的意思解释出来了。］

师：请齐读最后一小节。（生齐读最后一小节）

师：读了这么长时间的课文，这些词语的意思，心里是不是明白了？（生齐声：明白了）虽然不一定能说出来，但心里能明白就行。想不想看看庐山的云雾？（生齐声：想）如果有些词语还不太明白，看看录像就清楚了，请大家看录像。（生看配有课文朗读的庐山云雾录像）

师：美不美？（生齐声：美）看了录像，黑板上这些词语是不是更明白了？（生齐声：是）还有哪个词没有懂？

生：幽谷。

师：看黑板（师板画两座山峰，指两山之间）这就叫山谷。“幽”不好解释，山峰之间，光线暗不暗？山谷深不深？你说山谷之中，静不静？进去以后是不是还有些让人害怕？（生：是）大概这就是“幽”的意思。这些词语要真正理解，还要多读书，随着年龄的增长、见识的增多，特别是亲自去庐山的山谷里去体验一下，才会真正理解。

师：同学们，今天来了许多外地的老师，他们明天要在市内游览一下。你最希望他们到哪个地方游览？（生举手）不要说，先写下来。徐州有什么好玩的？把你最希望他们去的地方，用上“尤其”写一段话。把希望老师们去的原因简单地写一写，最好是用上“千姿百态”和“流连忘返”。这些老师中还有一些“美食家”。什么是“美食家”，知道吗？就是“好吃”！请你把徐州的小吃也介绍一下，请他们去品尝一下。也可以把你们的学校写一写，请他们去参观。写字，要注意姿势。头正、身直、臂开、足安。看谁写得又快又好。

（生写作，师巡视、指导）

师：谁介绍玩的？（找一女生读）其他同学认真听。

生：（读）徐州是一座美丽的城市。我们这里有六大景点，有龟山汉墓、云龙山、云龙湖、淮海战役烈士纪念塔、戏马台和狮子山楚王陵。我希望老师能去云龙山游览一下。那里树木葱茏，有饮鹤泉、放鹤亭、东坡石床，还有兴化寺。云龙山一定会让大家流连忘返。

师：我发现一个问题，没有“尤其”这个词。看看在哪里加上。

生：在“希望……”前面加上。

师：回去改一改，还有介绍玩的地方的吗？

生：徐州有许多美丽、好玩的地方，有云龙公园、南郊公园、戏马台、泉山公园……尤其是云龙公园，里面什么都有。有千姿百态的青松，有水平如镜的小湖，还有许多花卉。希望老师们抽空儿去那里玩一玩，散散心。你去了一定会流连忘返。

师：相信听了你的介绍，会有老师去的，因为你写得太好了。有介绍学校的吗？

生：我希望老师去我们美丽的大马路小学参观一下，我们会把我们的本领给大家看。（师插话：改为“把我们的成果展示给老师看”。）我们的字写得好，操做得好，古诗文背诵得好。尤其是我们的鼓号队，还在全国的比赛中获过第一名呢！如果老师们看了鼓号队的表演一定会夸我们的。

师：好。还有介绍吃的吗？中午了，老师们现在最需要吃的。（笑）

生：徐州有很多小吃部。有“小土豆”、“好七店”、“老三房”、“麦当劳”，还有烤鸭店等。尤其希望老师们去“麦当劳”，里面什么都有，有鸡腿、面包、饮料等。这里的小吃可以用一个词来形容，叫“味美价廉”。如果你去，绝对会不舍得离去。吃了这顿，还想那顿。（大笑）

师：其实是你吃了这顿想下顿。你保准去过，对不对？（笑）我代表老

师们谢谢同学们的介绍。（面向听课老师）老师们在徐州一定要吃得好，玩得好。（掌声）

［评：学以致用好。“写”既让学生练习了运用所学的词语，又训练了他们的书面表达能力。这就是读写结合，就是于老师说的“重迁移”。］

## 总 评

这是情趣盎然的语文，这是实实在在、以读为本的语文实践课，给人以艺术的享受，教育科学的启迪。首先，于老师想方设法调动学生的学习积极性、主动性。这是他以人为本的教学思想的表现。设疑、激趣，使学生没有感到是在上课，好像是在和于老师一起交谈、活动。特别是在读第三段时，于老师导演了一场比赛，充分调动了学生的学习兴趣，使他们真正做了一回学习的主人。读书声、讨论声、笑声，洋溢在教室中。其次，练的方式灵活多样，科学有效。解词有章有法，在读中悟，在画中解，在动作中体现。读书目的明确，要求具体，一层一层地深入。学生读得有滋有味，实实在在，写得也生动活泼，而且有的放矢。这节课的“写”，是交际的需要。

## 评 课

### 书山有路“趣”为径

——评于永正老师《庐山的云雾》一课的教学

张庆

人们常以“书山有路勤为径”作为劝学的格言，然而我更欣赏一个“趣”字。因为只要对学习感兴趣，你不叫他“勤”他也会“勤”，即所谓乐此不疲。现代神经认知科学的研究证实：大脑组织在接收到感兴趣的信息时，会分泌出一种叫作内啡肽的物质，这种物质引起大脑神经兴奋的功效比吗啡大50—100倍。我国教育家陶行知先生也曾指出：“学生有了兴趣，就会用全副精神去做事，学与乐不可分。”

于永正老师语文教学的一个重要特点就是注重情趣。

我常常思索，于老师的课为什么上得那么富有魅力，像磁铁一样吸引着学生？究竟“趣”自何处来？我想以他最近上的苏教版小学语文第六册《庐山的云雾》为例，对这个问题做一番探讨。

## 一、“趣”自疑中来

记得于光远教授谈过：为什么问号写成“钩子”？问号的样子有点像钩子，如果脑袋里多装些“钩子”，就会引起探索的兴趣，千方百计地把许多有用的知识钩进来。

怎样才能让学生的脑袋里多装些“钩子”呢？于老师的经验是：引而不发，创设问题情境。

于老师教学《庐山的云雾》，十分重视引导学生在审题上下工夫，通过审题，使他们在头脑里多装一些“钩子”。他启发学生：“看了这个课题，你脑瓜里面有什么问题？”有的学生问：“作者为什么要写庐山的云雾？”老师随手在题目下画了一个问号。还有的学生问：“庐山的云雾是什么样子的？”老师又在题目下画了一个问号。于老师没有马上回答，而是告诉学生：“这两个问题，于老师都明白，你们是想让我告诉你们，还是自己到书里去找答案？”从而激励学生通过读书自己去探究，自己去解决。学生在读书中，遇到了一些不理解的词语，如幽谷、腾云驾雾、飘飘欲仙、瞬息万变等，他也是要求学生通过读书，联系课文自己去揣摩，去思考。

教学实践表明，教师善于创设问题情境，就能使学生的学习兴趣始终处于被激发的状态。瑞士心理学家皮亚杰等人的研究也表明，输入的信息与人现有认知结构之间的不符合即为学习中的疑点。教师对学生的疑点不是马上解答，而是引而不发，鼓励学生自己通过读书去解疑，这就能够形成学生“愤悱”的心理状态，从而激发学生的求知欲和自信心。

## 二、“趣”自美中来

语文课让学生读的是美文。学生朗读这些美文，可以愉悦性情，陶冶情操，激发兴趣。就拿《庐山的云雾》这篇课文来说，作者以形象生动的笔触，描绘了庐山云雾的千姿百态、变幻莫测，孩子读了这些生动形象的描述，就会心驰神往，为大自然的神奇美景所陶醉，感到美不胜收。

语文课本该是很有魅力的，可是由于过去习惯于搞烦琐的理性分析，结果把很有感染力、很有审美价值的课文肢解得七零八落，学生听来味同嚼蜡，毫无美感与情趣可言。这就好比一只古代的青瓷花瓶，古朴典雅，极具审美价值，若是跌成碎片，撒满一地，哪里还有美感可言？

于老师指导学生阅读这篇课文，不是搞理性分析，也不是用抄词语解释、下定义的方式教儿童理解词语，而是调动儿童的生活经验，帮助他们感悟语言，展开想象，从而体会到庐山云雾之美，体验到登山游览之乐。学生读课文的第一自然段，提出“飘飘欲仙”、“腾云驾雾”不懂，于老师就让三个同学到黑板前面来表演。于老师对三个同学说：“看，下面的同学都在山下，我们在山上。游览就是放松的，散步就要随便走走，不要紧张。注意，山上山下，到处是云雾。其他同学读书，请你们三位做动作。”当其他同学读到“在山上游览，似乎随手就能摸到飘来的云雾”时，三个人伸出手，好像在抚摸着眼前的云雾。当其他同学读到“漫步山道，常常会有一种腾云驾雾、飘飘欲仙的感觉”时，三个人有的伸开双臂，上下摆动做飞行状，有的像孙悟空那样，打着眼罩做远眺状。老师当即予以表扬：“三个同学动作做得好。看了同学们的表演，我知道你们已经懂得了飘飘欲仙的意思，还想起了《西游记》里孙悟空腾云驾雾的样子。”他对同学们说：“看了他们表演的动作，加上自己的想象，大家再读书，就会读得更漂亮。”

课文的第二自然段描写了庐山云雾的千姿百态：“那些笼罩在山头的云雾，像是戴在山顶上的白色绒帽；那些缠绕在半山的云雾，又像是系在山腰间的一条条玉带。”于老师要他们一边读一边想，看脑子里出现了什么样的画面。然后老师在黑板上画了两座山峰，请两位同学分别在山峰上画出云雾笼罩山头和缠绕在半山的样子。

从某种意义上说，阅读的能力就是“还原”的能力。学生画对了，就说明他们已经读懂了。

小学生的形象思维占优势，于老师让他们通过表演和画画来体会课文的语言，进入课文所描绘的境界，大大地激发了孩子们学习的兴趣，调动了他们的学习积极性。

## 三、“趣”自情中来

不少人上课喜欢让学习好的学生回答问题，后进生往往很少有表现的机会。于老师则相反，他教学时，班级的后进生是他的第一关注对象。于老师叫起一位后进生，这位同学一时回答不出老师提出的问题，其他同学急不可耐地举起手来，他总是说："大家先不要举手，让他想一想，我想他一定能回答出来。"

"蹲下来看学生"，是他几十年来从教的深刻感悟。他常说："作为老师，我们要走进儿童世界中去，要学会用儿童的思维方式与价值观念去指导他们学习。"他虽年近花甲，但童心未泯。上课时，他能很快地与学生沟通感情，打成一片，以童心换童心。儿童也把他看成知心朋友，向他敞开心扉，从而营造出一个和谐、宽松的氛围，使学生感到如坐春风，趣味盎然。诚如张光鉴教授所说："只有在教师和学生的心灵之间组成一种相似的、和谐的振动，才能使学生与所学的知识产生共鸣。"

### 四、"趣"自练中来

学生在进行迁移性的练习时思维活跃、妙趣横生，成为于老师课堂教学中的一个亮点。他设计的练习摆脱了老套套、旧题型，大都具有新颖性、实效性和趣味性。如教学《庐山的云雾》时，有许多外地老师听课，他便借机布置了这样一项练习：同学们，今天来了许多外地老师，他们明天要在市内游览观光。你最希望他们到哪个地方游览？（学生举手）不要说，先写下来，徐州有哪些好玩的地方，把你们最希望他们去的地方写一写，要用上"尤其"、"千姿百态"、"流连忘返"。学生当堂写作，写好后当众朗读，教师则相机口头批改，然后再让学生自己修改。在老师的指导下，学生练得活泼，学得实在，当堂完成，低耗高效。

反思这些年来，为什么语文教学会如此高耗低效呢？其原因是复杂的。然而在应试教育的体制下，语文教育越来越走向异化，厌学语文的学生越来越多，当是一个重要原因。正如乌申斯基所说："没有丝毫兴趣的强制性学习，将会扼杀学生探求真理的欲望。"在这样的背景下，学习于永正老师重情趣的语文教学经验，就更具有重要意义。

# 10.《全神贯注》教学实录和评析

## 全神贯注

法国大雕塑家罗丹邀请奥地利作家斯蒂芬·茨威格到他家里做客。饭后，罗丹带着这位挚友参观他的工作室。走到一座刚刚完成的塑像前，罗丹掀开搭在上面的湿布，露出一座仪态端庄的女像。茨威格不禁拍手叫好，他向罗丹祝贺，祝贺又一件杰作的诞生。罗丹自己端详一阵，却皱着眉头，说："啊！不，还有毛病……左肩偏了点儿，脸上……对不起，请等一等。"他立刻拿起抹刀，修改起来。

茨威格怕打扰雕塑家工作，悄悄地站在一边。只见罗丹一会儿上前，一会儿后退，嘴里叽里咕噜的，好像跟谁在说悄悄话；忽然眼睛闪着异样的光，似乎在跟谁激烈地争吵。他把地板踩得吱吱响，手不停地挥动……一刻钟过去了，半小时过去了，罗丹越干越有劲，情绪更加激动了。他像喝醉了酒一样，整个世界对他来讲好像已经消失了——大约过了一个小时，罗丹才停下来，对着女像痴痴地微笑，然后轻轻地吁了口气，重新把湿布披在塑像上。

茨威格见罗丹工作完了，走上前去准备同他交谈。罗丹径自走出门去，随手拉上门准备上锁。

茨威格莫名其妙，赶忙叫住罗丹："喂！亲爱的朋友，你怎么啦？我还在屋子里呢！"罗丹这才猛然想起他的客人来，他推开门，很抱歉地对茨威格说："哎哟！你看我，简直把你忘记了。对不起，请不要见怪。"

茨威格对这件事有很深的感触。他后来回忆说："那一天下午，我在罗丹工作室里学到的，比我多年在学校里学到的还要多。因为从那时起，我知道人类的一切工作，如果值得去做，而且要做得好，就应该全神贯注。"

班级：江苏省泰兴市襟江小学三年级（1）班

时间：2000年秋

评析：襟江小学　杨金林（特级教师）

**［评析者按］** 2000年6月10号，我邀请著名语文特级教师于永正老师到本校上观摩课。上的内容是于老师让我选定的，我选了人教社五年制第七册（四年级上学期）的课文《全神贯注》。之所以选这一课，是因为本校老师在此之前上这一课时感到很难上，心存不少困惑，希望听了于老师的课以后能释疑解惑。因为四年级学生已经学了这篇课文，所以于老师决定用三年级的学生来上这一课。作为组织者，我有些顾虑：学生跟不上怎么办？于老师说：试试看吧，我尽量顺着学生走。下面是这一节课的教学实录。

## 第一节

师：小朋友们好！知道我姓什么吗？

生：于老师。

师：姓于，可不是姓“于老师”！

（生笑）

师：知道我是哪儿人吗？

（生小声猜测）

师：江苏徐州。（稍顿）在上课之前，你们老师对你们说了些什么，能不能告诉我？（无人举手）保密？（生笑）

生：唐老师要我们上课认真听讲，踊跃发言。

生：要大胆发言，说错了没关系。

师：（对发言的小朋友跷起大拇指）是的，说错了没关系，我最喜欢说错的小朋友。（生笑）

生：唐老师要我们上课回答问题的时候，声音响亮。

师：以前上课下位、说话要举手，今天在于老师课上想说话就站起来说，不要举手，直接说，好不好？

生：（惊讶，笑）好！

师：下面开始上课。我上中学的时候，读过一本书叫《钢铁是怎样炼成的》，书中有这样一段话，我至今没有忘记（深情地背诵）：“人最宝贵的是生命，生命属于我们只有一次。人的一生应该这样度过，当他回忆往事的时候，不因虚度年华而悔恨，也不因碌碌无为而羞耻。这样才能在临死的时候说：我把一切献给了世界上最壮丽的事业——为人类的解放而斗争。”知道老师背的这一段名言是谁说的吗？

生：保尔。

师：实际上不是保尔说的，是写这本书的作家说的，知道是谁吗？

生：奥斯特洛夫斯基。

师：了不起！好！我在上中学的时候就爱看《钢铁是怎样炼成的》，记住了这段名言。我听说你们特别喜欢背诵名人名言，而且背得比较多。你们能不能把喜欢的名言赠给我？

生：一寸光阴一寸金，寸金难买寸光阴。

生：人固有一死，或重于泰山，或轻于鸿毛。

师：这句话出自哪里？

生：《史记》。

师：作者是谁？

生：司马迁。

师：了不起！真了不起！

生：书籍是人类进步的阶梯。——高尔基

生：为中华之崛起而读书。——周恩来

生：知识就是力量。——培根

生：请把最光荣的任务交给我们，就是天塌下来我也要顶住。——董存瑞

师：小朋友们知道的名言真多！为了表示感谢，今天于老师也赠送给小朋友一段名言。

（幻灯片出示课文第5段的一段话：“那一天下午，我在罗丹工作室里学到的，比我多年在学校里学到的还要多。因为从那时起，我知道人类的一切工作，如果值得去做，而且要做得好，就应该全神贯注。——斯蒂芬·茨威格”）

（指名朗读，生齐读，再读最后一句）

师：读了于老师赠给你们的名言，你们有什么问题要提吗？

生：茨威格在罗丹工作室到底看到了什么？

（师板书：?）

生：这段话是什么意思？

生：一天学到的怎么会比多年学到的还要多？

师：（执教棒指着幻灯屏幕）知道斯蒂芬·茨威格吗？

生：奥地利作家。

师：知道罗丹是什么人吗？

生：法国大雕塑家。

师：刚才几个问题的答案都在一篇课文里面，题目叫《全神贯注》。（师板书课题，边写边讲）“全”上面的人写大一点，“贯”上面一横要长一些，注意笔顺。

（生齐读课题）

师：刚才的几个问题的答案都在课文里面，请你们一边读一边思考：为什么说一天下午学的东西比多年在学校里学到的还要多？还有这段话到底什么意思？一边读还要一边认字，注意拼音，要求读得正确流畅。

（师巡视朗读情况，表扬读书认真的学生）

师：书读完了，问题的答案找到了没有？

生：找到了。

师：（未叫学生回答）其实我担心的不是能不能找到答案，我最担心的是小朋友能不能把书读好——书读好了，答案自然会有的。再念一念，好不好？看看于老师的担心是不是多余的。

生：好！

（生自由朗读课文）

师：（笑）读得怎么样？老师的担心还有必要吗？谁愿意站起来朗读？

（生一下子站起来很多）

师：（笑）都请坐，谁心里没把握，但是愿意站起来试一试？刚才站的不要再站了。

（生踊跃站起来。师指名分节朗读。一生读第 1 段，读得很流畅，但罗丹的话读得不够味。）

师：对于罗丹说的话有没有人觉得你的体会和她（刚才朗读的学生）不一样？把你的体会读出来，和大家交流交流。

（一生站起来朗读，读得声情并茂）

师：从你的朗读看出你体会得很深。还有不同的体会吗？

（又一生站起来朗读，语气、语调与上面的学生比有变化，但感情表达得很恰当）

师：他读得怎么样？

生：他读得太好了，使我们感到罗丹就在眼前。

师：他读得好是因为他体会得好。对文章要有自己独特的体会，读法也可以有不同。请大家把罗丹的话再自由地读一下。

（生读完后，师指名继续朗读下一小段）

（生把句子读破，停住。师鼓励生把句子重读完整。生读到有破折号的句子时，未停顿。师板书破折号“——”，待其读完。）

师：（指着破折号“——”）前面说的话和后面不一样了，内容有了转折，就用破折号表示，我们在读的时候要停一下。请你把这句话重读一下。

（生重读课文，注意了停顿）

师：这一段有两个生字，这两个生字可不好写，请小朋友们看于老师是怎样写的。

（师板书生字：吵、醉）

师：“吵”最后一撇如刀一样，要写到“口”的下面。“醉”最后一竖千万不要出头太多，不然就破坏了上面两个人的团结。好，自己试着写一写。

（生练习写字，师巡视，提醒生书写姿势。写好后，师指名朗读第3段。读得较流利。读完后，师提醒生注意“莫名其妙”的“名”是怎么写的。）

（师指名朗读第4段。生将“哎哟”读成“ā yāo”。）

师：停，ā yāo？注意看拼音，拼好了再读。

（生重读，但又将“哎哟”读错）

师：不要紧，重来，再读。

（生还将“哎哟”读成“ā yāo”）

师：再看一看，心里拼一拼。大胆地读，勇敢一点，你能读好的。

（生终于将“哎哟”读正确）

师：哎哟！读对了！

（生笑。师再指名朗读第4段。生读茨威格的话时，声音很大，罗丹抱歉的话也读得不够好。）

师：罗丹与茨威格离得远吗？（生：不远）虽然一个门内，一个门外，但毕竟离得不远。既然这样，那应该怎样读茨威格的话？罗丹猛然想起他的朋友后是怎样抱歉地说的？请你们再读一读，边读边想象当时的情景，好好体会一下人物的感情，琢磨一下两人的话该怎样读。

（生边读，边想象、体会。读好后，师还请这名学生读。学生如临其境，读得惟妙惟肖，但也将“哎哟”读错。）

师：什么“哟”？看拼音，不要看我的脸。

（生重读，读正确了）

师：掌声鼓励。

（生鼓掌）

师：这就是茨威格那天下午在罗丹工作室所经历的事。他很有感触，写了这样一段话——

（师放幻灯片，执教棒指屏幕让生齐读茨威格的名言）

师：书读得不错，看来于老师的担心是多余的。虽然名言能够启迪人、教育人，但是最令人难忘的还是这件事儿。罗丹那种不满足、精益求精的表现，最叫人难忘，最叫人感动。所以我们与其记住这段名言，倒不如记住这件事情。下面我们来一次比赛，请小朋友读2、3、4段，全班四组各选一人进行比赛，选谁呢？我现在不说，大家先做准备。请中队长到我这儿来。

（生练习朗读，准备比赛）

（师跟中队长讲了几句悄悄话，中队长点点头。等大家读好了，中队长在四个小组中分别挑选一名朗读能力最差的学生。）

师：参赛选手已经选定了。各组组长可以组织本组同学对选手进行指导和帮助，提高他的朗读水平，让他为你们小组争光。

（各组组员迅速围住参赛选手，采用示范、读中纠错等多种方法帮助选手提高读的水平，气氛十分热烈）

## 第二节

师：请四名小朋友到前面来。（四生上台）

师：（微笑着看台下）你们有话要对这四个小朋友说吗？

生（第一组）：错了没关系，只要你尽力了，就行。

生（第二组）：我们全组的希望都寄托在你身上了，你可得尽最大努力呀！

生（第三组）：只要你努力就行了，我们支持你。

生（第四组）：努力，努力，再努力。

生：要充满胜利的信心。

生：读的时候不要怕。

师：（摸摸参赛学生的头）现在怕不怕？

生：（摇摇头）不怕。

师：怕的话，来一个深呼吸。（师做出深呼吸的样子，生大笑）

生：杨建，你一定要努力，争取拿第一。

师：拿不到第一怎么办？

生：第二也行。

（生笑，台下气氛十分活跃）

师：比赛现在开始。

（参赛队员逐一朗读课文，十分投入，都读得正确、流利，除一生外，其他三人都比较有感情）

师：他们读得怎么样？各组同学评一评自己组的选手。

生（第一组）：虽然我们组的同学读得不太好，但我们知道他已尽了很大的努力。而且他比平时读得好，我们也为他高兴。

生（第二组）：他读得比平时好多了。

生（第三组）：我们为他的进步而高兴，而自豪。

生（第四组）：四位同学读得都很棒。

生（第四组）：他刚才读得很好，和平时比，简直一个天上，一个地下。

师：噢，现在在天上，平时在地下。

（生大笑，气氛更为热烈）

师：既然四个小朋友读得都比平时好，都很棒，那么都是第一名，并列第一，好不好？

生：（鼓掌）好！

师：请参赛的小朋友每人说一句最想说的话。

生：谢谢大家对我的鼓励。

生：开始有点紧张——后面那么多人；后来听了大家鼓励的话，好多了。

生：相信我下次会读得更好。

生：我觉得我没有李亚鹏读得好。

师：多谦虚的孩子！

（生鼓掌，四名小朋友回到位子上）

师：我看在座的小朋友都是好样的，都有自己的长处，只要努力都会进步，是不是？

生：是。

师：下面老师还想请四位组长比一比，老师也想参加。

（四名组长上台，师请一生代表自己猜拳确定比赛顺序）

师：请台下同学做评委，注意听。

师：各组同学有什么话要对你们的组长说吗？

生（第一组）：虽然你旁边都是高手，但我们相信你是最棒的。

生（第二组）：你一定能战胜他们。

生（第三组）：别紧张，要相信自己的能力。

生（第四组）：别把名次放在心上，只要把自己的最佳水平发挥出来就行。

（四位组长朗读，读得不但流畅，而且很有感情，各具特色。每一个选手读完了，都响起热烈的掌声。师微笑着在一旁听读。读完后——）

师：我不读了，不敢读了，这四位可都是高手啊，我不行！（生笑）班上还有高手吗？（一生上场）

师：（主动上前握手）现在你代表我和他们比赛，希望你能比他们读得更好。

（生朗读）

（师鼓掌，台下掌声不断）

师：这位同学读得怎样？

生（台下的学生）：太好了！

师：（对刚才读的同学）你认为有没有这四位组长读得好？

生：（笑）没有。

师：你真虚心！

生：底下还有更棒的。

师：那就请“更棒的”上场！

（又有生上台朗读）

（生有些紧张，额上渗出汗珠，但读得很好）

师：（拍拍学生的肩膀）你有什么感想？

生：跟这些高手站在一起，非常不容易。

师：怪不得额上冒了这么多汗。台下还有高手吗？

（又有生上场）

（师鼓掌，台下鼓掌）

（生读得很好，师上前与其握手，表示祝贺）

师：宣布比赛结果，四位组长并列第一。

师：茨威格正是有了这段经历，才发自内心地写下了这段话——

（师打出幻灯，执教棒指着屏幕，再次让生齐读茨威格的名言。生齐读第5段。读后，师未让生讲这句话的含义，自己也只字未提。）

师：其实名言不一定都出自名人之口，老百姓说的话只要有道理也可以叫名言。“庄稼一枝花，全靠肥当家。”这就是老百姓说的名言。今天读了《全神贯注》这篇课文，同学们也一定有话要说，把你们的话写下来，也叫名言。想不想写？

生：想。

师：老师读了这篇文章也有感触，也写了一句名言：做什么事只要一丝不苟，全神贯注，就一定能做好！——于永正。——这是不是名言啊！

生：（笑）是！

师：你们是未来的科学家、生物学家、诗人、作家，你们写好名言后，也可以注上破折号，写上——未来的×××。

（生准备写“名言”，刚要动笔——）

师：停一下，为什么罗丹用湿布将塑像盖起来？

生：因为这样方便下次修改。

师：说得好。罗丹有没有满足？（生：没有）这是怎样的精神啊？不用回答，请你们写“名言”吧。

（师巡视）

师：谁来读一读自己的名言？

生：我写了一首诗：罗丹罗丹真专心，朋友在家不“放心”，我们应该学罗丹，全神贯注永记心。——未来的歌唱家胡佳尧。

（一片赞叹声、掌声）

师：你不但是未来的歌唱家，你还是未来杰出的诗人！这是一首“心”字诗。（赞叹声）

生：做什么事都要全神贯注，只要全神贯注就一定能成功。——未来的天文学家李丹。

师：（笑）为未来的天文学家鼓掌。

生：不满足 + 一丝不苟 + 全神贯注 = 成功。——未来的发明大王廖志俊。

师：为发明大王发现的伟大公式鼓掌！（生热烈鼓掌）

生：成功是有信心加全神贯注，还要有永不满足、不断进取的精神。——未来的大文学家、中国的高尔基高至人。

师：向中国的高尔基致敬！（生鼓掌）

生：不满足现在，只满足未来。——未来的画家倪雅韵。

生：不满足最好，只追求更好。——未来的作家于力。

师：这名言说得更好，为他鼓掌。

生：人不断地皱眉头，就能不断地发现自己的缺点；不断发现自己的缺点，就能不断进步。——未来的作家、生物学家刘逸驹。

师：说得真棒！来，未来的作家和生物学家，请摄影师给咱们照张相做留念。

（师走过去，半蹲着和学生拍照）

师：小朋友们，你们真聪明，真了不起。请你们回去把自己的名言写好送给我，好不好？

生：好！

师：要下课了，有什么话要对我说吗？

生：希望你能常给我们上课。

生：希望你常来襟江小学。

师：（笑）好。

生：虽然你要走了，但我们的心依然连着。

生：下次再见，不见不散。

（下课）

## 总 评

如果不是亲自组织，如果不是亲眼所见、亲耳所听，笔者或许不可能相信这是事实。三年级的孩子在学习四年级的课文时，竟读得如此出神入化，说得如此精彩纷呈。生疏的学校，陌生的孩子，课前没有接触，学生毫无准备！听课者无不为学生的出色表现而惊叹，更为老师的高超教艺所折服。掌声一阵连着一阵，一阵高似一阵，其频率、其热烈的程度，超过笔者看过的任何一次音乐会。

孩子的潜能是巨大的！

教学的创造空间更是不可估量的！

这个班的语文老师—— 一个有20多年教龄、经验丰富的教师动情地说："听着孩子朗读自己的名言，看着同学们激奋的精神状态，我简直不相信这是我教过的孩子。对孩子们我要重新认识，对自己的教学我更要彻底地反思。"要反思的岂止是这位老师！

如果把孩子们的"名人名言"比作是课上飞起的浪花的话，那么，我们需要思考的是：这是怎样的浪花？这浪花的价值何在？这浪花是怎样产生的？我们如何在课上激起更多、更美的浪花？

这浪花是言语的浪花。"全神贯注是成功之母"、"人只有永不满足，才会不断进步"、"没有最好，只有更好"、"不满足最好，只追求更好"、"人不断地皱眉头，就能不断地发现自己的缺点；不断发现自己的缺点，就能不断进步"。用词不同，句式各异，绝无雷同，但都是那么通畅规范，那么简洁凝练，那么生动形象！这样的语言水平已经远远超过了小学语文教学大纲对小学生的语言要求。这不是鹦鹉学舌之语，也不是生搬硬套之言，更不是机械训练后的陈词滥调。这是学生从心中涌出的鲜活的语言，这是各有个性的真正属于自己的语言，这是从个体的丰妙情思中自发生成的充满生机活力的语言。只有这样的语言才具有再生性、增值性，才具有强大的同化功能、生成功能和迁移功能。真的语文在此，真语文教育在此！

这浪花是情思的浪花。教者没有问"文章的主要内容是什么"、"反映了怎样的中心思想"、"最后一段话的含义是什么"，除了开始学生提了三个与内容有关的问题，老师几乎没提一个问题，就是学生的问题，老师也没有安排时间讨论。学生懂了吗？理解了文章的思想内容了吗？请听一听小朋友的诗句："罗丹罗丹真专心，朋友在家不'放心'，我们应该学罗丹，全神贯注永记心。"这不是对文章主要内容和中心思想的准确而高度的概括吗？再听一听小朋友的名言："不满足 + 一丝不苟 + 全神贯注 = 成功。"这不是对文章思想内涵的全面而深刻的总结吗？其实，用"理解"、"概括"和"总结"这样的词语还不足以反映小朋友的诗句、名言的本质属性，因为这些词主要是表现作为一个旁观的、冷静的、理智的阅读个体对文章是怎样认识的，怎样诠释的，而小朋友的名言显然已经超越了这个层次，它是小朋友深刻感悟了人物品质、领悟了作者情感后对罗丹、对作者乃至对同学、对老师、对在场的听课者的心灵倾诉，是心与心交流和碰撞后飞起的浪花，这浪花是融进小朋友自己的事理感受、人生体验而形成的智慧的浪花、情感的浪花。外在灌输或强加的思想是苍白无力的。只有自悟自生的思想情感才是生命的一部分，只有这样的思想情感才具有强大的行为外化功能，才能对客观事物产生持久的观照作用。真的语文教育在此，真的学科教化在此！

总之，这浪花是充实了真情睿智内涵的语言浪花，这浪花是具有良好语言外壳的情思浪花。情思是个体生命之魂，语言是生命存在的一种方式。因此，小朋友的"名人名言"本质上是他们生命活力的外化物，是他们主体精神的表征，是灿烂的生命之花！从这两节课我们可以明晰地看到他们的理解与表达、思想与言语等多方面潜能是怎样不断变化的，可以清楚地看到他们精神探索的痕迹和多方面素养不断升华的轨迹。

这种充满生命活力的语文课才是融语文素养发展与精神境界提升、人格品质完善于一体的素质化的语文课！一个"工具性"或一个"人文性"岂能涵盖得了？

没有围绕内容一段接一段、一问接一答地展开讨论，也没有进行琐碎的语言训练，学生的情思浪花和言语浪花是怎样产生的呢？还是看看两节课老师引导学生做了什么。

综观两节课，可用一个字概括学生主要的学习活动，这就是"读"。

反复读。第一节课，学生带着自己的疑问读了一遍课文以后，老师说："其实我担心的不是能不能找到答案，我最担心的是小朋友能不能把书读好——书读好了，答案自然会有的。"因此，老师让学生再念一念，并激将一句："看看于老师的担心是不是多余的。"学生读完后，为检验读的情况，老师又指名学生读，并进行有针对性的指导。接下来，开展朗读比赛，为让学生在比赛中取得好成绩，老师又让大家进行充分准备。第二节课，开展了两个回合的比赛，先是朗读基础最差的学生读，后是小组长和自动上台的学生读。一次次的朗读，就是一次次地拥抱课文语言，就是一次次地感知课文内容、体验文章情感。每读一次，语言在心理上留下的痕迹就加深一层，对内容的感受和情感的体验就丰富一分。如同熏锅屋（厨房），新盖的锅屋墙壁再洁白，日子久了，也会被油烟熏黑，且时间越长，熏的次数越多，熏黑的面积就越大，熏黑的程度就越深。量的积累达到一定程度必然引起质变。对语言文字及其思想情感的感受达到一定的量以后，也必然引起言语质量和思想认识的飞跃。

扎扎实实读。一个学生把“哎哟（āi yōu）”读成了“ā yāo”，老师让其重读，学生还是读错；老师耐着性子指导他再重读……连续几遍，终于读对了。真是不达目标决不罢休！还有一个学生在读“整个世界对他来讲好像已经消失了——大约过了一个小时，罗丹才停下来”时，没把破折号应有的停顿读出来，老师也未轻易放过，“破折号前面说的话和后面说的话不一样了，意思有了转折，读的时候要停顿一下，请你重读一下”。学生在重读的实践中体会和内化了对破折号的认识。这一环节，融对标点符号的感知与对前后言语关系的把握及朗读处理方式的选择于一体，使符号、感性的言语材料、理性的符号意义在学生的认知结构中形成了非人为的联系。朗读训练的扎实还突出体现在对后进生的指导上，为切实提高他们的朗读水平，于老师想出了一个令人叫绝的办法：让他们代表小组参加比赛，比赛前各小组成员可采取各种有效的办法帮助他们。后进生内有集体荣誉感所激起的动力，外有小组成员所给予的助力，所以人人都比过去有了显著进步。——这是真正的“合作学习”。

各显个性地读。一学生在读第1段罗丹的话“啊！不，还有毛病……左肩偏了点儿，脸上……对不起，请等一等”时，已经读得很不错了，但老师没有就此打住。“对于罗丹说的话有没有人觉得你的体会和她不一样？把你的体会读出来，和大家交流交流”，一句话，又把大家读的热情燃起。一个个争着站起来用声情并茂的朗读来倾吐自己的体会，虽然读法有别，各具特色，但都入情入境，把罗丹当时的形象活脱脱地表现了出来。莎士比亚笔下的哈姆雷特只有一个，但一千个阅读者的心中却有一千个不同的哈姆雷特。这是个体差异在阅读中的具体体现。在阅读教学中，应该允许并鼓励学生从各自独特的视角去体会、去解读课文。只有这样，学生才是一个真正的阅读主体，他在阅读中才能真正体验到自己的精神劳动所带来的快乐，他才可能拥有真正属于自己的思想。另外，朗读也是一种极具个性的融理解和表达于一体的综合性活动，不同的人对一篇文章的体会即便一样，朗读的也肯定是有差异的。赵忠祥和倪萍朗读同一篇文章风格肯定不同，但可能都会使人流泪。因此在朗读指导中，应充分尊重学生的个性。“他读得最好”，这样的评价激励了一个，扼杀了一片。

心入其境读。罗丹修改完毕以后，径自走出门去，随手拉上门准备上锁——他已经忘记了他的朋友茨威格还在室内。茨威格莫名其妙，赶忙叫住罗丹：“喂，亲爱的朋友，你怎么啦？我还在屋里呢！”罗丹这才猛然想起他的客人来，他推开门，很抱歉地对茨威格说：“哎哟！你看我，简直把你忘记了。对不起，请不要见怪。”学生在读茨威格的话时，声音过高；读罗丹的话时，抱歉之情也表达得不到位。于老师启发学生：“罗丹与茨威格离得很远吗？……罗丹猛然想起他的朋友后是怎样抱歉地说的？请你们再读一读，边读边想象当时的情景，好好体会一下人物的感情，琢磨一下两人的话该怎样读。”学生口诵文字，心入其境。再指名读时，读得既有声有色，又分寸适当，惟妙惟肖地再现了其情其境。朗读描述性文字，只有借助想象所产生的内心视像，才能真正读出韵味、读出感情。这种以内心视像为支撑的朗读不仅有利于语感的形成，而且能丰富学生的内心世界，陶冶学生的情操。

激活身心读。不讲究方法，简单地要求或命令学生反复读，学生必然生厌。于老师却不是这样。他每一次让学生读书时，都为学生注入能充分激活身心的“兴奋剂”，使他们情绪激奋，全身心投入。其他不讲，单说两轮朗读比赛，可谓异彩纷呈，高潮迭起。赛前，于老师总要让各组的同学对本组的参赛选手说几句话。“错了没关系，只要你尽力了，就行”、“要充满胜利的信心”、“虽然你旁边都是高手，但我们相信你是最棒的”、“别紧张，把自己的最佳水平发挥出来就行”……同伴的希望、鼓励、信任、安慰，激发力量何等巨大！预定选手比完了。“班上还有高手吗”、“我不敢读了”、“现在你代表我和他们比赛”、“请更棒的上场”，老师的不断引逗，使底下的同学摩拳擦掌，跃跃欲试，一个个自信是“高手”和“更棒的”同学竞相登台，而上去的同学总能赢得热烈的掌声。比赛结束后，于老师又让大家进行评说，“他今天读得很好，和平时比，简直一个天上，一个地下”、“我们为他的进步而高兴，而自豪”、“他读得太好了，使我感到罗丹就在眼前”。同伴的肯定，其激励性有时胜过师长的夸奖，难怪参赛的同学那么激动，“谢谢大家对我的鼓励”、“相信我下次会读得更好”。第斯多惠说：“教学艺术的本质不在于传授的本领，而在于激励、唤醒和鼓舞。”赞科夫说：“教学法一旦触及学生的情感领域和意志领域，触及学生的精神需要，便能发挥其高度有效的作用。”心理学家研究表明，人受到有效激励后的学习与工作的效能是激励前的3—4倍。在阅读中，当人的身心处于激活状态时，大脑会把有意识的、潜意识的一切与文字内容相关的储备充分提取起来，勾连贯通，进行意象融会，意会整合。在这种状态下最容易产生顿悟和灵感，言语的、思想的创造性浪花常常会不断飞溅。

对食物知识和营养结构的分析理解，有助于对食物的选择，但绝不可代替对食物本体的摄取。要使客体的食物营养成为主体的生命滋生物，必须去吃它，吸收它。同样，对文章做理性的分析、综合、抽象，也绝不可代替文章本体的汲取。要使文章的语言及其承载物——意象、思想、情感等，转化为学生主体的生命元素，并不断衍生和发展，就必须在充分激活学生身心的基础上，引导他们对文章进行积极主动的感知、涵泳、体悟，并与原有积累物相互作用达成融合。只有这样，学生的心理积淀和蕴含能量才会递增，思想精髓的提取力和语言文字的表达力才会变强，生命之河才会跃起灿烂而美丽的浪花。

让我们的语文课激起更多、更美的生命的浪花！

# 11.《燕子》教学实录和评析

## 燕　子

一身乌黑的羽毛，光滑漂亮，一对俊俏轻快的翅膀，加上一个剪刀似的尾巴，凑成了那样活泼可爱的小燕子。

阳春三月，下过几阵蒙蒙的细雨。微风吹拂着千万条才舒展开黄绿眉眼的柔柳。青的草，绿的叶，各种色彩鲜艳的花，都像赶集似的聚拢来，形成了光彩夺目的春天。伶俐可爱的小燕子从南方赶来了，加入这百花争艳的盛会，为春光增添了许多生趣。

在微风中，在阳光中，燕子带着它剪刀似的尾巴，斜着身子在天空里掠过，“唧”的一声，已经由这边的稻田上，飞到了那边的高柳之下。还有几只横掠过波光粼粼的湖面，剪尾或翼尖偶尔沾了一下水面，那小圆晕就一圈一圈地荡漾开去。

有几对燕子飞倦了，落在电线上。嫩蓝的天空，几痕细线连于电杆之间，线上停着几个小黑点，那就是燕子。这多么像正待演奏的曲谱啊！

班级：江苏省徐州市民主路小学四年级（3）班

时间：1984 年 4 月

评析：华东师范大学　李伯棠教授

思维科学的研究成果告诉我们：人们在接受信息时，无论如何强调调动所有感官的必要性都不为过。于老师这节课之所以高明，很重要的一条，就在于他打通了学生接受信息的多条通道。第一，他抓住了学生获得信息的主渠道——视觉。通过边看边读、边讲边画，使信息更加便捷地进入学生的大脑；第二，他还通过教师的语言和优美的乐曲等中介手段，使信息的传入渠道更加多元。当信息通过多种渠道立体地进入学生大脑的时候，你还担心那只春天的燕子不能在学生的脑海中自由自在地翱翔吗？

——高林生

## 第一节

师：同学们，春天，活泼可爱的小燕子从南方飞来了。（板书：燕子）喜欢燕子吗？

生：（齐）喜欢。

师：咱们班有人用“燕”字做名字的吗？

（经了解，该班有两个女生的名字中有“燕”字）

师：男同学有用“燕”字做名字的吗？（男生摇头，笑）其实，“燕”字并非女的专利，古今有不少男的用“燕”字做名字的，由此可见，人们非常喜欢燕子。今天我们一起学习《燕子》这篇课文。这篇文章是著名作家郑振铎写的。请打开书。谁来读一下？

[评：从人的名字导入新课，新颖别致。]

（指名读全文，随时纠正读错的）

师：读了一遍课文，郑振铎笔下的燕子给你留下了什么印象？

生：给我留下了美好的印象。

师：说具体一点，哪些地方留下了美好的印象。大家不必急于回答，再读一遍课文，体会体会。

（生聚精会神读课文）

生：燕子的外形很美，飞得很轻快，这两方面给我留下了深刻印象。

生：燕子落在电线上休息，看上去像五线谱，这句话给我留下了深刻印象。

[评：再读课文，让学生把“美好印象”说得具体些，让学生对燕子的特点有一个初步的认识。这是从整体上感知。]

师：看，这不读懂了吗？这篇文章写得确实很美。下面仔细读读第1段，说说你脑子里浮现出来的燕子是什么样的。

[评：接着让学生细读第1段，仔细研究燕子的外形。]

（生自由读，指名读，然后指名说）

生：一身乌黑的羽毛，一对俊俏的翅膀，一条剪刀似的尾巴，凑成了活泼可爱的小燕子。

师：还没变成自己的话。——谁再说？

生：（动情地）小燕子的羽毛乌黑发亮，一对翅膀轻快漂亮，一条尾巴像把剪刀，多么活泼可爱呀！

［评：让学生用自己的话说出燕子的外形，进行说话训练。读和说，一是吸收，一是表达，两者是理应结合在一起进行训练的。］

师：说得真漂亮！你们能不能把郑振铎写的燕子画下来？我请一个同学朗读第1段，咱们一起画，怎么样？不过，读的时候，要慢一点。

（一生朗读，师生作画。老师板画，如下图。）

［评：接着由师生按照书本上描写燕子外形的句子，共同作画，加深印象，把语文学习与图画结合起来。］

师：同位的同学互相介绍一下自己画的燕子。（同位互相说）

师：谁愿意到前边来把我画的燕子向大家介绍一下？

生：（用教鞭指着黑板上的燕子）看，这只燕子多么美！一身乌黑的羽毛光滑漂亮；一对翅膀与众不同，（师插话：的确和别的鸟的翅膀不一样。）飞起来又轻又快。一条尾巴像把剪刀。……画得栩栩如生！

［评：让学生指着板画说明画意，既培养了学生的欣赏能力，又进行了说话训练。］

师：你说得比我画得好！（笑声）

［评：教师的谦虚，会激发学生的学习兴趣。］

师：大家注意没有，作者怎么没写眼睛、嘴？是疏忽了吗？（无人举手）

师：三年级学过一篇课文——《翠鸟》，那一课没写翠鸟的尾巴，记得吗？是不是也是作者的疏忽？

生：翠鸟的尾巴短，秃秃的，所以作者没写。

生：燕子的嘴、眼睛的特点不像尾巴、翅膀那么突出，所以没写。

师：我看是这样。这告诉我们，描景状物，一定要抓住有特色的地方写。——大家再读读第3段，从这一段话中你知道了什么？

［评：教师指出作者为什么没写燕子的眼睛、嘴，这和《翠鸟》没写尾巴一样。这不是作者的疏忽，而是作者描景状物，一定要抓住事物的特点来

写。这样就进行了写作教学。读是写的基础，读写结合是语文教学的一条重要原则。]

（生自由读第3段）

生：这一段写的是燕子飞行的情景。读了之后，我知道燕子飞得很快，很轻。

师：你从哪些语句中看出来的？

生：（读）（燕子）斜着身子从天空里掠过，“唧”的一声，已经由这边的稻田上，飞到了那边的高柳之下。

（师板书：斜，掠过，唧）

[评：接着再由学生自由读第3段，把燕子飞行时“斜”、“掠过”、“唧”的特点写在黑板上，让学生逐一品味。]

师：一个“斜”字把燕子飞行的特点写出来了，给人以又轻又快的感觉。杜甫曾经写过这样的诗句：“细雨鱼儿出，微风燕子斜。”

[评：教师引用杜甫的诗句，来说明“斜”字表示燕子飞行时轻快、优美的姿态，引用得恰到好处。]

师：“斜”字不但写出了燕子飞行轻快，而且写出了燕子飞行的优美姿态。——“掠过”这个词字典里怎么解释的？

生：轻轻地擦过。

师：你从中看出了什么？读读这个词所在的句子，体会体会。

生：可以看出燕子飞得轻快。

生：“唧”是燕子的叫声。只短短的一声，燕子便从这边的稻田飞到了那边的高柳之下，飞得快极了。

生：从燕子用尾尖或翼尖沾水也可以看出燕子飞得很轻快，不然会一头扎进水里去的。

师：（高兴地）这就叫读书！这就叫读出味来了！

[评：教师的表扬，更加激发了学生自己读懂课文的自觉性与积极性。]

大家把第3段朗读一遍，看谁读得让人感觉到燕子飞得轻快、姿态优美。

（生练读，指名读）

师：“那小圆晕就一圈圈地荡漾开去”要读得慢一点，要有个想象的余地。谁再把这一句读一下？（一生读，师范读，齐读）

[评：教师指导学生反复诵读课文，在教室里听见学生的琅琅书声，一

扫过去教师讲、学生听的教风，是一个可喜的现象。］

师："小圆晕"是什么？想过吗？

生：就是小圆圈。燕子点水时荡起的一圈圈波浪。

（师随手板画，如下图）

师：但是，作者为什么不说"小圆圈"而说"小圆晕"？"晕"是什么意思？想过吗？

（有的学生习惯性地摸出字典来查）

师：大家都应养成查字典的习惯，遇到不认识的字、不懂的词随时查字典，不要放过。

［评：通过"晕"字的教学教师再次强调查字典的重要性。］

生："晕"就是日光或者月光透过云层折射出来的七彩圈。

师：你们见过日晕或者月晕吗？那七彩的光圈可真美！在作者的眼里，燕子点水荡起的一圈一圈的波浪就像日晕、月晕。不但作者笔下的燕子美，就连这小圆圈也是美的！咱们再读读这一句，领略一下其中的美。

［评：叶老说："一字未宜忽，语语悟其神。"作者用词造句准确传神，于老师引导学生咬文嚼字，品味出了内含的滋味。咬文嚼字是老师的基本功，也是一种语言文字训练。］

（齐声读）

生：请问于老师，燕子在水面上飞行时为什么要用尾尖或翼尖沾水？

师：本来我也不懂。一位生物老师告诉我，燕子吃水中的小鱼、小虾时，点一下水可以起到缓冲的作用，不至于因速度快而一头扎进水中。

生：于老师，您说错了，我在书上看过，在乡下也见过，燕子不吃鱼虾，而是吃落在水面上的虫子。

师：是吗？课后我把你的意见转告那位生物老师，如果他搞错了，我再纠正过来。现在休息10分钟。

（事后，师查阅了有关资料，证明学生说的是对的，师向全班学生做了纠正。这位同学叫张健。）

［评：这位小朋友敢于当堂指出教师的错误，事后教师又当堂承认自己

的错误，肯定了学生的意思，这就是教学民主。这种教学民主的作风，值得赞许和学习。]

## 第二节

师：咱们接着学习《燕子》。读了第3段，我们知道燕子飞行得很轻快，姿态很优美。我们接着读第4段，看看写的是什么，谁读懂了谁说。

（生读第4段）

生：这节写的是燕子落在电线上休息的样子。

师：读懂了。哪些语句给你留下了深刻的印象？大家读读、画画。

（生读、画）

生："这多么像一首正待演奏的曲谱啊！"这句话给我留下了深刻印象。

师：这句话什么意思，读读想想。"这"指的什么？看看书上的插图。

生："这"指的是落在电线上的燕子。

生：还包括电线。

师：同意吗？是这样。曲谱有两种。这是什么曲谱？

生：这里指的是五线谱。

师：对，大家看，我这里有一段五线谱。（出示五线谱）

师：请想象一下，并对照一下插图，远远地看去，落在电线上的燕子连同电线，像不像五线谱？

生：像！

师：这是一个多么贴切而又生动的比喻！我们不能不佩服作者惊人的联想能力！尤其是"正待演奏"这四个字，更富有启发性。同学们想一想，这会是一首什么样的正等着我们去演奏的曲谱呢？

［评：教师的点拨，犹如画龙点睛，启发学生展开想象的翅膀，去欣赏

那正待演奏的曲谱。]

生：这一定是赞美小燕子的曲谱，是那首……《小燕子》!

师：我想是的。同学们，教室里有架钢琴，谁能把这首美妙动听的曲子演奏一下？（生哗然）不好意思？我来演奏，同学们唱，好吗？要唱得甜甜的，美美的。（师弹奏《小燕子》，生和唱。教室里回荡着“小燕子，穿花衣，年年春天来这里……”的歌声，充满了遐想的气氛。）

[评：于老师不仅善弹，而且善歌、善画，是一个多面手。不错，小学教师应该成为一个全面发展的多面手。]

师：同学们唱得很美。从歌词中，我们进一步领略了燕子的美。——这一节还有两个词用得特别传神，不知有人注意没有。请读读第二句。

生：（读）嫩蓝的天空，几痕细线连于电杆之间，线上停着几个小黑点，那就是燕子。

生：这里的“痕”字用得好。

[评：这个“痕”字，确实值得学生仔细品味。]

师：说说理由。

生：因为电线在远处，又有点高，看不清楚。

师：体会很好。但是意思还没表达完，还要补充一句。

生：……

师：要相信自己，要有信心。

(许多学生举手，要求说)

师：我们相信她会把意思说完整的。

[评：教师充分相信学生，树立学生的自信心和自尊心，是培养学生具有独立思考能力的有效办法。]

生：因为电线远，而且高，看不清楚，在蓝天里只留下了一丝痕迹。

师：说得多好！大家看，她笑了，这是胜利的微笑！（教室里充满了愉悦的气氛）还有吗？请看那个“嫩”字。作者形容天空为什么不用“蔚蓝”，而用“嫩蓝”?

（一时无人举手）

师：妙不可言，是不是？

生：“嫩”是不是说颜色浅？

[评：教师再提出一个“嫩”字让学生仔细品味。]

生：因为刚下过雨，天空有透明的感觉。

师：是颜色浅？是蓝得透明？是春天的天空也充满着活力？是，但又不全是，里面更多的是作者的情。这就是我们祖国语言的魅力！大家细细读读这一段，由你们自己去体会。

［评：教师在这时着重指出祖国语言的魅力，以激发学生对祖国语言文字的热爱之情，这就是思想教育与语言教学的辩证统一。］

（生自由读第4段，指名读）

师：同学们读得很美，很有味，这就行了。

［评：语言具有模糊性，好多词语只可意会，不可言传。能读好，心里有就行了。理解、玩味是一辈子的事情。别说有好多词语讲不清楚，真的讲清楚了，反而什么都没有了。］

第1段写的是燕子的外形，第3段写的是燕子的飞行，第4段写的是燕子歇息。第2段写的什么？

（生默读第2段）

生：第2段写的是燕子每年春天从南方飞到北方。

师：意思没说完，再看看书。要相信自己。

生：（看书后说）第2段写的是春天燕子从南方飞回北方，为春天增添了许多生趣。

师：说得多准确呀！这不读懂了吗？——还有读不明白的地方吗？

生："黄绿眉眼"指的什么？

师：你再读读整个儿句子，准能看出来。

［评：解释"黄绿眉眼"结合上下文来理解。］

生：（读）微风吹拂着千万条才舒展开黄绿眉眼的柔柳……

师：再读慢一点，一边读一边思考。

（该生再读）

生："黄绿眉眼"是不是指柳枝上发出的芽？

师：你应把疑问句改为肯定句。

生："黄绿眉眼"指的是柳枝上刚发的芽。

师：古人说，书读百遍，其义自见。这不明白了吗？（随手板画）

［评：指导学生将疑问句改为肯定句，肯定“黄绿眉眼”的含义，并用图画来表示，使学生理解得更深刻。］

师：（指着画上的芽）“黄绿眉眼”指的就是这个。大家还要进一步考虑：作者为什么把柳芽比作“黄绿眉眼”？

［评：接着教师追问作者为什么把柳芽比作“黄绿眉眼”，让学生不仅知其然，而且知其所以然。］

生：这样写就活了。

师：有眼就活了？能说话能走路了？（笑声）怎么活了？接着说下去。

生：柳树睡了一冬天，发的芽就像睁开的眼睛。

师：像刚刚睁开的睡眼，理解得不错。——还有什么问题？

生：什么是赶集？

师：请读读全句。

生：（读）青的草，绿的叶，各种色彩鲜艳的花，都像赶集似的聚拢来，形成了光彩夺目的春天。

生：我在农村赶过集，就是到市场上去买东西。

师：有去买的，还有去卖的，都叫赶集。——请说说赶集或者到农贸市场买东西的情况，再想想赶集和春天的草、叶、花生长和开放有什么相似之处。

生：赶集的人很多，很热闹，春天的花、草到处都是，很多，也显得很热闹。

师：古人说“红杏枝头春意闹”。春天，万花盛开，确实给人以热闹的感觉。——赶集的人是一起到集市的吗？

生：赶集的人有先有后，春天的草也不是同时长出来的，花也不是一起开的。

［评：学生理解得不错。］

师：同学们，我们就要这样读书，要和生活联系起来，和自己的经验、经历联系起来，这样就会理解得比较透彻。——第 2 段写得也很美。大家读一读，要读出感情来。

［评：教师小结，读书要和生活联系起来，要和自己的经验、经历联系起来，这样，就指导了读书的方法。］

（生自由朗读第 2 段）

师：同学们，画家画春天，少不了燕子；作家写赞美春天的诗文，少不了燕子；歌唱家唱赞美春天的歌，也总少不了燕子。可以这样说，如果少了燕子，春天就会失去一半的美。——谁来把全文朗读一遍？

［评：于老师的话富有诗意。］

（指名读全文）

［评：最后朗读全文，让学生在朗读中再一次欣赏春天的美丽景色，又回到了整体。］

师：我们用两节课学习了《燕子》。确切地讲，是读了两节课。我想，有些部分、有些句子一定有人会背诵了。建议大家利用早自习的时间，把全文背下来，把燕子、把春天，留在自己的心里。

## 总 评

这篇课文，教者采用了变序教学法进行教学，即先教学 1、3、4 段，再教学第 2 段。这是因为第 1 段写燕子的外形，第 3 段写燕子的飞行，第 4 段写燕子的歇息，这三者的关系非常密切。而第 2 段则是写春天燕子从南方飞来，与描写燕子的外形、飞行、歇息的关系不甚密切，采用这种变序教学法，使读者的思路比较清晰。

全篇教学采用了以朗读为主的讲读法，使课堂里书声琅琅，议论纷纷，这是这堂课的又一特色。特别是教者能运用图画、音乐等美学手段，使整个课堂里洋溢着美育气氛，使学生在接受语文教学的同时受到美的熏陶，这真是难能可贵的一次尝试。

# 12.《"番茄太阳"》教学实录和评析

## "番茄太阳"

那年，我来到了这座城市，临时租住在一栋灰色的旧楼房里，生活很艰难，心情灰暗无比。

附近一个小型菜市场，一对年轻夫妻带着个女孩守着摊位。那女孩5岁左右，是个盲童。每次从菜场经过都能看到那家人，夫妻俩忙碌，女孩安静地坐着，说话声音细细柔柔，特别爱笑。

我去菜场差不多总是中午，这时摊上没什么人，那位年轻的父亲拉着小女孩的手，在面前各种蔬菜上来回抚摸，耐心地说："这是黄瓜，长长的，皮上有刺；豆角呢，扁扁的，光滑点；番茄很好看，圆圆的……"女孩一面用手摸，一面咯咯地笑，妈妈也在旁边笑。

每次看到这一幕，我的心就觉得温暖起来。

时间久了，就和这家人熟了。小女孩叫明明，生下来眼睛就看不见。听亲戚说城里大医院可以换角膜，让孩子复明，父母就带着孩子到城里来了。

如果不是盲童，明明挺漂亮的：乌黑的头发，象牙色的皮肤，精致的眉毛，笑起来像个天使。看着她，让人隐隐心疼。

有一次，明明突然问我："阿姨，你是用双拐走路的吗?"我一愣，这聪明的孩子，她一定听出了我拐杖的声音。

接连下了几场雨，终于晴了。阳光很好，碧空如洗，树叶绿得发亮，明明的妈妈感叹道："天气真好哇!"

"是啊，太阳总算出来了。"我说。

明明好奇地问："阿姨，太阳是什么样的?"

我想了想，说："太阳很温暖，很大很圆，早晨和傍晚是红色的……"我忽然想到明明根本不可能知道颜色，就住了口，不知道该怎么说下去。

明明的爸爸挑了一个大大的番茄放在明明手上，说："太阳就是这样的，你摸摸看。"

明明一面用手摸一面笑：“真的吗？太阳像番茄吗？那我就叫它番茄太阳。”明明咯咯的笑声银铃样清脆，一串一串地追着人走。

日子过得很快。明明像小屋里的光线，带给了我许多快乐。她问我许多奇怪的问题，比如天上的云怎么飘的，雨什么形状……我耐心地回答着她，看着她的笑脸，觉得那就是最美的“番茄太阳”。

有一天我去买菜，明明的妈妈高兴地告诉我，他们要走了，有人为明明捐献了眼角膜，医生说复明的机会很大。

要走的时候，明明轻轻地拉住了我的袖子说：“阿姨，你过来，我和你说句话。”我弯下腰，她附在我的耳边轻声说：“阿姨，妈妈说我的眼睛是好心人给我的。等我好了，等我长大了，我把我的腿给你，好不好？”她的小嘴呼出的温热气息拂过我的面颊，我的泪哗地一下子流了下来。

那个正午我坐在窗口，看满街的车来车往，眼前总浮现出明明天使般的笑脸。红红的“番茄太阳”一直挂在我的心中，温暖着我的心。

班级：安徽省砀山师范附属小学四年级（3）班

时间：2011 年秋

评析：天津市南开小学　靳家彦（特级教师）

师：同学们，我姓于，叫于永正，来自江苏徐州。欢迎我吗？

生：欢迎！

师：谁愿意说一句欢迎我的话？

生：欢迎于老师到我们砀师附小来做客！

师：清楚，明白。谁能把话说得更好一些，让我听了更高兴，更激动？

生：谢谢于老师千里迢迢从徐州来给我们上课！（众笑）

师：下课再说“谢谢”。“千里迢迢”夸张了啊，徐州离这儿才一百多里，还可以怎么说？

生：欢迎尊敬的于老师来砀师附小上课！

生：热烈欢迎尊敬的于老师来给我们上课！

师：越说越好！

生：热烈欢迎尊敬的于老师，大老远从徐州赶来给我们上课！

师：掌声响起！你们看，同一句话，同一个意思，由于你用的词语不一样，使我的感受也不一样，他这样说我多高兴，多激动啊！“热烈”，说的是你们欢迎的程度；“大老远”，是说我比较辛苦。小朋友要学好语文。语文学得好，书读得多，才能说会道，会写文章。大家这么热情、这么热烈地欢迎我，我一定要把课上好！

［评：给学生创造一种轻松、愉悦的氛围，让学生在和谐的环境中接纳信息、反馈信息，符合小学生的学习心理。于老师谙熟学习心理，融语言训练于融洽的师生对话之中，真是润物细无声啊！］

师：我们今天要学哪一篇课文，请告诉听课的老师。

生：番茄太阳。（师板书课题）

师：课文预习了吧？

生：（齐答）预习了。

师：我先考一考预习得怎么样。（板书：“颊”）这个字谁来读？

生：jiá。

师：这个“颊”在课文里和一个什么字组成一个什么词？

生：面颊。

师：“面颊”这个词在哪一句话里，迅速找，看谁找得快！

（生快速浏览课文）

师：（走到一学生面前）读。

生：“她的小嘴呼出的温热气息拂过我的面颊。”

师：一起读。

（生齐读）

师：请你站起来，（示意刚才读句子的学生到前面来）请到这儿来，不要拿书。（生走到讲台上）“面颊”懂吗？

生：懂。

师：你摸摸我的面颊。（该生只摸了老师的半边脸）我只长了半面脸啊？（众笑）

（该生用双手摸老师脸的两边，众笑）

师：“面颊”就是脸的两边，左边一半，右边一半。（说的时候，左右各指了一下，众笑）谢谢这位同学让我们知道了什么叫面颊！

［评：学理如筑塔，学文如聚沙。语文学习就要一音、一字、一词地学，于老师的语文教学，一板一眼，步步为营，没有花架子，处处散发出浓浓的

语文味。]

师：再写一个字，看好了，看谁认得。（师板书“戚”）读。

生：qī——

师：在课文里，这个字和哪一个字组成一个什么词？

生：亲戚。

师：当“戚”和“亲”字手拉手的时候（边说边在“戚”的左边板书“亲”），“戚”怎么读？

生：亲戚。（生把“戚”读成轻声字）

师：读得正确。齐读。（生齐读“亲戚”）这个词在哪句话里面，把它找出来。

生：“听亲戚说城里大医院可以换角膜。”

师：“亲戚”懂吗？一起读读这句话。

（生齐读）

[评：课文是一个有机的整体。字不离词，词不离句，句不离文，是学习语文积累词语、积累语言的好办法。于老师的课为什么会令那么多人倾慕不已，其原因就在于他的课不但能给人以思想的启迪，还能给人以方法的启示。]

师：预习得果然不错。告诉于老师，预习的时候你读了几遍课文？

生：五遍。

生：我读了六遍。

师：哇！六遍。还有读七遍的吗？（部分学生举手）果然有。（走到一位读了七遍的学生面前）请你读第1自然段。你读了那么多遍，肯定读得好。

（该生朗读第1自然段，果然读得正确、流利、有感情）

师：哇！我很佩服你啊。为什么佩服你呢？我觉得你好像知道了作者的身世。——你了解作者卫宣利吗？

生：不知道。

师：哦，如果你知道的话，会读得更好！小朋友，作者卫宣利是女的，她17岁读高中三年级时，因车祸轧断了双腿。虽然伤好了，但是必须拄着双拐走路。拄双拐啊！后来，由于和她严厉的父亲闹了矛盾，只身来到洛阳，生活无依无靠。她喜欢写文章，就临时租了一座旧楼房的一个房间，在那里靠写文章度日。哎，你别说，她文章写得还真不错，后来有许多杂志和报纸都登她的文章，她就靠着这个，挣点稿费来维持生活。一个女孩子，双腿残疾了，拄着双拐走路，住在一个旧楼房里，心情能好吗？（生摇头）很糟糕！她一度失去了生活的信心，曾经想过自杀，这就是当时的卫宣利。现在好了，她成了作家。当你们知道卫宣利的身世之后，一定会读得更好。把书拿起来，全班同学读一读这一段，把卫宣利当时的心情读出来，自由读。

[评：于老师的这一段话，具有画龙点睛之妙。引导学生了解卫宣利的身世，体察当时她的心境，读出文章所要表达的感情，以读为本，读中感悟，使学生的读和悟实现无缝对接，真是妙不可言。]

（生自由读课文的第1自然段，然后又指一生读，该生读得很动情）

师：这样读，就把作者的心情读出来了。我觉得你们好像就是卫宣利。

（师指名读2—3段，但第3自然段读得不够好）

师：读这一段话，有两个地方要注意。第一，爸爸对女儿的话，要注意他的语气，要读得轻一点、慢一点、亲切一点；第二，两个“笑”字，声音不要读得一样高。大家看着书，听我读，看看老师刚才提到注意的两点是怎么读的。（师声情并茂地范读）

（生自由练读后，再指名读。生读得很好。）

[评：这一段是通过示范指导的。示范的确是最好的指导，最好的老师。]

师：好的，很投入，很认真。一起读第4自然段的一句话，“每次看到这一幕——”一起读。

（生齐读）

师：是啊，小女孩的笑脸，小女孩的笑声，一家人的和睦都让“我”感到温暖。把“温暖”圈出来。注意，作者的心情开始变化了。谁来接着读第5自然段？

（请一生朗读）

师：嗯，声音多好听啊！非常自然、流畅，再慢一点就更好了。奖励你接着往下读。

（该生接着朗读下一个自然段）

师：你们看，我一说她就注意了，我说慢一点，她果然就慢下来了。这样读多有情、多感人啊！非常聪明！这一段主要写了小女孩的外貌。今后读课外书，读到写外貌的段落要反复地念，看在眼里记在心中，读多了，你就会写人物的外貌了。全班一起再读读。

[评：知识和技能、过程与方法、情感态度与价值观三维目标是不可分割的，知识与技能的发展是情感态度与价值观的载体，而情感态度与价值观的发展又促进知识与技能的发展，但无论是知识与技能，还是情感态度与价值观，它们的生成和发展都寓于整个过程与方法之中。于老师的课堂教学是体现三维目标的范例。]

（生齐读）

师：是的，多漂亮的女孩，那么爱笑的女孩！可惜，她双目失明了。所以，作者说：“看着她，让人隐隐心疼。”再读这句话，（生齐读）多有味道啊！读出了作者的感受，读出了她的心情。谁接着读第7—13自然段？

（一生读，师纠正两处错误）

师：到目前为止，你是读得最好的一个。这几个自然段很难读，难就难在说话人的语气很难把握，但是，你读得非常好。作者和明明爸、妈的说话语气是不同的。大家像她这样，把不同人说话的语气读出来。声音不要高，自由练习。

（生自由练读）

师：我顺便问一个问题：作者为什么要在这里写小女孩听出卫宣利是拄着双拐走路的？

生：说明明明这个小女孩聪明。

师：仅仅是这一点吗？你们不是读了好多遍课文吗？读书要注意前后的联系。

生：……

师：请再默读课文后面的话，直到读完。

（生默读）

生：我知道了。后面，明明说，长大了，要把她的腿送给作者。如果前面不写她知道了作者腿残疾了，她怎么会这样说呢？

师：是啊，如果前面不交代明明知道作者双腿残疾，就不会说送腿的事。作者考虑得多周密啊！这叫“前后照应”。第13自然段最后一句话比较难读，先听老师读。（师示范后，生齐读）再读一遍。

师：这句话说得多有意思！“（笑声）一串一串地追着人走”，作者太喜欢小女孩的笑声了，先把它比作银铃，又把它当作会跑的人！再读一遍。

（生齐读）

师：嗯，太好了！你想让你笔下的事物给人留下深刻印象，你也可以打比方；你特别喜欢某种事物，你也可以把它当作人的！谁接着往下读？

（一生朗读）

师：读得很棒！最后一句话大家一起读。（生齐读）再读一遍。（师领读两遍后）这样读就有味道了。——请把“光线”、“快乐”圈出来。看，作者的心情越来越好了！最难读的是最后几个自然段。你们先小声练一遍。

［评：于老师对教材把握得多好！作者的心理变化，是文中的一条暗线。］

（生自由练读）

师：谁读最难读的最后几段？（生举手，师俯身问一举手的女生）刚才你站起来读过课文吗？（生点头，师再走到一生前）你没读过吧？（生点头）好，请！其他的小朋友认真看书。

（生读最后三个自然段，师纠正一处字音）

师：这么长的一段话，只读错了一个地方，很不容易。刚才我说了，最难读的就是这三段，来听老师读，请大家看书，一边看一边听。大家坐得真好，很安静。

（师声情并茂地朗读课文最后三段，非常动情，众人鼓掌）

师：多么感动人啊！明明长大以后要把双腿给作者！作者多么感动！她希望明明的这句话感动更多的人！于是她把这件事情写了下来。于是编者把它选到语文课本中来，让千千万万的学生知道明明。同学们，读书要用心读，请大家想象一下，如果你就是作者——失去了双腿的作者，当听到明明这句话的时候，你是什么样的心情？又会怎样把这件事告诉大家？好，自由练习读最后三个自然段。

［评：这种引导，就不是纯方法的引导了。］

（生自由练读）

师：练得怎么样啊？谁来读最后一个自然段？

（一生有感情地读）

师：掌声送给她！全班同学一起来把最后一段读一读，此时此刻你就是作者，那个正午，你坐在窗前——

（生齐读最后一个自然段）

师：再把最后一段的“温暖”圈出来。此时的作者被明明感动了，爱，让她有了生活的信心！（生圈画后，再读）

师：小朋友，书是读出来的，越读越有味道，但要用心。

［评：教师是为学生学习服务的，是语言学习的指导者和引领者。学什么、怎样学，老师的作用不可或缺。于老师的朗读训练很扎实，既有学生的自由读、指名读、齐读，又有老师的指导读、范读，充分体现了重语言训练的思想。］

师：于老师写课题时少了一个标点符号，知道是什么吗？

生：（齐答）双引号。

师：（在课题上补充双引号）为什么要加引号呢？引号有什么作用呢？（投影出示引号的四个作用：一、表示引用；二、表示强调；三、表示有特殊含义的词语；四、表示讽刺、否定）

师：好，看黑板，目光转移到这儿来。（手指板书的课题）这里的“番茄太阳”加了引号是表示什么？

生：是表示有特殊含义。

师：同意的请举手。（生纷纷举手，师示意发言的学生）在这里加上双引号，显然是表示有特殊的含义。那么，它有什么特殊的含义呢？请大家默读课文，读到有加引号的“番茄太阳”时，把它画下来。

（生默读，画句子）

师：读书第一步，一定要学会做记号，一旦做上记号就说明文章的重点词语、重点段落，你已经掌握了。第二步，是思考。看它前后的语句想。加批注是最重要的，因为批注记录的是你的理解。一共有几次出现了“番茄太阳”，每一处“番茄太阳”有什么特殊的意义？想好了，用笔把你想的话写在这句话的旁边。

（生做批注，师巡视）

师：已经写好的念一念，看你写的自己满意吗？还有需要修改的地方吗？

师：好，请坐端正！眼睛看于老师，刚才我认真看了几位同学做的批注，有的同学写得非常好，说明他把引号的含义读懂了。咱们交流一下，把你做的批注读给大家听，然后我也把自己做的批注念给你们听。课文里一共出现了几次“番茄太阳”？

生：（齐答）三次。

师：第一次出现在哪儿，谁来读？

（一生读）

师：好，读得真棒！把你的理解念给大家听。

生1：这个“番茄太阳”是明明给太阳起的名字。

生2：明明虽然看不见太阳，但是她心里的太阳就像番茄一样红。

师：我特别欣赏你这两个字——“心里”，是明明心中的太阳。还有别的批注吗？

生3：那不是真正的太阳，而是运用了比喻。

师：运用了比喻，是的，我欣赏“比喻”这两个字。

师：看老师怎么写的。（投影批注）谁来替我念？

生：（读）这里的番茄太阳是指明明想象中的太阳，是明明心中的太阳。

师：同意吗？（齐答：同意）所以，我欣赏刚才第二个发言的同学的两个字：“心中”。这里的番茄太阳是指明明心里的太阳，想象中的太阳。第二次“番茄太阳”出现在哪里？谁来读？

（一生读相关句子）

师：很显然，这里的“番茄太阳”指的是——

生：（齐答）明明的笑脸。

师：但是，得到答案不是我们的目的，我要问的是，为什么作者要把明明的笑脸比作“太阳”？

生1：明明的笑脸带给了作者愉快、高兴、温暖。

生2：因为明明的笑容就像太阳一样给作者带来了温暖、光明和快乐！

师：温暖、光明和快乐。这三个词从哪读懂的？哪个地方告诉我们明明的笑脸带给作者温暖？

生：（读）“每次我看到这一幕，我的心就觉得温暖起来。”

师：每次看到这一幕，她的心就觉得温暖起来。一起把这句话读一读。（生齐读）把明明的笑脸比作太阳，就是因为她像太阳一样给作者带来温暖。这一点你从哪句话看出来的？

生：（读）接连下了几场雨……“是啊，太阳总算出来了。”我说。

师：一起读读这两段话。（生齐读）亲爱的同学们，作者为什么把明明的笑脸比作太阳？就是因为明明给她带来了光明，带来了温暖，带来了欢乐，带来了好心情，像天上的太阳给人们带来温暖、带来好心情一样。记住，读书要（板书）联系上下文。（师引读）读书要——

生：（齐读）联系上下文。

师：为什么这个地方我让大家反复读？现在明白我的用意了吧？你看，书的味道在字里行间，你不仔细地读，不反复地去读，不用心去想是体会不出来的。第三次出现在哪里？

[评：诚如于老师所言，钻出味儿来，才能教出味来。作者为什么在文中用了那么多笔墨写天上的太阳给人带来的美好感受？是用来反衬的！]

生：“红红的‘番茄太阳’一直挂在我的心中，温暖着我的心。”

师：从“那个正午我坐在窗口”开始读。（生完整地读最后一个自然段）这里的“番茄太阳”又有什么含义？它又告诉我们什么？谁来读读写的批注？

生1：明明带给我的爱、快乐和温暖一直留在我的心中。

生2：作者把明明的爱心比作“番茄太阳”是因为明明的爱心给她带来了温暖。

师：对！这里的“番茄太阳”指的是明明的一颗爱心，是明明的爱心感动了作者。于老师怎么体会的想不想知道？（投影批注）谁替我念？

生：（读）“此时，番茄太阳不只是明明的笑脸，而是明明的爱心。明明的纯洁的爱，感动了作者，也感动了我们。人类正是有了这爱的传递，才有了文明的今天。”

师：于老师比你们多读懂了一个词，叫“传递”。你们看，好心人把眼睛送给了明明，明明长大后，要把她的双腿献给作者，这就是爱的传递。人类正是因为有了这爱的传递，才有了文明的今天！亲爱的同学们，记住，书是读懂的，它的味道是读出来的，是思考出来的。

[评：阅读教学中，读和圈、画、批、注是理解、感悟文本的手段，又都是内化语言的方法。于老师既注重过程中情感的生成，又注重方法的传授，语言训练是很到位的。师生交流各自的批注，体现了对话教学的理念，在交流中提高了学生的认识。]

师：这一课有九个字要求会写。

（大屏幕出示九个生字：茄、盲、碌、蔬、戚、脆、屋、捐、献）

师：写字先读帖，即认真观察，记住字的结构，每笔在哪儿起笔，在哪儿收笔。大家边看边书空。（生观察、书空）接着描红。请在书上把九个生字描一遍。（生描红）第三步，临帖。这九个字中，有四个难写规范——

（屏幕出示）

幻灯片

戚　盲　屋　献

（师请四位写字好的学生到黑板上分别写这四个字，逐一评点，并逐一范写。师边写边告诉学生，“戚”的斜勾，上、下都要长一些，而且写得要有弹性；“盲”的第二笔——横，要写长；“屋”的“尸”字头写小些，这个字整体看来，像个梯形；“献”的右边一横起笔要低，竖撇，上面要高。范写后，再请全班学生临写这四个字。）

师：同学们，字一定照字帖写。字是照着字帖练出来的。

（下课）

## 总　评

这是一节经典的阅读课，说它经典是因为全课紧紧围绕文本，以读为纲，读中悟道，读中学法，读中动情，读中寓写。阅读课上要读书，这是最朴素、最实在的道理。在这节课中，“读”的学问实在是太大了。如何引领，如何引导，如何纠正，如何示范，如何把学生作为“读”的主体，如何在“读”中举一反三，学会读书，都是我们研究阅读教学永远要探究的课题。本课展现给我们的不仅是这一课的教学方法，更是启迪我们阅读教学应该如何返璞归真，回到阅读课应有的本质特征上来，以读为本，学会读书。

于老师从他 50 年语文教学的实践经验和鲜活生动的课堂示范，形象具体深刻真实地展现给我们他的教学思想和教育理念，这比高谈阔论的纸上谈兵和空洞玄妙的理论阐发来得扎实而令人信服。

# 13.《珍珠鸟》教学实录和评析

## 珍珠鸟

真好！朋友送我一对珍珠鸟。我把这对鸟儿放在一个简易的竹条编成的笼子里。笼内还有一卷干草，那是小鸟舒适又温暖的巢。

有人说，这是一种怕人的鸟。

我把它挂在窗前。那儿还有一盆异常茂盛的法国吊兰。我便用吊兰长长的、串生着小绿叶的垂蔓蒙盖在鸟笼上，它们就像躲进幽深的丛林一样安全，从中传出的笛儿般又细又亮的叫声，也就格外轻松自在了。

阳光从窗外射入，透过这里，吊兰那些无数指甲状的小叶，一半成了黑影，一半被照透，如同碧玉，斑斑驳驳，生意葱茏。小鸟的影子就在这中间隐约闪动，看不完整，有时连笼子也看不出来，却见它们可爱的鲜红小嘴从绿叶中伸出来。

我很少扒开叶蔓瞧它们，它们便渐渐敢伸出小脑袋瞅瞅我。我们就这样一点点熟悉了。

三个月后，那一团越发繁茂的绿蔓里边，发出一种尖细又娇嫩的鸣叫。我猜到，是它们有了雏儿。我呢？决不掀开叶片往里看，连添食加水时也不睁大好奇的眼去惊动它们。过不多久，忽然有一个更小的小脑袋从叶间探出来。哟，雏儿！正是这个小家伙！

它小，就能轻易地由疏格的笼子钻出身。瞧，多么像它的母亲：红嘴红脚，灰蓝色的毛，只是后背还没有生出珍珠似的圆圆的白点；它好肥，整个身子好像一个蓬松的球儿。

起先，这小家伙只在笼子四周活动，随后就在屋里飞来飞去，一会儿落在柜顶上，一会儿神气十足地站在书架上，啄着书背上那些大文豪的名字，一会儿把灯绳撞得来回摇动，跟着跳到画框上去了。只要大鸟在笼里生气地叫一声，它立即飞回笼里去。

我不管它。这样久了，打开窗子，它最多只在窗框上站一会儿，决不飞出去。

渐渐它胆子大了，就落在我的书桌上。它先是离我较远，见我不去伤害它，便一点点挨近，然后蹦到我的杯子上，俯下头来喝茶，再偏过脸瞧瞧我的反应。我只是微微一笑，依旧写东西。它就放开胆子跑到稿纸上，绕着我的笔尖蹦来蹦去，跳动的小红爪子在纸上发出嚓嚓的响声。

我不动声色地写，默默享受着这小家伙亲近的情意。这样，它完全放心了。索性用那涂了蜡似的、角质的小红嘴，“嗒嗒”啄着我颤动的笔尖。我用手抚一抚它细腻的绒毛，它也不怕，反而友好地啄两下我的手指。

白天，它这样淘气地陪伴我；天色入暮，它就在父母再三的呼唤声中，飞向笼子，扭动滚圆的身子，挤开那些绿叶钻进去。

有一天，我伏案写作时，它居然落到我的肩上。我手中的笔不觉停了，生怕惊跑它。待一会儿，扭头看，这小家伙竟趴在我的肩头睡着了，银灰色的眼睑盖住眸子，小红脚刚好被胸脯上长长的绒毛盖住。我轻轻抬一抬肩，它没醒，睡得好熟！还咂咂嘴，难道在做梦？

我笔尖一动，流泻下一时的感受：

信赖，往往能创造出美好的境界。

班级：浙江省杭州市采荷小学四年级（2）班

时间：2011 年春

评析：浙江省富阳市永兴学校　张芬英（我的弟子）

## 第一节①

师：今天我们一起来学习一篇课文，叫——

生：珍珠鸟。

师：读得亲切些怎么读？

（生读，语气很亲切）

师：预习了吗？读了几遍？读熟了吗？

① 第一节由戴建荣老师执教。

（生说关于预习所做的事情，但都不完整，每个人都只讲了一点）

师：请连贯地说说，预习时做了一些什么事？

生：我读了3遍课文，标了自然段，不但读了课文，生字也都认识了。

师：预习得不错。这篇课文一共几小节？请将每节的第一句话读一读。

（生读每一节的第一句话）

师：第14节最后的标点符号是什么？

生：冒号。

师：冒号后写的是作者说的话。本来应该接着冒号写下去，这里为什么要另起一节？

生：这里另起一行，是想让我们注意。

师：对，另起一行有强调的作用，说明下边的话很重要。这样看来，这篇课文一共有几小节？

生：14小节。

［评：以上环节是让学生清楚文章分几个自然段，不让学生误认为最后一句话是一个自然段。］

师：这对珍珠鸟是朋友送给作者的，课文中有一句话直接写出作者得到珍珠鸟后心里很高兴的话，是哪句？

生："真好！朋友送我一对珍珠鸟！"

师：不要忘记，"真好"后面有个感叹号。怎么读？

（该生高兴地读，声音比较响亮。然后师要求全班齐读。）

师：这对珍珠鸟，到底怎么好，请大家拿起笔，默读全文，找出来，速度要快。

［评：抓住了一个"好"字，提纲挈领。］

师：谁来读画的句子？提一点小要求，请你先告诉大家是第几节。

生：第4自然段的第二句：（读）"小鸟的影子就在这中间隐约闪动，看不完整，有时连笼子也看不出来，却见它们可爱的鲜红小嘴从绿叶中伸出来。"从这里看出珍珠鸟的样子很可爱。

师：是的，请你再读一读。

（生再读）

师：你怎么读得这么好啊！

生：因为，作者很喜爱珍珠鸟，我也觉得珍珠鸟可爱。

师：那我们大家一起朗读这个句子。

（生齐读）

师：这句话中的两个“的”一定要念轻声。听我读。

（师范读，生再读）

［评：正如于永正老师所说，示范是最好的老师。戴老师深得于老师的真传，朗读得十分到位。示范后，学生读得大有改观。］

（生再读）

师：因此作者禁不住发出一声赞叹——

生：（读）“真好！朋友送我一对珍珠鸟。”

师：还有哪个地方可以看出“好”来？

生：第3自然段。（读）“从中传出的笛儿般又细又亮的叫声，也就格外轻松自在了。”有了珍珠鸟，作者的生活里就有了好听的叫声。

师：珍珠鸟天天为作者歌唱，给作者带来了美妙的歌声，带来了欢乐。

（师范读这个句子，生再读）

师：所以作者又发出一声赞叹——

生：（读）“真好！朋友送我一对珍珠鸟。”

师：还从哪里看出珍珠鸟的可爱？

生：第8自然段。（读）“起先，这小家伙只在笼子四周活动，随后就在屋里飞来飞去，一会儿落在柜顶上，一会儿神气十足地站在书架上，啄着书背上那些大文豪的名字，一会儿把灯绳撞得来回摇动，跟着又跳到画框上去了。”我体会到珍珠鸟很活泼，很好动。

师：活泼好动是珍珠鸟的性格。

（师再次范读这个句子，读得绘声绘色）

师：此时，在作者看来，珍珠鸟还是一只鸟吗？

生：它是一个淘气的孩子。

生：我觉得它是一个活泼的孩子。

师：总而言之，这不是一只鸟了，在作者眼里它已经是一个淘气、活泼的孩子了。还从哪里看出珍珠鸟“好”？

生：第7自然段。（读）“瞧，多么像它的母亲：红嘴红脚，灰蓝色的毛，只是后背还没有生出珍珠似的圆圆的白点；它好肥，整个身子好像一个蓬松的球儿。”

师：“似的”的“似”，读 shì，是翘舌音。记住：“似”后面遇到“的”、“地”读翘舌音。

（师范读，生齐读）

师：谁站起来读？

（一生读得非常好）

师：此时，它已经不是一只鸟了，而是一个可爱、调皮的孩子。这个时候，冯骥才更禁不住发出一声赞叹——

生：（齐）“真好！朋友送我一对珍珠鸟。”

师：还有吗？还从哪些地方看出珍珠鸟的可爱？

生：第 10 自然段。（读）“它先是离我较远，见我不去伤害它，便一点点挨近，然后蹦到我的杯子上，俯下头来喝茶，再偏过脸瞧瞧我的反应。我只是微微一笑，依旧写东西。它就放开胆子跑到稿纸上，绕着我的笔尖蹦来蹦去，跳动的小红爪子在纸上发出嚓嚓的响声。”我从中读出了小珍珠鸟对我很亲近。

师：从哪里感受到的？

生：我从“见我不去伤害它，便一点点挨近”这里看到的。

（通过师示范、指导，生终于读好了这句话）

师：这时候，在作者眼里，这只珍珠鸟还是一个小孩子吗？

生：胆大的孩子，又像个大人。

师：是一个孩子，又像个大人，他们似乎可称之为“朋友”。还有吗？

生：第 9 自然段。（读）“我不管它。这样久了，打开窗子，它最多只在窗框上站一会儿，决不飞出去。”一个“决”字，显得很听话，它不想走了。

师：还有吗？

生：13 自然段。（读）“有一天，我伏案写作时，它居然落到我的肩上。我手中的笔不觉停了，生怕吓跑它。待一会儿，扭头看，这小家伙竟趴在我的肩头上睡着了，银灰色的眼睑盖住眸子，小红脚刚好被胸脯上长长的绒毛盖住。我轻轻抬一抬肩，它没醒，睡得好熟！还咂咂嘴，难道在做梦？”这里写出珍珠鸟特别贪睡。

师：贪睡也是一种“好”。你怎么读才能读出睡熟呢？

（生一遍一遍练习。在师指导下，终于读得不错。师范读很精彩，生读得很到位，赢得了一阵阵掌声。）

［评：这个环节很出彩。师生共读，走进那种梦境般的幸福感中。］

师：这时，它还只是一个朋友吗？

生：不是，它是一个亲人。

师：是啊，亲如一家！珍珠鸟好像成了他的孩子！此刻作者心里，怎么不发出一声赞叹——

生：（大声读）“真好！朋友送我一对珍珠鸟。”

师：作者也可能是暗暗地赞叹——

生：（轻轻地）“真好！朋友送我一对珍珠鸟。”

师：还有什么“好”？

生：（读）“索性用那涂了蜡似的、角质的小红嘴，‘嗒嗒’啄着我颤动的笔尖。我用手抚一抚它细腻的绒毛，它也不怕，反而友好地啄两下我的手指。”我觉得它很留恋我。

师：联系上下文来理解，珍珠鸟原本是怕人的鸟，后来，竟不怕人了！养鸟使作者懂得一个道理——信赖可以创造美好的境界。这多好啊！作者能不由衷地说——

生：（齐声）“真好！朋友送我一对珍珠鸟。”

师：冯骥才是著名的作家，请听老师读第一段，看你有什么发现。（师读）“真好！朋友送我一对珍珠鸟。我把这对鸟儿放在一个简易的竹条编成的笼子里。笼内还有一卷干草，那是小鸟舒适而又温暖的巢。”

生：我发现这一段话押韵。

师：一段文字，一旦押韵，那就是诗啊。作者为什么要写诗，那是因为诗人内心的情感在涌动。我们都会感到作者的内心在赞叹——

（生齐读第1自然段）

［评：抓住一个“好”字，便让阅读教学变得如此简单、清晰！更难能可贵的是，戴老师自始至终，把朗读放在突出的位置，在朗读中感受珍珠鸟的可爱，感受人与鸟的相互信赖，感受那一种和谐。朗读好了，语言留下了，语感留下了，形象和情感也就留下了。］

## 第二节

（师生问好后，师在黑板上写了“冯骥才”三个大字）

师：认识冯骥才吗？他是《珍珠鸟》这篇文章的作者，当代著名作家，这是冯骥才的介绍。

冯骥才（1942— ），浙江宁波人，生于天津。著名当代作家、文学家、艺术家。在作者笔下，无论怀人记事，还是山水寄情或者谈文说艺……都显得情真辞美，意趣清雅，熔哲理、知识、激情于一炉，读来味道隽永而意义深长。他写的《珍珠鸟》《刷子李》《花的勇气》《挑山工》《献你一束花》《花脸》《维也纳森林的故事》《日历》分别选入不同版本的小学语文教材。冯骥才现任中国文学艺术界联合会执行副主席，中国文联副主席等职。

师：通过刚才第一节课的学习，我们了解了珍珠鸟，同时也了解了作者冯骥才。如果你是文中的可爱的小珍珠鸟，你想对冯骥才说什么？

生：主人呀，你对我真好，把我养得胖胖的。祝你写作越来越好！

师：“祝你写作越来越好”，改成“祝你写出更多更好的作品”更好一些。你们看，这只小珍珠鸟果然很胖。（边说边拍拍发言学生的肩膀，众人笑）

生：主人呀，你照顾我真周到呀！

生：冯先生，你真是个好人呀，这么爱我们珍珠鸟！

[评：于老师的引导不着痕迹。实际上，这就是文章的总起，是文章的中心。]

师：你们这些小珍珠鸟真会夸冯骥才！可是，你怎么让我知道，冯骥才对你照顾得周到？怎么让我知道他对你好？有事例吗？

[评：又是一处不着痕迹的引导，这是在引导学生用事实说话！]

生：我在主人肩膀上睡觉的时候，他连写作都是轻轻的。

师：还有别的事例吗？

生：我在笼子里还没飞出来的时候，他从来不睁大眼睛看我，因为他怕吓着我。

师：一瞪大眼睛，你就害怕了。对不？还有例子证明冯骥才对你照顾得真周到吗？

生：我在屋子里飞来飞去，他也不来管我。

生：我碰得灯绳晃，他都不生气。

师：还有没有例子？（顺便指一个没举手的学生）

生：我没有发现。

师：呵呵，那你的眼睛不够明亮。课文里有许多呢！你读读书。

［评：这就是于老师的课！时刻关注后进生，不忘引导后进生，而且总是这么自然。］

生：他用吊兰长长的垂蔓蒙盖在鸟笼上，我们就像躲进深幽的丛林里一样安全。

师：照顾得真好！谁能再举一个例子？

生：我用嘴啄他的笔尖，他用手抚一抚我细腻的绒毛，一点也不在意。

师：看来事例还真不少。于老师给你们出一个难题：既然冯骥才对你照顾得那么好，那么你现在就以小珍珠鸟的身份来写一写冯骥才，怎么样？他写你，你写他，有来有往。这个任务很艰巨哦，能不能写？

［评：故意说“难”，其实这是一种鼓舞士气的手段。］

（生不敢回答）

师：把课文打开，看一看冯骥才怎么写你们的。咱们学一学。第1段谁来读？

（生读第1段）

师：你看，如果你来写冯骥才，第一句话怎么写？

生：真好，我成了冯骥才家的鸟。主人照顾我这么周到。

师：嗯，好极了。你看冯骥才，到底是作家。他心中一高兴，写出来的文字就是诗：“真好，我成了冯骥才家的鸟。主人照顾我这么周到。”也是押韵的。这句话写完了，下面再看例子，刚才大家说的例子都可以用。他是怎么照顾你的，举一两个例子告诉别人，举三四个例子更好。会写吗？

生：会写！

［评：这叫读写结合，以读促写。］

师：我告诉你们哦，于老师也以小珍珠鸟的身份，写了冯骥才，而且写了两篇。等你们写好了，先念给老师听，我也把我写的念给你们听，好不好？

生：（高兴地）好！

师：如果你有困难，不会写了，就举手示意，我会走到你的跟前。题目就是“冯骥才”，（指黑板上的“冯骥才”三个字）写在第一行的当中。第一句话先夸一夸冯骥才，然后举事例。

（生开始写作，师巡视，或是低声指导有困难的学生，或是给写得好的学生画上五角星。间或，还集体提示一两句。例如：你们在写冯骥才时，能不能写写外貌啊？照片不是在大屏幕上吗？写的时候，可以看看课文，课文的内容可以参考。）

[评：学生写，老师没闲着。他在教室穿梭、提示、提醒、辅导。“引导者”的角色定位，在于老师的课上得到了充分体现。]

（20 分钟后，多数学生写好了。下面是师当面点评的实录。）

**冯 骥 才**

小珍珠鸟

真好，冯骥才主人对我的生活想得真周到。他把我的笼子放在法国吊兰里，让我生活在深幽的森林里。（师：“这不是森林，改为：让我有生活在森林里的感觉。”）当我钻出笼子在屋子上空乱飞时，他也不管我，只顾着写作。

我飞到主人的书架上，啄着书背上大文豪的名字，这可是他最珍爱的书呀！可他依然不生气。（师：“冯骥才多么宽容啊！”）

我又飞到书桌上，一点点挨近杯子，然后蹦到上面，俯下头喝主人的茶。可他还是不在意我，只顾埋头写作。（师：“‘又’字用得好！”）

有一天，当主人伏案写作时，我飞到他的肩上，他于是停下笔，生怕惊动我。不一会儿，主人轻轻地扭头看我，发现我睡得正香哩！可主人只是轻轻地抬一抬肩，对我微微一笑，便又轻轻地开始抬笔写作了。（师：“你睡着了怎么能看得见冯骥才？噢，大概是在梦中吧！你可以这样改：把‘发现我睡得正香’改为‘发现我要睡觉’。”）

真好，冯骥才真好！我爱我的主人！如果人人都像冯骥才，我们的世界将会更加美好！（师：“你也悟出了一个道理！”）

**冯 骥 才**

小珍珠鸟

真好！我有一个养我周到的主人。（师：“‘养我周到’改为‘对我照顾很周到’。”）在我的家里铺了软绵绵的干草，又在我家房顶上放上了吊兰，既美化了我的家园，又新鲜了空气。(师：“改为‘又净化了空气，使空气新鲜’。”)

听说，他是一个爱鸟的人。(师：“你很聪明！这叫‘活学活用！’”)

在我家门口，有一条“绿色瀑布”——吊兰的垂蔓，这当然是我的好主人为我特意设计的。我冲出“绿色的瀑布”便看见他和蔼的笑脸。他见我出来，一定会端来特意为我准备的“营养补品”——小麦粥。我的主人真可以当五星级的厨师了！(师：“光听说宾馆有五星级的，没听说厨师也有五星级的！”)（笑声）他做的小麦粥，又香又甜，让你百吃不厌，不仅有小麦，还有小米虫、玉米粒等。(师：“你真会想象！想象力丰富才会有创造！就不知你想象的小米虫是什么样的昆虫！”)（笑声）

有一次，我淘气地把头探到茶杯里，喝主人的茶，主人只是微微一笑，友好地抚一抚我的羽毛。

有一天，我打翻了主人的稀饭，主人不但没有生气，还仔细地为我洗澡，我第一次享受了水的爱抚。(师：“你把水当人了，多有诗意呀！”)

我有了如此好的好主人，（师：“把第二个‘好’画掉。”）我真自由幸福呀！

（师：“没想到四年级的小朋友能写出这么好的作文！富有诗意、富有情趣，语言活泼、清新！祝贺你！冯骥才读了你的文章，准会感动得落泪。”)

### 冯骥才

小珍珠鸟

真棒！主人照顾我那么周到，把我养得肥肥的。(师：“你真棒！把自己写得栩栩如生！”）主人把我养在一个简易的竹条编成的笼子里，笼内还有一卷干草，那是我舒适又温暖的巢。

主人对我十分友好。有一次，我在屋子里飞来飞去，一会儿落在柜顶上，一会儿又神气十足地站在书架上，一会儿又把灯绳撞得来回晃动，主人冯骥才先生见了，也不责骂我，不管我。(师：“你们小鸟在他家里多自由啊！”)

本来，我是一只怕人的鸟，但是在冯骥才先生的照顾下，胆子愈来愈大。有一次，我蹦到他的茶杯上，俯下头来喝他的茶，当我偏过脸瞧瞧他的反应时，他只是对我微微一笑，依旧写东西，我就放开胆子跑到稿纸上，绕着他的笔尖蹦来蹦去。(师：“信赖是相互的。”)

还有一次，我竟趴在他的肩头睡着了，他也不来吵我，我还做了一个香甜的美梦呢！

我想：如果所有人之间、人与动物之间都有一颗像主人和我那样互相信赖的心，那么，世界一定会变得更加美好！（师："你比作家冯骥才感悟得还深刻！"）

［评：谁相信这是四年级上学期的学生写的作文？我们佩服学生的同时，更佩服于老师！"反写"是他的创造！当然也不能忘记戴老师，如果没有上一节课的"读得进"，哪有这节课的"用得出"？］

师：同学们写得真精彩！听课老师的掌声就是对你们的最好肯定！下面请你们看看于老师写的两篇文章。

（投影出示"下水文"，请两位学生代读）

## 冯骥才

小珍珠鸟

冯骥才可是个好人！但看外表，不怎么样。一个60多岁的大男人，蓄着长发，男不男，女不女的，至少我看着不大顺眼。好在脸不长，还没有中央电视台的那个李咏难看。

人不可貌相，海水不可斗量。妈妈告诉我，我们一来到冯骥才的家，就受到优厚的待遇——他在笼子里铺上干草，使我们的家又温暖又舒适；他还把一株吊兰的垂蔓覆盖在笼子上面，我们的家成了名副其实的绿色家园。

不久，我在这个安全、舒适的家里诞生了。冯骥才给我们送饭送水时，怕我害怕，眼睛从不正面看我。其实，他的眼睛不大，而且总是笑眯眯的，看我一眼又何妨呢？他送来的饭可好吃了，小米拌着鸡蛋黄儿，非常可口；他送来的水都是烧开过的。他从来不让我和爸爸、妈妈喝生水。我刚会飞的时候，不敢靠近他；后来胆子大了，竟敢落在他的书柜上。妈妈警告我："离冯骥才远一点！你没发现，你一飞，他的一双眼睛就围着你滴溜溜地转？他要是一把逮住你，小命可就没了！"

其实，他对我很友好。我飞到他的桌子上，他也不抓我；我喝他的茶，他也不生气；我啄他的笔尖，他也不在意。总而言之，我爱怎么飞就怎么飞，我爱落到哪里就落到哪里，我爱干什么就干什么，他都不管我。

一次，我落在他的肩膀上，他也不介意，我居然趴在上面睡着了，而且做了一个梦，梦见他喂我蛋黄拌的小米……

醒了，我用鸟语对他说了一声：“冯先生，你真好，谢谢你！”

他似乎听懂了我的话，咧开大嘴笑了，然后拿起笔，刷刷写下了一句话：“信赖，往往创造出美好的境界。”

哇，冯骥才真的很有才！

## 冯骥才

小珍珠鸟

真好！我们成了冯骥才家的鸟。我们的笼子里，有他铺的干草；法国吊兰的枝叶披在上面，住在里面，感觉像是回到了大自然的怀抱。

我出生了，他像得了儿子似的，喂水喂饭，照顾得十分周到。有时，还站在书桌前，嘬（zuō）起厚嘴唇，朝我吹口哨。怕我害怕，每次喂饭，他都蹑手蹑脚，他从不正面看我，只是偷偷地斜着眼睛瞟我一瞟。

我会飞了。妈妈说：“冯骥才是宁波人。据说，南方人连老鼠都烤着吃！小心你成了他的盘中餐！”

真的吗？

一次，我故意落在他跟前，他不但没伤害我，反而朝我笑一笑，那笑容是相当的灿烂！

我知道他最崇拜大文豪。一天我飞到书架上，用嘴啄书背上大文豪的名字，什么鲁迅、雨果、施耐庵，我统统地啄了个遍！回头一看，谁知他笑得更加灿烂！

我们越来越友好，有一回我落到了他的肩上。他的肩膀好宽、好温暖！我竟然趴在那儿睡着了。这一觉呀，睡得又香又甜！

一天，我问妈妈：“冯骥才为什么对我们这么友善？”

妈妈真有学问。她说：“因为冯骥才是由动物所变。”

“何以见得？”

“骥，是好马；冯，是二马。看，冯骥才是不是三匹马变成的？”

“那冯骥才的长发，就是马的鬃毛喽？”

“当然，当然！”

冯骥才真好！人与动物的相互信赖、和谐相处，在他这里有着最完美的体现！

师：听了三位同学读作文，又看了于老师写的两篇，大家欣赏了之后，一定有新的想法，会得到一些启示。回去后，再修改自己的习作，改好后誊写在作文本上，请你们老师批改，好吗？

（下课）

## 总　评

### 于老师眼中有学生

如果说名师们的语文教学，多数充满了语文味，那么，于永正老师的语文教学，又多一味，那就是“学生味”。于老师的“学生味”，就是他的眼中有学生。他的教学，总是淡淡的、轻轻的、柔柔的，让学生易于接受的。

#### 一、课堂中，老师成为大朋友

在正式学习前，他总是让学生去上洗手间；在课前，他与学生的谈话，总是三言两语就拉近了与学生的距离，是年龄的关系？还是特有的语言魅力？我说，是他蹲下身子平和的态度，让学生倍感亲切。

“你们看，果然很胖。（拍拍孩子的肩膀，众人笑）”，于老师就像一个老顽童，与学生打成一片，仿佛就是那个与学生一起玩耍的孩子王，使学生在风趣幽默中感受到语言的魅力。如果我们也能如此，天长日久，学生的语言能不灵动、学生能不生气勃勃吗？如果我们与学生的距离也是如此的近，那么，学生与老师的心灵距离还会这么遥远吗？

于老师的“学生味”，就是能够让自己变成一个与学生一样大的孩子。

#### 二、习作形式只为适应学生

于老师的习作教学，有很多种方式，每一种方式，都是趣味盎然，让学生喜欢。于老师的习作有“歇后语编故事”，有“漫画习作”，还有“素描作文”等，今天的“反写”是他的独创，都只是为了一个字——趣。在儿童的世界里，容不下高深莫测的东西。

围绕一个意思，写一件事、几件事，是写人的关键，也是四年级习作教学的重点。于老师在简单介绍冯骥才后，提出一个问题：假如你就是那只小珍珠鸟，你想对冯骥才先生说一句什么话？实际上，这就是文章的中心。然后始终围绕“真好，真周到”这个中心，引导说、引导写，教学要求明确，着力集中，也使习作变得简单而富有实效。

### 三、时刻想着学生，行走在每个学生（尤其是学困生）跟前

“最少写一二段，多可写三四段……”、“谁有困难，请举手，我会走到你的身边帮助你……”、“于老师也写了冯骥才，等你写好念给我听，我写的也念给你听……”学生练写的过程将近二十分钟，于老师一直走在学生们中间，俯下身子观察、倾听、指点，时而说“真棒”，时而说“加油”，时而边看边与学生耳语……

学生的练与老师的引导融为一体，互为促进。随时为了学生，随时出现在有困难的学生跟前。这就是于老师！一个真正的以学生为本的大师！

# 14.《倔强的小红军》教学实录和评析

## 倔强的小红军

陈赓同志回顾自己革命经历的时候，曾经深情地谈起这样一件往事。

那是深秋的一天，太阳偏西了。由于长时间在荒无人烟的草地上行军，常常忍饥挨饿，陈赓同志感到十分疲惫。这一阵他掉队了，牵着那匹同样疲惫的瘦马，一步一步朝前走着。忽然，看见前边有个小红军，跟他一样，也掉队了。

那个小家伙不过十一二岁，黄黄的小脸，一双大眼睛，两片薄嘴唇，鼻子有点儿翘，两只脚穿着破草鞋，冻得又青又红。陈赓同志走到他跟前，说："小鬼，你上马骑一会儿吧。"

小鬼摆出一副满不在乎的样子，盯着陈赓同志长着络腮胡子的瘦脸，微微一笑，用一口四川话说："老同志，我的体力比你强多了，你快骑上走吧。"

陈赓同志用命令的口吻说："上去，骑一段路再说！"

小鬼倔强地说："你要我同你的马比赛啊，那就比一比吧。"他说着把腰一挺，做出个准备赛跑的姿势。

"那，我们就一块儿走吧。"

"不。你先走，我还要等我的同伴呢。"

陈赓同志无可奈何，从身上取出一小包青稞面，递给小鬼，说："你把它吃了。"

小鬼把身上的干粮袋一拉，轻轻地拍了拍，说："你看，鼓鼓的嘛。我比你还多呢。"

陈赓同志终于被这个小鬼说服了，只好爬上马背，朝前走去。他骑在马上，心情老平静不下来，从刚才遇见的小鬼，想起一连串的孩子。从上海、广州直到香港的码头上，跟他打过交道的那些穷孩子，一个个浮现在他眼前。

"不对，我受骗了！"陈赓同志突然喊了一声，立刻调转马头，狠踢了几下马肚子，向来的路奔跑起来。等他找到那个小鬼，小鬼已经倒在草地上了。

陈赓同志吃力地把小鬼抱上马背，他的手触到了小鬼的干粮袋，袋子硬邦邦的，装的什么东西呢？他掏出来一看，原来是一块烧得发黑的牛膝骨，上面还有几个牙印。

陈赓同志全明白了。就在这个时候，小鬼停止了呼吸。

陈赓同志一把搂住小鬼，狠狠地打了自己一个嘴巴："陈赓啊，你怎么对得起这个小兄弟啊！"

班级：江苏省邳州市运师附小四年级（3）班

时间：1998 年秋

评析：江苏省徐州市教育局教研室　张庆

只有把文字所描述的场景还原、再现，把教师、教材和学生的心灵之间组成一种相似的、和谐的振动，才能使学生与所学知识产生共鸣；学生也只有发现知识间的相似性，才能产生学习的兴趣。

——高林生

## 第一节

师：同学们，认识我吗？

生：王老师说，今天给我们上课的是于老师。不用说，您姓于。

师：对，我姓于。（说完在黑板上写了个"于"字）

生：还说于老师是从徐州请来的，是位著名的特级教师。

师：还谈不上"著名"。既然认识我了，咱们就上课。今天，我们学习一篇新课文——《倔强的小红军》。（板书：倔强的小红军。师一边板书，一边指出这些字怎么写才规范，才好看，并让生跟着写一写。）

（师巡视生写字情况，表扬了几个写得好的）

［评：要让学生写好字，光靠写字课是不行的。叶圣陶先生说："咱们天天为了实际需要而写字，其实是天天在练字，更不必特别划出练字的时间。"

于老师寓写字指导于板书课题之中，使学生确立一种“提笔即是练字时”的意识，这个做法对我们颇有启发。]

师：（指着课题感情深沉地）同学们，这是一个真实的故事，一个催人泪下的故事。这位小红军是怎样一个人呢？请打开书，自由读课文，边读边思考。（生自由读课文）

师：这位小红军是怎样一个人？读完一遍课文后看出来的，请举手。

师：没看出来的再读一遍。我相信，这个问题每个同学都能看出来。读书不要慌忙，静下心来读慢一点，一边读一边思考。已经看出来的同学，可以把你的看法写下来。

（生又琅琅地读。有的动笔写；有的写到半截，停下笔来再读再思。）

师：有人已读了两三遍了。这会儿，一定有许多人看出来了。看出来的同学请举起手，我看看有多少人。

（人手如林。只有四五个学生没有看出来。）

[评：怎么才能让学生理解课文内容呢？一种看法是：必须依靠教师的讲，即逐节逐段地做烦琐的内容分析。事实上，要让学生理解课文的内容，其主要手段是多读、熟读。听懂和读懂的意义是大不一样的。我国古代著名的文论家刘勰说得好：“观文者披文以入情，沿波讨源，虽幽必显。”于老师指导学生反复地阅读课文，在多读的过程中逐步地加深了对课文的理解，这个做法是值得提倡的。]

师：（走到一位没举手的学生跟前，亲切地）你还没看出来？（该生站起来，摇了摇头）

师：请坐。你再默读一下。我坚信你能读懂，不会一点看不出来的。——其他同学看看自己写的，是否写准确了，写全面了。用笔谈话比用嘴谈话难得多，但是用笔写可以细心考虑，有思考的时间。写完了，要读一读，看看顺不顺嘴。

（师巡视，看了几个学生写的话。最后来到刚才没读懂的学生面前，问她读懂了没有，她点了点头。师非常高兴地说：“怎么样？我说你能看懂嘛！要相信自己的能力。”）

[评：怎么理解“教书育人”？我以为“教书”是手段，“育人”是目的。我们教书，不光要教给学生知识，提高学生能力，还要十分重视非智力因素的培养。于老师给这位同学“打气”，鼓励其树立自信心，便是“教书

育人”的一个典型例子。]

师：下边，我们交流交流各人的看法。请刚才那位女同学先说说，你认为小红军是个怎样的人？

生：（读）这位小红军是个倔强的小孩，不愿要人家的东西，不骑马。

师：不错！你看出了这位小红军的性格和为人。他的性格很倔强。（板书：性格）还有别的看法吗？

生：（读）这位小红军是个十一二岁，黄黄的小脸，一双大眼睛，两片薄嘴唇，鼻子有点翘，穿着破草鞋，两脚冻得又青又红的小红军。

师：你说的是这位小红军的长相穿戴，即外貌。（板书：外貌）但是，你说的听起来不顺耳。你把“是个”和后面的“的小红军”去掉，再说说试试。

[评：于老师常说，语文老师应当是一个语言医生。他本人就是一个很好的语言医生。及时纠正学生的语病就是进行语言文字训练。]

（生按师的要求说了一遍）

师：你能不能再说简单一点？

（生摇头）

师：怎么不能？我看能！你把刚才写的再读读，说简练一点。比如：“黄黄的小脸”可不可以简单地说成“黄脸”，你想一想。

生：（思考了一会）这位小红军十一二岁，黄脸，大眼睛，薄嘴唇，翘鼻子。（赞叹声）

师：说得多简练！（走到该生跟前）只要努力，没有做不成的事！如果你刚才坐下了，不就失去了一次锻炼的机会了？（说完，示意他坐下）

[评：语言文字的训练包括两个方面：一是预定的，即在备课时确定的主要训练目标；二是随机的，即随时捕捉时机，相机进行语言文字的训练。此例属于后者。]

生：（读）这位小红军是一位只顾别人、不顾自己的人。

师：不顾自己什么？还有比这位同学写得更具体一点的吗？

生：他不顾自己饥饿、寒冷，只顾别人。

生：他不顾自己的生命，只顾别人。

师：体会得很深刻，说得也准确。谁能用上“宁肯……也”这两个关联词把刚才的意思表达出来？

生：他宁肯牺牲自己，也不愿意连累别人。

师：说得真好！这样说多有力！这是从思想品格方面说的。（板书：思想）不过，还有比“连累”更准确的词语吗？（板书：连累。此时，全班同学陷入了深思，有的又看起书来。）

生：“连累”应当换成“拖累”。——这位小红军宁肯牺牲自己，也不愿意拖累别人。

（赞叹声）

［评：记得有这么个说法：在具体的语言环境里，最恰切的字眼儿只能有一个。教师结合具体的语言环境，让学生通过分析比较，从诸多近义词中优选出最恰切的，是一种切实、有效的语言文字训练。］

师：（高兴地走到该生面前）你叫什么名字？

生：我叫王朝文。

师：（板书：王朝文）多响亮的名字！咱们握握手，好吗？（师生握手）王朝文，你要知道，你是和一位著名的老师握手！（笑声）同学们，小红军是个怎样的人？把大家的意思集中起来，就很全面了。谁连起来说说？先说外貌、性格，再说思想品德。（生说，略）

师：同学们自己把书读懂了。古人说：“书读百遍，其义自见。”这话一点不假。学语文就要好好读书，边读边思。不过，小红军的外貌、性格书上都有交代，他的思想品格，完全是大家体会出来的，能体会出这一点的同学更了不起。但是，我们学语文不单单是为了理解课文内容，更重要的是理解语言文字，学习语言文字，所以，要认真朗读课文，把课文读正确、读流利、读出感情，能熟读成诵更好。我想看看同学们是否能读得正确、流利。谁来读第 1、2 两段？其他同学一面听，一面看书，同时画出不懂的词语。

（指名读 1、2 段。读得不流畅的地方，师让生重读。对个别难读的句子，师领读。）

师：哪些词语不懂？

生：“回顾”是什么意思？

师：你读一读第 1 段，想一想看。要联系上下文想。

生：（读第 1 段，略加思索）回顾就是“回忆”的意思。

师：这不是明白了吗！有些词语联系课文能猜测出来。顾，就是看；回顾就是回过头来看。这里就是回忆的意思。

生：“疲惫”是什么意思？

师：“惫”是个生字，后面括号里有注音，都认识了。“疲惫”是什么意思呢？只要把前后文一读，就明白了。大家都读读第2段。（生读书）

师：我想请位同学读。

生：（读）由于长时间在荒无人烟的草地里行军，常常忍饥挨饿，陈赓同志感到十分疲惫。（师插话：注意“长时间”和“常常忍饥挨饿”这些词语。）这一阵他掉队了，牵着那匹同样疲惫的瘦马，一步一步朝前走着。（师插话：注意“掉队”、“一步一步”这些词语。）

师：“疲惫”是什么意思，我想，大家一定看出来了。

生：“疲惫”就是“很累”的意思。

生：就是非常疲劳，非常疲乏。因为行军时间长，路又难走，又没有什么吃的。

师：（高兴地）说得很对！这就叫联系上下文理解词语。（板书：联系上下文理解词语）

[评：于老师教学生理解词义，不是简单的灌输，而是循循善诱，教学生联系上下文来体会词语的意思。教师的着眼点不仅仅是理解某一个词，而是授人以渔，提高其理解词义的能力。这个做法值得效法。]

生：请问“深情”什么意思？

师：这个问题提得很好。他提问题很有礼貌。等学完课文，我想你会明白的。你记着，最后我请你回答。

[评：于老师把这个词语放到最后解决，说明他胸有成竹，能够因词制宜，选择最佳的理解词义的时机。]

——谁接着往下读？

（依次找了三个学生将课文读完。每读一部分，和上面一样，凡读得不正确、不流畅的地方，均要求重读，或师领读，然后让学生提出不懂的词语。下面是处理部分词语的实录。）

生：什么是“络腮胡子”？

师：谁知道这个词语的意思？

生：连着鬓角的胡子就是络腮胡子。

师：听了他的解释，你们听懂了吗？（不少学生摇头，师对发言的学生）你说说哪是鬓角？

（该生指腮部。笑声。）

师：你是从词典里查的，是吗？

生：是的。

师：你很认真，值得表扬。如果能再查查鬓角指的是什么地方就好了。鬓角就是指这里（说完指指自己的鬓角），马克思、恩格斯，还有——对了，你看咱们教室里孔子的像，他就是络腮胡子，胡子和鬓角的头发连在一起了。

［评：这个事例说明，学生会背词语的定义，并不一定就是真正地理解了。于老师顺手拈来，借助马克思、恩格斯和孔子的肖像来解释这个词语，取得了事半功倍的效果。］

生：于老师，什么是倔强？

师：我刚才说了，要联系上下文去理解。你读读小红军说的话和写他动作的词语，就会明白的。你朗读一下，好吗？

生：（读）小鬼倔强地说："你要我同你的马比赛啊，那就比一比吧。"他说着把腰一挺，做出个准备赛跑的姿势。

生：（思考片刻后）"倔强"在这里的意思就是"不服气、不服输"。

师：理解得很对。大家都读读，看看是不是这个意思。（全班齐读这一节）

## 第二节

师：上节课咱们把课文读了好几遍，不但理解了课文内容，而且把不懂的词语也读懂了。开始我说了，《倔强的小红军》是一个真实的、催人泪下的故事。请同学们再朗读一遍，然后告诉我，你读到哪些地方最感动。（全班学生读课文。师巡视，要求学生把最受感动的句子画出来。）

师：告诉我，你读到什么地方最感动？

生：我读到13、14段最受感动。

师：画的和这位同学一样的请举手。（全班学生举起了小手）

师：请你（指刚才发言的学生）读一读13、14两段。

生：（读）陈赓同志吃力地把小鬼抱上马背，他的手触到了小鬼的干粮袋，袋子硬邦邦的，装的什么东西呢？他掏出来一看，原来是一块烧得发黑的牛膝骨，上面还有几个牙印。（师板书：牛膝骨）陈赓同志全明白了。就在这个时候，小鬼停止了呼吸。（师板书：停止）

生：我读了最后一节也很感动。——“陈赓同志一把搂住小鬼，狠狠地打了自己一个嘴巴：‘陈赓啊，你怎么对得起这个小兄弟啊！’”

师：是啊！看见小红军牺牲了，陈赓怎么能不懊悔！怎么能不责备自己！

生：书上为什么不写“陈赓对自己说”，而写“给自己一个嘴巴”呢？有嘴巴，怎么又给一个嘴巴……（听课的老师笑了）

师：有不懂的地方就要问，你做对了。给自己一个嘴巴就是在脸上打了一下，他恨自己太大意了。懂了吗？

生：懂了。

师：（指板书）同学们，当你们读到 13 段，知道小鬼的干粮袋里装的是牛膝骨时，不由得想到了什么？想到前面的哪些语句？

（说完在“牛膝骨”前面画了一个箭头，形成板书：←牛膝骨）

生：我不由得想起了前面写的小鬼不要青稞面的情景。

师：请你读前面有关的句子。

生：（读）陈赓同志无可奈何，从身上取出一小包青稞面，递给小鬼，说：“你把它吃了。”小鬼把身上的干粮袋一拉，轻轻地拍了拍，说：“你看，鼓鼓的嘛。我比你还多呢。”

（师在前头写上“轻轻地拍”，形成板书：轻轻地拍←牛膝骨）

师：现在，我们回过头来再读这一节，一定会有新的体会。（指板书）从“小红军把身上的干粮袋一拉，轻轻地拍了拍”这句中，你们看出了什么？

生：可以看出这位小红军很懂事。如果他使劲拍，就会露出马脚，就会让陈赓看出他干粮袋里装的不是青稞面，而是一块骨头。

师：说得多好！明白了，开始小红军为什么轻轻地拍他的干粮袋。——当你们读到“小红军停止了呼吸”后，不由得又想到了前面的什么？

生：我又想到了他不骑马，要和马比赛的样子。现在我明白了，他不是不饿、不是不累，他前面的表现都是装的。

师：现在我们明白了，原来他说不累、不饿，都是装的！（板书：装的，形成板书：装的←停止）多么懂事的小红军！多么可爱的小红军！由此我们可以看出，并且应当记住：读书一定要注意前后联系（板书：前后联系），这样才能更深刻地理解课文。——我想，现在再读这些语句，感情一定不一样了。请自由朗读课文，把你的理解、你的感情表达出来，看谁读得让别人听了之后很感动。

（生自由练读。指名读。师范读最后三段，全班肃然，师的朗读深深地打动了学生的心。）

师：请大家再把最后三段读一遍。

（全班满怀深情地读，有的学生眼里噙着泪花）

[评：我们说摒弃烦琐的内容分析，并不意味着什么都不需要讲了。该讲的地方还是要讲。本课第 13、14 段是写得最感人的地方，也是本课的重点、难点，这部分不光要讲，而且还要深入地讲。于老师抓住这两节指导学生有感情地朗读，并指点了“前后联系”的读书方法，体现了当略则略、当详则详的实事求是的精神。]

师：现在请开始提问“深情”是什么意思的同学谈谈对这个词的理解。我相信这时他一定懂了。

生：读完课文，我知道了，“深情”就是陈赓一想到这件事就很敬佩这位小红军，很激动，同时也很后悔，觉得对不起他。

师：对！你体会得很深刻！这个“深情”有敬佩之情、激动之情，也有内疚之情、怀念之情。

[评：前有伏笔，后有照应。教一课书也跟写一篇文章一样，要有周密的安排，要成为一个有机的整体。]

师：同学们，陈赓打了自己一个嘴巴之后，还会说什么？还会做什么？请你们展开想象，写下来好吗？能写多少写多少。

（生写，师巡视、指导）

[评：于老师从拓宽的课文情境中寻找写作题材，好处很多：一是学生在阅读课文的过程中蕴蓄的情感可以在写作中得以延续与强化；二是可以加深学生对课文的感受，发展其想象力；三是学生从课文中学到的语言可在运用中得以迁移和内化。]

师：谁来读一读？

生：（读）陈赓把小红军抱下来，一边流泪一边说：“小兄弟，我对不起你呀！我怎么轻易相信你的话呀！我怎么没注意你的动作呀！（师插话：这句话应加上“拍干粮袋”几个字，改成“我怎么没注意你拍干粮袋的动作呀！”）说完，他把小红军用草盖起来，向他行了一个军礼。（师插话：在“军礼”前加上“庄严”二字就更好了。）

师：写得真好！陈赓一定会这样想，也会这样做的。——谁再读一读？请王朝文读读。

生：（读）陈赓使劲地摇着小红军，哭着说：“小兄弟，你醒醒，你醒醒！”可是小红军永远地闭上了眼睛。陈赓把小红军放在马背上，脱下军装，盖在他的身上，说：“小兄弟，等到革命胜利，我一定把你的事迹写下来。我们会永远记着你！”说完，扶着小红军一步一步向前走。这时，太阳落山了，天空出现了一片霞光……

（一片赞叹声）

师：王朝文写得真好！从这个片段中，我们还可以看出他课文读得好，理解得好。课文开始有交代：“太阳偏西了。”到这时，太阳肯定会落山了。他写的时候前后照应，这一点很了不起。希望全体同学把写的这个片段修改一下，誊在作文本上。

（下课）

## 总评

深化语文教学改革，提高语文教学效率已成为当前语文教学界的热门话题。于老师在《倔强的小红军》一课的教学中做了大胆的尝试。其教学步骤有四：一是通过反复朗读，求得初步理解；二是结合语言环境，理解词语意思；三是抓住前后照应，突破难点部分；四是开拓课文意境，寻求写作题材。贯穿全过程的主导思想是：摒弃烦琐的内容分析，突出重点的训练目标。

有人担心，加强了语言训练会削弱语文教学的思想性。于老师的教学实践证明这个担心是没有必要的。学生通过学习这篇课文，不仅受到了扎扎实实的语言训练，而且受到了课文中人物形象的感染。工具性与思想性在语文教学中是个统一体，是互相依存、不可分割的，“解文”是“通道”的桥梁，哪有顾此失彼的道理呢？

# 15.《新型玻璃》教学实录和评析

## 新型玻璃

夜深了，从一座陈列珍贵字画的博物馆里，突然传出了急促的报警声。警察马上赶来，抓住了一个划破玻璃企图盗窃展品的罪犯。你也许不会相信，报警的不是值夜班的看守，而是被划破的玻璃！这是一种特殊的玻璃，里面有一层极细的金属丝网。金属丝网接通电源，跟自动报警器相连。罪犯划破玻璃，碰着了金属丝网，警报就响起来了。这种玻璃叫“夹丝网防盗玻璃”，博物馆可以采用，银行可以采用，珠宝店可以采用，存放重要图纸、文件的建筑物也可以采用。

另一种“夹丝玻璃”不是用来防盗的。它非常坚硬，受到猛击仍安然无恙；即使被打碎了，碎片仍然藕断丝连地粘在一起，不会伤人。有些国家规定，高层建筑必须采用这种安全可靠的玻璃。

还有一种“变色玻璃”，能够对阳光起反射作用。建筑物装上这种玻璃，从室内看外面很清楚，从外面看室内却什么也瞧不见。变色玻璃还会随着阳光的强弱而改变颜色的深浅，调节室内的光线。所以人们把这种玻璃叫作“自动窗帘”。

有人想，窗子上的玻璃要是能使房间里冬暖夏凉，那该多好！这样的玻璃早就问世了，就是“吸热玻璃”。在炎热的夏天，它能阻挡强烈的阳光，使室内比室外凉爽；在严寒的冬季，它把冷空气挡在室外，使室内保持温暖。

噪音像一个来无影去无踪的“隐身人”，不像烟尘和废水那样可以集中起来处理。尽管这位“隐身人”难以对付，人们还是想出了许多制服它的办法。“吃音玻璃”就是消除噪音的能手。临街的窗子如果装上这种玻璃，街上的噪音为 40 分贝时，传到房间里就只剩下 12 分贝了。

在现代化的建筑中，新型玻璃正在起着重要作用。在新型玻璃的研制中，人们将会创造出更多的奇迹。

班级：江苏省新沂市新安小学四年级（1）班

时间：1998 年 10 月

整理：徐州市教育局教研室　陈虹

评析：徐州市教育局教研室　张庆

如何把常识性课文上成真正意义上的语言文字训练课，是一道难题。之所以说它“难”，是因为难在如何看待和处理“常识”和“语文”之间的区别与联系。偏重了“常识”的理解和记忆，语文课就会改了“姓氏”；撇开了“常识”内容，这类课文岂不徒有虚名了？因此，看看于老师在生动、活泼的语言文字的训练过程中，怎样让学生轻轻松松地掌握有关的常识，是非常值得的。

——高林生

## 第一节

师：同学们，在一个伸手不见五指的夜晚，一个人影蹿进了陈列着珍贵字画的展览馆，准备划破玻璃，偷里面的字画。当他的玻璃刀刚刚触及玻璃的时候，院子里便响起了急促的报警声。警察立即赶来，把这个小偷给抓住了。同学们一定会奇怪地问：这是什么玻璃呀？怎么一接触它就发出报警声呢？同学们，这是一种新型玻璃。拿出本子来，跟于老师写字：新——型——玻——璃。（师工工整整地板书课题，并让学生跟着写）注意“玻”的捺要有“脚”，写长一些，这样才显得有精神。（师巡视、指导）

［评：让学生读课题，一些教师往往习惯于在上课前先板书好课题，上课时再指读，似乎课题只是必不可少的一个“过场”。于老师则不然，他在课堂上当着学生的面来板书课题，而且边写边指点写字要领，还要求学生亦步亦趋地跟着老师写。这样做，读课题就不再是走“过场”，而是一次扎扎实实的写字训练。］

师：请同学们自由朗读课文，看一看这一课一共介绍了几种新型玻璃，是哪几种。遇到生字要看看拼音，多读几遍，记住了以后，再往下读，哪一句读不通顺，回过头来再读，直到把这一句读通顺了再往下读。好，现在请大家一边读，一边思考老师提出的问题。

（生放声读课文）

师：读完一遍的请举手。放下。朗读完一遍，请再默读一遍。（生继续默读）请停一下，我发现有一位同学正在做一件事情。（师示意他站起来）读第二遍的时候，他拿起笔来画，把新型玻璃的名字都给画下来了。请问你叫什么名字？

生：（低声）陆飞宇。

师：噢，陆飞宇。——同学们，“不动笔墨不读书”。他根据老师提出的问题把有关句子都画了下来。这是一种很好的读书方法，也是一个良好的习惯。全班同学都要向他学习。

[评：于老师善于从同学中间发现“典型”，以推广“典型经验”的方式来指导学生读书。这样做，一来可使这位同学受到表扬，二来其他同学也会感到这一“经验”亲切、可学，其效果远比教师直接指导要好得多。]

请大家继续默读课文。

（生默读，边读边画）

师：不但要画，而且要记在脑子里。很好，陆飞宇的经验已经普遍推广。（笑声）现在全班同学都在学习他。——第二遍看完的请举手。没看完的同学继续看。看完的同学再把你画的读一读。记住新型玻璃的名字。

师：（边巡视边夸奖）读书够认真的啊，看得多仔细啊！好，把笔放下。能够回答老师问题的请举手。好，放下。

[评：于老师指导学生初读课文扎实、具体。他先让学生带着问题朗读课文，并教给学生朗读课文的方法。在此基础上，又让学生默读了一遍课文，并教给学生边画边想的读书方法。学生初读课文比较充分，就能基本通晓课文内容，从而为教师有针对性地进行“精讲”奠定了基础。]

但是，现在我还不急于让你们回答。我想请同学读课文，看是不是能把课文读得很正确、很流畅。谁愿意读？

生：（读）第19课，《新型玻璃》。夜深了，从一座陈列珍贵字画的博物馆里，突然传出了急促的报警声。警察马上赶来，抓住了一个划（huà）……划（huá）（丢掉“破”）玻璃企图盗窃展品（丢掉“的”）罪犯。

师：停下来，这句话再读一遍。眼睛看准，不要慌。

（第二遍该生仍然把“破”丢掉了）

师：再看，“划”后面还有一个字。我想，你第三遍一定会读好的。

生：（读）“抓住了一个划破玻璃……”

师：对了！“破”字读出来了，第三遍读对了。向人介绍介绍你的经验好不好？怎样才能把课文读正确、读流畅？

生：要看准课文。

师：对！一遍不行，两遍！两遍不行——

生：三遍！

师：三遍不行四遍！反正多着呢！（笑声）这就是你的经验。

［评：明明是读错了，却让他介绍经验！明明该批评，却变成鼓励与表扬！这个细节耐人寻味。］

师：再往下读。

（该生一直读到“抓住了……罪犯”都没错一个字）

师：非常好，非常好。请接着往下读。

生：（读）你也许不会相信，报警的不是值夜班的看守，而是被划破的玻璃！这是一种特殊的玻璃，里面有一种（把“层”读成“种”了）……

师：再读这句话。

生：（读）这是一种特殊的玻璃，里面有一层极细的金属丝网。

师：对了。

生：（接着往下读）……这种玻璃叫作（该生添了一个“作”字）“夹丝网防盗玻璃”。

师：很遗憾，多了一个字，再读一遍。

生：（读）这种玻璃叫“夹丝网防盗玻璃”。

师：你很顽强，不怕失败。（笑声）屡败屡战，直到胜利。请接着读。

［评：由此看来，让学生正确地朗读课文也不是那么容易的。当学生读书添字、漏字时，于老师并不急于让别的同学来纠正，而是以极大的耐心启发学生自己去发现、去改正。看似小节，实是在培养学生的自信心。教师既“教书”又“育人”，于细微处可见其良苦用心。］

（该生接着往下读，再没出错误）

师：很好。后面读得比前面好得多。开始时，我看你不是不会读，而是有些紧张。那么多老师听课，能读成这样很不容易。请坐。这一段长句子多，不好读，大家把这一段都读一遍。

（生各自放声读）

［评：注意大面积训练。］

师：谁接着往下读？读第2段。我想找个不举手的同学读。（全班学生纷纷举手。师指身边一生。）她是最后举手的，很有勇气，好，请你来读吧。

（该生读第2段，没有错误）

师：嗯，读得很好！全班同学像她这样把第2段读一遍。

（全班学生放声朗读）

师：1、2两段有不懂的词语吗？

生："藕断丝连"是什么意思？

师：我想，你这么聪明，一定会看懂的。不需要看这一句话，只要看这四个字就能看懂。藕，见过吗？（生：见过）"藕断丝连"是什么意思？请你站起来说说看。

生："藕断丝连"，就是没有断，……粘在一起。

师：藕，见过吗？藕掰断以后，你发现了什么？

生：白色的小细丝。

师：对。藕掰断了，细丝还连着。这就是"藕断丝连"。这一课说的是什么？

生：这是说玻璃碎片里面的夹丝。玻璃碎了，夹丝把它连在一起。

师：完全正确。大家都要像他这样，一定要理解这个词语在课文中的意思。这才叫动脑筋。

［评：于老师解这个词语是颇有章法的。他先是结合学生的生活经验，帮助他们理解这个词语的本义，再引导学生通过相似联想理解这个词语在语境中所特有的比喻义。这样由表及里，从具体到抽象，是符合学生的认知规律的。］

师：请大家拿起笔来，把老师写的词在书上画下来。（师板书：不是……而是……、即使……仍然……）

师：画下来以后，请把这两句话读两遍。

（生大声读）

师：现在我还想请刚才读第1段的同学把这两句话读给我听听。

（该生朗读能力较差，这次却读得很好）

师：真好！没想到能进步得那么快！请坐。谁接着往下读？这回该找个举手的读了。请第一排最后一个女同学读。

生：（读）另有一种“变色玻璃”……

师：不要慌，沉住气。看清第一个字。

生：（读）还有一种“变色玻璃”……

师：这就对了。读下去。

（该生一直读完“吸热玻璃”一段，也没再出现错误）

师：真好，一点都没有错。大家学着她这个样子，把3、4两段读一读。

（生朗读）

师：这两段中有不理解的词语吗？

生：“问世”是什么意思？

师：这个问题我想请你自己解决。请再读读第4段，边读边想。其他同学也要这么边读边想。

（许多学生举手，要求说）

师：大家把手放下，这个机会留给提问题的同学。他要说不出来，再请你们帮助，好不好？（对提问题的学生）你看出来了吗？

生：看出来了。“问世”就是“有了”。

师：对，说下去，哪里有了？

生：商店里有了。

师：对哇！这不读懂了吗？“这样的玻璃早就问世了”，是说它早就生产出来了，市场里有卖的了。记住，一边读，一边联系课文想一想，好多词语是可以读懂的。

[评：认知心理学告诉我们：人的已有的认知结构对于当前的认知活动会起到决定作用。教师在指导学生理解某个新词的词义时，所联系的上下文可视为学生原有认知结构中的思维组块。学生凭借这个新词与上下文中的其他词语的逻辑联系，便能比较容易地推知这个新词的意思。“问世”一词在口语中不大常用，学生自然会感到陌生。于老师要求学生一边读，一边联系上下文想一想，学生借助语境的暗示作用，便很容易地理解了这个词语。所以“大纲”强调，“教师要指导学生逐步学会联系上下文理解词语”。]

师：谁读读最后两段？

（指名读最后两段，师相机指出错、漏之处。略。）

生：请问“分贝”是什么意思？

师：这是个专用名词，大家很生疏。这里是指测量声音大小、强弱的单位。科学家说，声音超过70分贝，对人体就有危害。城市中有的马路旁安装着测定声音大小、强弱的装置，以后你们注意看。

［评：对于学生不理解的专有名词，无须反复启发，教师径直讲来，这是从学生的实际情况出发的。］

同学们，请把于老师写的词在书上画下来。

（师板书：尽管……还是……、如果……就……）

师：画好了，请把这四段读一读，读到画了这些词语的句子，多读几遍。

（生读课文最后四段。师巡视。最后又请一生读了画有关联词语的句子。）

［评：课文中出现的关联词语无须多讲，对于小学生来说，即便教师讲了也很难领会，更不要从语法角度给学生分析复句。于老师只是要求学生将这些关联词语在书上画下来，并读一读画了这些词语的句子。意在让小学生通过充分感知、反复习染，达到心领神会，然后再去学会运用。］

师：（看手表）到现在为止，我们整整读了35分钟的书。还记得我开始提的问题吗？

生：这课向我们介绍了几种新型玻璃？是哪几种？

师：对。我想，书读到这个程度，人人都知道了。谁来回答？

生：这一课一共写了五种新型玻璃。第一种是“夹丝网防盗玻璃”，第二种是“夹丝玻璃”，第三种是“变色玻璃”，第四种是“吸热玻璃”，第五种是“吃音玻璃”。

（生一边说，师一边板书五种新型玻璃的名称）

师：说得多清楚，多有条理！

［评：瓜熟蒂自落，水到渠必成。课文读熟了，难点突破了，课文内容也就自然理解了。一些人囿于传统的偏见，夸大了烦琐分析的作用，似乎摒弃了烦琐分析，学生便无从理解课文内容。事实上，理解课文内容的主要手段乃是让学生老老实实地去读书。这就正如古人所说的那样，“读书百遍，其义自见”。张田若先生反复强调“要把阅读课上成读书课”的道理也在于此。］

师：——不过，能说得再简洁一些吗？请你考虑一下。

（该生面有难色，欲坐下）

师：请你沉着冷静地想一想，我看你有这个能力。

生：（思考了一会儿）本课介绍了五种新型玻璃，它们分别是“夹丝网防盗玻璃”、“夹丝玻璃”、“变色玻璃”、“吸热玻璃”、“吃音玻璃”。

［评：于老师以其敏锐的语感、娴熟的训练技巧使说话训练落到了实处，训练得有质量。］

（听课的老师发出“啧啧”的赞叹声。学生为她鼓掌。）

师：（竖起大拇指）说得妙，妙就妙在“分别是”三个字上。有了它，下面只说名称就行了。你真了不起啊！如果刚才你坐下了，不就失去了一次显示自己的机会了吗？（笑声）

［评：既训练说的能力，又培养良好的心理素质。于老师的这一番话，学生是很难忘的，甚至会激励她一生。什么叫教学艺术？教学艺术的本质不在于讲授的本领，而在于唤醒、激励与鼓舞。］

## 第二节

师：同学们，这五种新型玻璃有什么特点，有什么用途呢？请带着这个问题默读课文，边读边想。

（全班学生默读课文，师巡视）

师：请停一下，我发现，全班同学不但边读边想，还在用笔画。看来陆飞宇的“不动笔墨不读书”的做法已深入人心了。人人要养成这样一个好习惯。

［评：从学生中来，到学生中去。顺手拈来，因势利导。教给读书方法，强化良好习惯，都显得那么自然，那么举重若轻。可谓“随心所欲而不逾矩”。］

师：对，接着读吧。

（生继续读、想、画。然后师请大家互相交流一下，看画得是否准确。）

师：五种新型玻璃的特点和作用都弄明白了吗？（全班学生举手，表示明白了）不过，我不打算让你们说了，我想让你们写。写什么呢？（在黑板上写下了“自述”两个字）“自述”是什么？对，就是自己介绍自己。现在我把全班分为五组，第一组写“夹丝网防盗玻璃自述”，第二组写“夹丝玻璃自述”，第三组写“变色玻璃自述”，第四组写“吸热玻璃自述”，第五组写“吃音玻璃自述”。现在你们都是新型玻璃了。（笑声）请把你们各自的特点、作用写出来，为自己做个广告。看谁会夸自己，当然喽，要实事求是，不要吹牛。（笑声）

（全班学生写“自述”。师巡视。生写了将近15分钟。）

［评：这项练习设计形式新颖，具有时代性。其目的有二：一是帮助学生深入理解课文内容，二是利用课文上提供的材料进行作文训练。采用“自述”的形式，不仅能激发学生的想象与联想，而且增强了训练的趣味性。其实，这是改变“人称”的训练。于老师以他的丰富经验，以他的创造性，把教学方法、训练方法运用到自如的程度了。］

师：大多数同学写好了，有许多人写得很漂亮。下面，我请同学们到前面来读自己写的“自述”。按着顺序来，先请“夹丝网防盗玻璃”来说。谁愿意来？

（指名到前边来读）

师：大家注意听，看他写得怎样。特别注意听老师怎么给他评改的，学点修改文章的方法。

（生到讲台前“自述”，师当面进行评改，下面是重点评的后三种玻璃的“自述”。前面的从略。）

生：（读）“《变色玻璃自述》。我的名字叫‘变色玻璃’，是一种高科技产品。有人可能不知道我。其实，我早就上世了。”（师插话：请停一下，把你写的“上市”的“市”写在黑板上。该生在黑板上写了个“世”字，听课者忍不住笑了。）

师：产品上市的市，是市场的市，就是拿到

1995年夏，我在点评庄妍同学写的小作文

市场上去卖。(该生恍然大悟，把“世”改为“市”)

师：对了！我看你又创造出一个好经验。当写作文的时候——全体同学注意啊——当你写作文的时候，因为太紧张、心太慌，没有细考虑，好多字就随便写一个同音字代替了，你看，“上市”就是拿到市场上去卖，不能写成“世”。还有“再”、“在”，“像”、“向”，“已经”的“已”，“所以”的“以”，这些同音字很容易混淆。当你们写作文，要用这些字的时候，别慌，要静下心来想一想，该用哪个字，只要你稍微地想一想，一般都不会用错的。这是经验。记住了没有？

[评：袁枚说：“但肯寻诗便有诗。”只要有了训练意识，到处可以找到训练点。]

生：(接着往下读)“从室内看外面很清楚，而从外面看室内却看不见。”(师插话：“却什么也看不见”，加个“什么”。)“却什么也看不见，所以小偷就不知家里有些什么，没法去偷。”(师插话：想得真周到。不过，不是“没法去偷”，而是“不会去偷”。)“我还会随着阳光的强弱而改变颜色，起到自动调节室内光线的作用，使光线变得柔和，不会刺眼睛，所以有些人把我叫作‘自动窗帘’。你们看，于老师的眼镜片就是用我做的呢！”(笑声。师插话：对！就是用你做的！笑声、掌声。)“大家去把我买回家，我会为你尽力效劳。”

师：第一，你写得好；第二，你朗读得好；第三，你的心很善良。三好啊！还有一好，课文读得好，如果课文没读好，哪能写得这么漂亮？我得谢谢你，因为你保护了我的眼睛。跟你握握手。(笑声)该第四种玻璃介绍了。请班长来吧！

生：(读)“《吸热玻璃自述》。你们可能不认识我，我刚问世不久。我是‘吸热玻璃’。我在炎热的夏天，可以阻挡强烈的阳光，使室内比室外凉爽；在严寒的冬天，我可以把冷空气挡在外面，使室内保持温暖。我大大地希望能为你效劳。”(师插话：“大大地希望”改成“衷心地希望”。)“如果你把我买回去，安在门窗上，你家就不用买什么空调、电风扇了。因为我可以在夏天挡住阳光，冬天挡住冷空气，所以如果你家有老年人，夏天就不会中暑，冬天就不会感冒、得关节炎什么的。现在你知道我的用处了吧！愿你把我买回去，我会大大地为你效劳。”

师：又来个“大大地”！是不是从日本留学回来的？(笑声)把这一个

“大大”改成“热情”，不要老是用“大大地”。你把意思表达得很清楚，读得很有感情。特别是你没忘了老年人，很善良，良心大大地——好！（笑声）孔子的学生问他的志向，他曾经说过这样一句话：“老者安之，朋友信之，少者怀之。”孔子首先愿天下的老年人能安度晚年，你这句话虽然是以新型玻璃的口气说的，但是可以看得出你有一颗善良的心！我们要继承中华民族的传统美德，做一个对祖国有用的人才！请回位。

[评：于老师评改学生的作文，不光从“文”的角度评改，也注意到从“道”的角度评点，抓住学生在行文中流露出的思想感情，因势利导，对学生进行中华民族传统美德的教育与熏陶，可谓“循循然善诱人”。]

师：最后一种玻璃谁来读？好，请你来。

生：（读）“《吃音玻璃自述》。我叫‘吃音玻璃’，我虽然不像‘夹丝网防盗玻璃’能防盗，不像‘夹丝玻璃’那么坚强，（师插话：“坚强”改为“坚硬”。）不像‘变色玻璃’那样能调节室内光线，不像‘吸热玻璃’那样，夏天能够把强光挡在外面，冬天把温暖留在房间里，但我也有一种特殊本领，就是能吃掉噪音。你们把我装在窗上，如果街上的噪音是60分贝时，传到房间里就只剩下18分贝了。我是消灭噪音的能手。”

师：书上说，街上的噪音是40分贝时，传到屋里能减少到12分贝，如果是60分贝时，能减少多少分贝？

生：18分贝。

师：对，18分贝，一点也不错！数学也学得好！（笑声）她是最后一种玻璃，她把前面的概括了一下，等于替老师做了总结，我要好好谢谢这位同学。

[评：让学生当众读自己的作文，教师则当众相机面批。此种方式好处很多：1. 给学生自我表现的机会，能调动他们写作的积极性；2. 可以相互交流，相互启发；3. 当众面批，费时少，受益面大。——当然，要面批得好，教师必须有敏锐的语感和扎实的语文基本功。]

师：课就上到这里。

（下课）

## 总 评

怎样改革阅读教学，提高教学效率呢？我以为改革的要点就在于加强读书训练和字词句的基本功训练，摒弃烦琐的内容分析。特级教师于永正教《新型玻璃》一课，便是以读书训练为“经”、以字词句的基本功训练为“纬”来组织阅读教学的，并使字词句的基本功训练寓于读书活动之中。

《新型玻璃》是一篇说明文，课文已经将五种新型玻璃的特点和作用说得明明白白，教师只要带领学生老老实实地将课文读熟，并对学生不懂的地方略做点拨即可，实在没有必要再去进行烦琐的分析。于老师教学这篇课文取得了成功，便是一个有力的证明。

# 16.《杨氏之子》教学实录和评析

### 杨氏之子

梁国杨氏子九岁，甚聪惠。孔君平诣其父，父不在，乃呼儿出。为设果，果有杨梅。孔指以示儿曰："此是君家果。"儿应声答曰："未闻孔雀是夫子家禽。"

班级：江苏省泰州市实验小学五年级某班

时间：2008 年 5 月

评析：天津市南开小学　靳家彦（特级教师）

## 一、 表情朗读， 背诵课文

师：同学们看于老师的表情，从表情中你看出了什么？（做笑容满面状）

生：于老师很高兴。

师：看到同学们，我高兴了。再看于老师，（做表情紧张状）现在是什么表情？你又看出了什么？

生：于老师好像很紧张，大概是因为听课的人多的缘故吧？

师：对，这么多人听课，是有点紧张。上课的时候，同学们如果不积极发言，于老师就会更紧张，希望同学们积极举手回答问题，别让我紧张行吗？——大家看，表情是不是会说话呀？会的！所以我们要"察言观色"！

[评：从表情入手，学会"察言观色"，为表情朗读做好铺垫。表情朗读，曾经有过这样的提法，其实它是有感情朗读的内容之一，情之所至，为之动容。如此开局，生动有趣，和谐自然，颇有新意。]

师：这是（指大屏幕上的课文）今天我们要学习的课文，读读题目。（生读课题）仔细读一读这篇课文，和平时读的课文有什么不同吗？

生：这篇课文非常短。

师：对，很短小，只有55个字。还有吗？

生：它里面有很多“曰”。

生：这是篇文言文。

师：是的。那我们平时学习的课文是什么文？

生：白话文。

师：文言文和白话文有好多不同，最大的不同是文言文——

生：难理解。

[评：古文阅读，贵在学生自悟。学生从读中悟出文言文简练的特点，老师的引导获得了比讲授更好的效果。]

师：文言文语言很简练，有时候一句话只有一个字，但包含的意思很多。读文言文的时候要善于想象，把一个字变成好多好多字，把一句话变成好多好多话，这样你就能读懂。下面老师想了解一下同学们会不会读文言文。

（一女生读课文）

师：（朗读不是很好，给予指导）听你读这篇课文，感觉就像一辆车子走在不平整的路上，磕磕绊绊，一颠一颠的。（笑声）谁再来读一读？

（生读）

师：握手！读得非常好，听你读这篇课文，就像一辆车行驶在平坦的路上，很顺畅。你读出了什么？

生：讲的是孔君平到梁国杨氏家里去，去找他家的主人——

师：他家主人？杨先生吧！杨先生不在——

生：杨先生不在，他的儿子在，孔君平就把杨先生的儿子叫出来。

师：往下说。

生：杨氏小儿为孔君平端来水果，水果中有杨梅，孔君平指着杨梅说：“它是你家的果子。”他的儿子说：“不知道孔雀还是您家的家禽。”

师：最后一句理解错了，仔细想想是什么意思？

生：没听说过孔雀是您家的鸟。

师：很好！“甚聪惠”是什么意思？

生：很聪明。

师：很聪明。“惠”是什么意思？对，“惠”同“慧”。再往下看，“诣”什么意思？

生：“诣”是“拜见”的意思。

师："孔君平诣其父"，这个"诣"是拜见，但它不是拜见一般的人，这个"诣"专门指拜见尊敬的人或者长辈。

[评：课文上的注释是"拜见"，可见不准确。于老师备课从来不马虎，凡是生字、新词，他必查字典、词典。]

师：我有个小问题，孔君平说："此是君家果。"是逗小孩玩呢，还是讽刺挖苦呢？让老师也读一遍，好吗？注意看老师的表情——刚上课时我就让大家观察表情，表情也是会说话的。

（师范读《杨氏之子》，面容和蔼，表情幽默，动作风趣，生为之热烈鼓掌）

师：怎么样？是讽刺，还是逗着玩、开玩笑？

生：是逗着玩，是大人跟小朋友开玩笑。

生：也可能想考考这个小孩是不是真聪明。

师：有道理。

生：既然他父亲是孔君平尊重的人，孔君平就不会取笑这个小孩儿。

师：不错。这是"诣"字告诉我们的。你很会思考。

[评：这一环节有引导、有示范、有鼓励、有指正，层层剥笋，步步深入，达到初步理解、正确朗读、通畅流利、熟读成诵的境地。于老师的课，一贯重视读的指导与训练，十分强调在读中感悟、学会读书，始终坚持让学生成为课堂主体，教师的引导为学生读书服务，生动地体现了新课标所强调的阅读教学的特质。]

师：你看，表情朗读就有这么大的作用。下面请大家一起像于老师这样读一下课文，如果你的动作、表情能配合一下，那就更好了。

（生自由读课文）

师：谁愿意朗读一遍？

（以下大约有十多分钟时间，师反复指导学生表情朗读，最后学生读得非常流利、有味道）

师：大家读得真好。能背诵吗？（生：能）背背看，能加上动作吗？给大家三分钟时间背下来。

（生自由背诵课文）

师：好，于老师先给大家背一遍。

（师范背课文，然后几个学生轮流背诵课文，最后全体学生齐背《杨氏之子》，师在前面配合加动作，气氛非常活跃）

## 二、 咬文嚼字， 细读文本

师：你们会背了，于老师要提问题了，课文说杨氏之子“甚聪惠”，意思是非常聪明。那么，你从哪儿看出来这个小朋友非常聪明呢？

生：孔君平抓住杨梅的“杨”和杨氏的“杨”都是同一个字来开玩笑——“此是君家果”，小孩马上抓住孔君平和孔雀都有一个“孔”字来反驳：没听说过孔雀是你家的鸟儿。

师：从这里看出小孩的确很聪明！还有吗？

生：儿应声答曰……

师：说明什么？

生：说明他反应很快。

师：好！反应快，思维敏捷，也说明很聪明。（板书：反应快）聪明还表现在哪里？

生：孔君平并没有说你姓杨，杨梅也有一个杨，只说了一句话“此是君家果”，小孩马上就听出来了，这说明他很会听。

师：是啊，小孩确实聪明，他听出了孔君平的“话中话”，听出了“弦外之音”。（板书：会听）再品课文，还能从哪里看出他聪明？

生：“未闻孔雀是夫子家禽。”回答得很巧妙，说明他聪明。

师：的确回答得巧妙。他的回答可以用一个词来形容，叫作——

生：天衣无缝。

师：对，无懈可击，还可以用什么词来形容？

生：以牙还牙。

师：有点意思，但是形容得有些过了，毕竟没打起来！（笑声）

生：以其人之道还治其人之身！

师：掌声送给他！这句话用得妙，真是太聪明了！这是会说。（板书：会说）

师：大家看，杨氏之子，第一，会听，能够听出“话中话”；第二，反应快，思维敏捷；第三，会说，回答得十分巧妙。我还有个问题，这个9岁的男孩除了聪慧，他还是个怎样的孩子？请默读课文，思考一下。

（生轻声细读）

［评：“会听、反应快、会说”，这是学生阅读的收获，教师及时归纳。

为求再深入文本，教师设问引读："除了聪慧，他还是个怎样的孩子？"导之有方，教学得法。]

生："为设果，果有杨梅"，从这里可以看出杨氏之子非常有礼貌，给孔君平准备了水果。

师：嗯！客人来了，赶紧端出水果，懂得待客之道啊。端出多少水果？就一种吗？

生：端出了多种水果。

师：从哪里可以看出来？

生："果有杨梅"，果子中有杨梅，证明不只有杨梅。

师：说得好。这句话中还有哪个字能说明不止一种水果？

生："设果"，就是摆水果。如果只有一种水果，是称不上摆的。

师：说得太好了！从这里可以看出，这个小孩不仅有礼貌，而且非常热情好客，端出好多水果招待客人。再往下看，还从哪里能看出他是一个非常懂事、有礼貌的孩子？

生：我还从"未闻孔雀是夫子家禽"中的"夫子"两个字里看出来。

师：对，夫子是尊称，说话很得体，真的很有教养。还可以从哪个词看出来？

生：我觉得从"未闻"这个词可以看出来他很有礼貌。因为他没有直接说"孔雀是夫子家禽"，而是说"没听说孔雀是您家的鸟"。

师：解释得非常好，掌声送给她。如果这个小孩直接这样回答：那么孔雀就是你家的鸟了！这样回答就不得体。因为孔君平毕竟是来拜见他父亲的，这样会让客人尴尬！前面加一个"未闻"，"未闻"是什么意思？

生：没有听说。

师：是啊，孔先生，我可没有听说孔雀是你们家的鸟啊。这样既不动声色地"回敬"了对方，又不让对方难堪。是不是很有教养啊？

（生点头）

师：（问刚才回答问题的女生）请问你姓什么？多大了？

生：姓陈，今年 12 岁。

师：（高兴地）泰州陈氏女，12 岁，甚聪惠！（笑声）

师：读书就要逐字逐句地体会，就要细细地品赏，就要咬文嚼字，这样才能把话中话都读出来。

［评：文言文教学，不能囫囵吞枣，必须落地有声，扎扎实实。“懂礼、敬客、机敏”，是学生反复读书的成果。修订后的课标要求：“教师应加强对学生阅读的指导、引领和点拨”，“引导学生钻研文本”，防止“远离文本的过度发挥”。于老师在这里为我们树立了良好的榜样。］

## 三、读写结合，丰满文本

师：这个“杨氏之子”究竟是谁呢？有人说，《杨氏之子》写的是杨修的故事，但不是三国时期的杨修。我们暂且把杨氏之子就假定为杨修吧，这样称呼起来比较方便。这篇短文只有55个字，但是含义却很丰富。下面我们用自己的笔，通过自己的想象，把文章写得丰满一些。第一句话，“梁国杨氏子九岁，甚聪惠”，非常简练，根据这句话，请你想象一下杨氏小儿长什么模样？注意，相貌描写一定要体现出他的年龄、聪明。第一排同学就扩写这句话。

师：“孔君平诣其父，父不在，乃呼儿出。”注意：谁？去干什么？主人不在，是哪个人把小儿叫出来的？这里面蕴含着很多动作和对话。请第二排同学来写。

师：“为设果，果有杨梅。孔指以示儿曰：‘此是君家果。’儿应声答曰：‘未闻孔雀是夫子家禽。’”他们难道就说了两句话吗？肯定不是的！往下肯定还有好多话呢！展开想象，一定要通过对话描写把杨修的聪慧充分表现出来。请第三排同学写这一部分。

（生分组写作）

［评：学生分组写作，这是一个妙招。观察、研究于老师的课，就要琢磨出他教学设计的奥妙之处，吸收消化。分组训练，一可以减少分量，课上完成；二可以相互启迪，互相交流；三可以有整体面貌，避免支离破碎。这节课每个步骤都可圈可点。］

师：（10分钟之后）请第一组同学中的一位到前面来读自己的习作，其他同学专心听。

生：古时候有个姓杨的人家，有一个叫杨修的小孩儿，（师插话：有一户姓杨的人家，家中有一个小男孩叫——）古时候有一户姓杨的人家，家中有一个小男孩叫杨修，刚刚9岁。他长了一双丹凤三角眼，两弯柳叶吊梢眉，

（师插话：那不成了王熙凤啊！这“三角眼”一般是指刁钻、狡猾，这要改一改。）长得非常机灵。一张小嘴能说会道，非常聪明。

师：很有文采啊。可惜有些语言不是很准确，用词要恰当，下课后好好改改。——谁再来读？

生：梁国有一户人家，他家有个孩子叫杨修。虽然才9岁，但是非常聪明。胖乎乎的脸上，有一双明亮的大眼睛，嘴唇很薄，能说会道。凡是见过他的人，都说他是个聪明有教养的孩子。

师：通顺，流畅，也非常合情理。谁还愿意读一读？

生：古时候，梁国有一户姓杨的人家。杨家有一个小男孩叫杨修。他虽然才9岁，但个头不矮，长得胖乎乎的，皮肤很白。圆圆的脸蛋，一双水灵灵的大眼睛忽闪忽闪的很有神。小嘴翘着，看上去能说会道。他头上扎着蓝色头巾，身穿红色的长袍，腰扎一条黄色带子，十分精明、利索。

师：这一段描写十分精彩！外貌与他的聪慧、有教养完全一致！请写第二部分的同学接着读。

生：一日，杨氏的好友，（师插话：我最欣赏“一日”，他不用“有一天”开头，用“一日”，有文言味道。）孔君平前来拜访，家人为其开了门，并告知杨氏不在，（师插话：应该是杨老爷不在。）并告知杨老爷不在，他的儿子杨修在书房读书。孔君平想与杨修见个面，看看多日不见，小杨修又学了些什么。管家告诉杨修，孔君平来了，杨修赶忙出来迎接，并亲自为其摆上了水果，其中就有孔君平最爱吃的杨梅。

师：掌声！“其中就有孔君平最爱吃的杨梅”，这句话就更加说明他们两家经常来往，更说明杨修了解孔君平，更说明杨修有教养。谁再读一读？

生：初夏的一天，孔君平到杨修家里拜访他父亲。叩开门，对用人说明了来由。用人说：“杨老爷出门去了，一会便回。请孔先生客厅里一坐。”杨修见孔先生来了，连忙端出一盘水果招待。“孔先生，请您吃水果，边吃边等，家父一会便来。”孔君平边坐边说：“谢谢！”

师：写得多好呀！多会想象呀！请同学往下读第三部分。

生：孔君平一眼就看到了果盘里的杨梅。他眉头一皱，计上心来，他笑眯眯地对杨修说：“哟！杨梅，杨修，你姓杨，杨梅也姓杨，如此看来这杨梅是你家的水果喽！”（掌声。师插话：杨梅，杨修，联系起来了！多有意思呀！）杨修眼睛一转，灵机一动，回敬道：“孔叔叔，我可从没听说过和您同有‘孔’字的孔雀是您家的鸟啊!”孔君平摸着杨修的头说：“杨修，你真是个小机灵鬼儿啊!”杨修说：“嘿嘿！孔叔叔过奖了!”孔君平笑着说：“哈哈哈！真是个聪明孩子，聪明过人啊!”（掌声）

师：你（指读的学生）也是个聪明孩子，聪明过人啊！（笑声）谁再读？

生：孔君平指着杨梅说：“你姓杨，杨梅也姓杨。你们不是一家子吗?”杨修不假思索地说：“孔叔叔，我可没听说孔雀是您家的鸟啊！即便是您姓孔，孔雀也姓孔。”孔君平说：“我今天算是领教了杨修的聪慧了！我自愧不如。”杨修说：“哪里，哪里，我只是无名小辈，刚才说的话多有得罪，请孔叔叔多多原谅!”孔君平说：“你真是好孩子，我下次请你去看孔雀。”杨修笑着说：“下次我一定再请您吃杨梅!”（掌声）

师：继续开玩笑，他请你看孔雀，你请他吃杨梅，更有意思了。掌声送给他!

师：大家看看，三段话联起来是不是一篇好作文？这叫“故事新编”。

［评：新课标要求习作教学要“注重培养学生观察、思考、表达和创造的能力”，“善于将读与写、说与写有机结合，相互促进”。写作训练的过程深化了阅读成果，调动了学生想象创造的积极性，增加学生创造性表达、展示交流与互相评议的机会，丰富了文本的内容。］

（下课）

## 总 评

这是在80分钟内完成的一节文言文读写结合模式的成功范例。课堂上，教师认真抓好读书这一环节，高度重视培养学生阅读的兴趣、习惯、方法和能力；在读写结合上，丰富写作形式，激发创新思维，培养想象能力，增强语言文字的感受和运用能力，获得情感、文化和审美的体验，把读与写、读与说、写与说天衣无缝地融为一体，充分体现了新课标的本质内涵。

# 17.《第一次抱母亲》教学实录和评析

## 第一次抱母亲

母亲病了，住在医院里。我们兄弟姐妹轮流去守护。轮到我的那天，护士进来换床单，叫母亲起来。母亲病得不轻，转身下床很吃力。我赶紧说："妈，您别动，我来抱您。"我左手托住母亲的脖子，右手托住她的腿弯，使劲一抱，没想到母亲轻轻的，我用力过猛，差点仰面摔倒。护士在后面扶了我一把，责怪说："你使那么大劲干什么？"我说："我没想到我妈这么轻。"护士问："你以为你妈有多重？"我说："我以为我妈有100多斤。"母亲说："我这一生，最重的时候只有89斤。"

母亲竟然这么轻，我心里很难过。护士说："亏你和你妈生活了几十年，眼力这么差。"我说："如果你跟我妈生活几十年，你也会看不准的。"护士问："为什么？"我说："在我记忆中，母亲总是手里拉着我，背上背着妹妹，肩上再挑100多斤重的担子翻山越岭。这样年复一年，直到我们长大。我们长大后，可以干活了，但逢有重担，母亲总是让我们放下，让她来挑。我一直以为母亲力大无穷，没想到她是用80多斤的身体，去承受那么重的担子。"

我愧疚地望着母亲那瘦小的脸。护士也动情地说："大妈，您真了不起。"母亲笑了笑说："提那些事干什么？哪个母亲不是这样过来的？"护士把旧床单拿走，铺上新床单，又很小心地把边边角角拉平，然后回头吩咐我："把大妈放上去吧，轻一点。"

我突发奇想地说："妈，你把我从小抱到大，我还没有好好抱过你一回呢。让我抱你入睡吧。"母亲说："快把我放下，别让人笑话。"护士说："大妈，你就让他抱一回吧。"母亲这才没有作声。

我坐在床沿上，把母亲抱在怀里，就像小时候母亲抱我那样。为了让母亲容易入睡，我将她轻轻地摇动。护士不忍离去，静静地站在边上看着。母亲终于闭上了眼睛。我以为母亲睡着了，准备把她放到床上去。可是，我忽然看见，有两行泪水从母亲的眼角流下来……

班级：安徽省砀山县师范附属小学五年级（2）班

时间：2006 年秋

评析：天津市南开小学　靳家彦（特级教师）

## 第一节

师：今天我们学习的课文是《第一次抱母亲》。伸出右手跟老师写课题。（师半蹲着、倾斜着身子，边写边述）这个“抱”要注意右边的写法，横折钩要小，因为下面还有竖弯钩，要为它留出位置。“母”字要注意笔顺，点，横，点。“亲”字第二横要长，下面横要短。喜欢于老师写的字吗？

生：喜欢。

师：很认真是吗？写给人家看的字，我一点也不敢马虎。

[评：在小学生中，写字不规范是一个普遍存在的问题。究其原因，当与要求不严、训练不实有关。要让学生写好字，光靠写字课是不行的。于老师指导、示范写字，意在使学生确立“提笔即是练字”的意识。这个做法，值得称道。]

师：课文预习了吗？

生：预习了。

师：任何学科都要预习。通过预习，你有哪些收获？你知道了什么，明白了什么？

生：我知道这是一篇写事的文章。

师：通过事表现了什么，想一想。

生：通过一件事表现了母爱，也说明儿子很孝顺。

生：我知道母爱是无私的，是伟大的。

师：这样说就比较具体了。

生：我对“可怜天下父母心”这句话有了更深的理解。

生：我知道每个母亲在子女面前都不愿露出自己的短处，所以我们要学会体谅自己的父母。

师：会读书。想想，是短处吗？（师等待）

生：（若有所悟）没有一个父母愿意让子女看出自己的困难，发现自己的难处。

师：用词准确，体会很深刻。

生：每个母亲都不愿自己的子女受苦，情愿把苦自己来受，这就是母爱。

生：有一种爱是不可泯灭的，那就是母爱。

师：这是诗一般的语言。

生：这篇课文通过抱母亲这件事而写出生活中最真实的母爱。

生：母爱是一本伟大的书，是永远读不完的书，我们要一直读下去。

师：（肯定地）要读一辈子！你们预习收获很大，很多。不过刚才同学们都说得比较大、比较远，现在谁来说具体一点？

生：作者认为他母亲有100多斤，但实际上他母亲只有80多斤，所以说他对母亲了解得太少了。

师：好，这叫具体。通过读课文，你知道母亲最重的时候有多少斤？

生：只有89斤。

师：嗯，没有100多斤，是89斤。一个看起来不起眼的数字，但你通过读课文已经记住了，并且说得那么清楚（板书：89斤），很好。她通过读书知道了母亲最重的时候只有89斤，你知道了什么？

生：我知道母亲不愿意自己的孩子受一点委屈，就连他长大了挑一点柴火都不让。

生：作者第一次抱母亲，母亲流泪了。

[评：通过检查预习情况，了解学生初读课文取得的收获，一为进行本课教学进行摸底调研，二为学生指引预习的方法与内容，一箭双雕。]

师：是啊。同学们说得越来越具体了。通过预习，字都认识了吗？

生：（齐说）认识了。

师：好，我来检查检查，先写一个好认的字。（板书：越）读。

生：（齐读）越（yuè）。

师：“越”在课文中和哪些字组成一个什么词？

生：翻山越岭。

师：抬起手来，一起写“岭”字，（板书：岭）下面写“翻”，认识吗？

生：认识。（师板书出四个字：翻山越岭）

师：谁能说说“越”字的意思。

生："越"是"超过、翻越"的意思。

师：还有谁猜猜？

生：越就是"跨"。

师：你查过字典吗？

生：没有。

师：怎么讲那么准确啊？"越"字典中有7个意思，在这儿作"跨"讲。翻过一道道山，跨过一道道岭，就是这个词的意思。再写一个字，这个字很难，如果这个字读准了，其他的就不在话下了。

（板书：疚）

生：（读）疚（jiù）。

师：再读。

生：（读）疚（jiù）。

师：它和课文里哪个字组成了什么词？

生：愧疚。

师：现在写"愧"，注意：竖心旁，先两边后中间（边说边在"疚"前写了个"愧"），再读。

生：愧疚。

师：再读。

生：愧疚。

师：谁知道"愧疚"的意思？

生：内疚。

师：那"疚"呢？

生：（想了想）不好意思。

生：我觉得是"后悔"的意思。

师：不作"后悔"讲。

生：心里有些难过。

师：有难过，但不全面，再好好想一想。

生：我觉得应该是自卑。

师：没有"自卑"的意思。

生：就是过意不去。

师：（耐心地等待着）也不准确。

生：我觉得应该是内心里难过、伤心。

生：是做错了事，内心很难过，很惭愧。

师：好吧，我告诉大家，单讲，“疚”就是不安，心里不安，也有“难过”的意思。愧疚是惭愧不安，懂了吗？

生：懂了。

师：读书遇到不认识的字、不理解的词，一定要查字典，把字音读准，把意思弄明白。

[评：前面示范字形书写，为字正音，这里又细致引导理解字义，抠字释词。于老师对语文基础知识的重视程度，堪称典范！]

师：通过预习，课文读得怎么样？能读得正确流利吗？

生：能。

师：通过预习，谁能有把握读得正确流利？

（大部分学生高举起了手）

师：这样好不好，前面的同学用话筒方便一点，请他们“开火车”读。你来读第一段。

生：（读）母亲病了，住在医院里……

师：停下来，读课题。

（生再读，句与句之间没有停顿）

师：读课文要注意停顿，没有停顿就没有思考，读书一定要思考（板书：思考），还要想象（板书：想象）。还有，没有停顿，就不能转换语气。看书，听于老师读一、二、三句。（师范读第一段）

师：一句话读完了要停，给自己留下思考想象的余地，读下一句可以换语气。同样，一个自然段读完了停顿的时间要更长一些，像说话一样自然。好，先自己把第一段轻轻地读一遍，轻轻地念，边读边思考、想象。

（生自由轻声读课文第一段）

师：现在我再请刚才那个同学来读，看他有没有进步。

（原来那位学生站起读第一段，注意了停顿，语速较慢。众生鼓掌。）

师：应该鼓掌，为他的进步鼓掌。他很聪明，很有悟性，（走到某生面前）现在你来读第二自然段。

（生较有感情地读第二段）

师：越读越好。这一段里有句话难读，一是“担子”的“担”读第四声，还有“背（bèi）上背（bēi）着妹妹”。跟我读。

师：（领读课文）在我记忆中，母亲总是手里拉着我，背上背着妹妹，肩上再挑100多斤重的担子翻山越岭。

（生齐跟读）

师：非常好。谁再来读第三段。

（某生读第三段，全班鼓掌）

师：护士的一个看起来非常不起眼的动作：“把边边角角拉平”；听起来非常平白的一句话：“把大妈放上去吧，轻一点”，多让人感动啊！多细心的护士，多好的人哪！咱们把这句话再读一遍，“护士把旧床单拿走”，读——

（生齐读这句话）

师：记住看起来平凡却很精彩的这两句话。——请你来读第四段。

（生读第四段）

师：最后一段最难读的，你来。（又指一生）

（生读第五自然段，读得很好，众生齐鼓掌）

师：通过预习，字都认识了，课文读得那么好，又明白了那么多东西，我们班学生很会学习。现在听于老师是怎么读的，注意老师是怎么停顿的。

（师深情地范读课文，此时的报告厅安静极了，大家都静静地听师读书。随着饱含深情、抑扬顿挫的范读，许多人禁不住流下了热泪。读完后，台上台下报以热烈的掌声。）

[评：“看书，听于老师读一、二、三句”，“听于老师是怎么读课文的”……好一个“一字未宜忽”的初读训练！曾几何时，教师的讲解和示范似乎在我们的课堂中消失了，大有讲解、示范是走传统老路的嫌疑。“在小学，教师的讲解必不可少，这样学生才能学更多的东西，尤其是朗读，要读得好，读得动人，好让学生模仿。”（张田若语）我们知道，孩子们从看到文字符号到正确读课文、把握文章的主要内容，必然要在反反复复的朗读中完成，因此强化初读就成了阅读教学的必由之路，咬文嚼字就是为了咬文，要咬住文嚼字。对于处在“悱”、“愤”困惑不解状态下的孩子，最好的办法就是“听我读”，“跟我读”。做到这一点，既需要深厚的文化功底，也需要教师的悟性，还需要课前对教材苦苦的探求和思索。于老师这段教学应该是可供我们借鉴、玩味的范例。]

师：有人把读书叫作“煮书”（板书：煮书）。饭可以煮，肉可以煮，书怎么可以煮呢？“煮”就是告诉我们要把书读熟，读得遍数越多，书就煮得越熟，它的味道、它的意思才能被体会出来。这篇课文如果反复地品读，对母亲，我们就会了解得更多更多。所以同学们读书时要静下心来，潜心读，静静地读，用心去读。请大家翻开书，让我们用心去读读课文。

（生自由轻声朗读全文）

师：（5—6分钟后）是不是越读越有味道？只要你用心去读，就能读出味道，谁再把第一段读给大家听？这位同学（指第一次读第一段的那位学生），请你站起来，看这次读与上次有什么不一样。

（生读第一段。师点头并板书：赶紧、责怪。读完后生齐鼓掌。）

师：读得太好了，有两个词读得特别好，第一是“赶紧”，第二是“责怪”。母亲病得不轻，转身下床都很吃力，这种情况下，作者——就是儿子，“赶紧”说，请把这句话再读一遍，我赶紧说……

（生读：我赶紧说……）

师：“赶紧”，不仅速度要快，更是表达了一种心情，儿子对母亲的急切、关爱的心情，赶紧说，说慢了不行，慢了母亲要动的，再读：母亲病得不轻，转身下床……（生读）

师：再来看这个词，责怪。先看责，它可以和哪个字组成其他什么词？

生：责备。

师：是的，责备。在这里作“责备”讲。“怪”是“埋怨”的意思。为什么这里护士不是用责备的语气对作者说话，而是用责怪？如果护士责备作者，那就不符合她的身份，因为毕竟他们素不相识，她不能责备人家。但是如果仅仅埋怨他，又不足以表达护士对母亲那种关心、那种关爱，所以这里用了“责怪”，在埋怨中带有一点批评的意思。同学们，这就是我们祖国的语言，这就是我们的汉语言，说话、写文章要推敲的，用词要准确。来，你再来把这句话读一读。（面对学生）看她是怎么把责怪的意思读出来的。

（生读护士的两句话）

师：这就是责怪的语气。“你使那么大劲干什么？”一起把这句话读一读。“护士在后面扶了我一把……”读。（生齐读）

师：谁来读第二段？后面的女同学。

（生读第二段，师板书：重担）

师：多好！一个比一个棒！请坐下。同学们，歌德说，会读书的人用两只眼睛，一只眼睛看着书的文字，另一只眼睛看到纸的背后。也就是说，要读懂文字所包含的意思。当我们用两只眼睛去读“重担”这个词的时候，它仅仅指那100多斤重的担子吗？母亲肩上挑的到底是什么？请你们静下心来，默读，一边读一边思考，要和生活联起来，想想你的妈妈，这样理解才比较透彻。

生：是为了养活一家。

师：是的，她挑起了一个家庭。

生：挑的是母爱。

师：是的，她用自己所有的爱把一个家庭承担下来，还有吗？

生：家庭所有的负担，要管孩子，要关心老人，还要劳动，去挣钱。

生：责任，是必须承担的责任。

师：必须承当的责任，是的，这就叫用两只眼睛看书。同学们，“乳哺三年娘受苦，移干就湿卧娘身”，说的是母亲抚育子女的艰辛；“儿病恨不将身替，调理汤药不离身”，说的是孩子生病时母亲的焦虑和照料；“昔孟母，择邻处，子不学，断机杼”，说的是母亲为教育子女做出的巨大的付出；“慈母手中线，游子身上衣。临行密密缝，意恐迟迟归”，说的是儿女即将远行的时候，母亲的牵挂和照顾。同学们，这就是母亲肩上担子中的东西，她挑的担子是子女、家庭和社会的一部分。这就是她的责任，重大的责任，她挑的是大半边天啊。母亲是用80多斤的身体承受着这么重的担子啊！（讲到这里，师把“重担”和“89斤”这两个词用线连在一起）这就是母亲，这就是我们的母亲。当我们这样理解了“重担”之后，再来看“翻山越岭”，还仅仅是“翻过一道道山，跨过一座座岭”吗？请你静静默读，想好再发言。

［评：在不断朗读、吟诵、体验、玩味中学会领会、理解、感悟、品评，教语文最难的地方就是让学生长悟性。教师不断丰富学生视野，深化学生的灵性，这已经将语文教学的真谛推向极致。语文阅读能力是在阅读实践中自主习得的，任何人也替代不了、分担不了，教师的职责是“因势利导”，“导者，多方设法使学生能逐渐自求得之，不待教师教授之谓也。”（叶圣陶语）于老师的做法是“至法”也。］

生：很艰辛地翻山越岭。

师：这个“翻山越岭”指的什么？

生：越过一道道难关。

师：是。还有吗？

生：人生的坎坷。

师：是啊，坎坷的人生，不易啊。

生：克服一个个磨难。

生：走出一个个黑暗。

师：人生中有无数黑暗，无数的曲折。

生：走出了生活中的大山。

师：这是诗。走出了生活中的大山。好，当我们这样理解“重担”的时候，对“翻山越岭”的理解也和刚才大不一样了。这是母亲带着全家走过了艰辛的曲折的道路，是生活中的大山。同学们，这样读书，就是煮书，就是真正用心去读，就是用两只眼睛读。

[评：读是语文教学最简单、最朴素的教学手段，比任何一种“新式武器”都要高效。可是书声琅琅，滔滔不绝，争先恐后地大声齐读就是真的会读书吗？于老师的阅读方法是朴素的、快捷的吸取营养方式。所谓“阅”，就是用眼看书，用心想书，也是静思默想，细品慢析之意。所谓“读”，就是将情融于声中，声情并茂，音出于口，意出于心。于老师给孩子们创设了一个踏实读书的“场”，一个静静思索的“场”，一个细细品味的“场”。你看，几次学生心灵感悟和精彩的发言主要是靠默读、潜心诵咏而得来的，正所谓“于无声处听惊雷”！]

## 第二节

师：好书不厌百回读，这节课我们继续读书，好不好？

生：（齐答）好！

师：我们还读第二段，现在谁能把对“重担”和“翻山越岭”的理解通过朗读读出来？找个男同学来读吧。

（生读第二段）

（师生热烈鼓掌）

师：什么都不用说，你听他读，他把“重担”、“翻山越岭”的意思全读出来了，现在谁来读第三段？

（生读第三段，师随机板书："笑，……？……？"）

师：读得多好。再看这段，当护士夸奖母亲的时候，母亲"笑了笑"，说了两句话。一句是："提那些事干什么？"另一句是："哪个母亲不是这样过来的？"同学们，思考：通过母亲的话，母亲的表情，你看出了什么？你发现了什么？好好体会，用心去想，想好了再说。

生：我看出了母亲对这些事看得那么轻，认为是她应该做的。

师：是啊，那你再想，为什么母亲看得那么轻？

生：母亲特谦虚，认为这些事不值一提。

生：母亲认为她对于孩子的爱根本是微不足道的。

师：微不足道，不值一提。对的，但浅了。

生：这位母亲是一位乐观的人。不管承受多大的痛苦和多重的担子，她都不在乎。这么好的母亲到哪里去找啊！

师：（笑）所有的母亲都是这样的。到处都可以找得到，同意我的看法吗？

生：（齐）同意。

师：从母亲的最后一句话中你还可以看出什么？

生：她最后一句话也就是在说，我不过是滥竽充数罢了。

师：这个词要改一改。

生：我说的是它的反义。我们老师说成语可以表达很多种意思的。

师：这么说要加引号，但是容易让人家误会，尽量不要这样说。

[评：小学生毕竟是小学生，他们可能在更多的方面、更多的时候，认识肤浅一些，模糊一些，甚至会有错误。作为教师有义务纠正学生在认识上的不足或理解上的错误，任何时候都不能形而上学。马卡连柯说："要尽可能地尊重一个人，也要尽量多地提出坚定、明确、公开的要求。"于老师的点拨既尊重了学生的个性，又巧妙地纠正了学生认识上的偏差，使课堂向着美妙的境界迸发。]

生：就是说，为了孩子做什么都值得，她是母亲中的一员。

生：从母亲的表情来看，我觉得母亲仍然在隐藏自己的心。

师：隐藏自己的心。怕儿女担惊受怕。理解得不错，同学们，这就是母亲，这就是我们的母亲，"谦虚"这个词用在母亲身上都太浅了，最能表达母亲胸怀的这个词应该是“虚怀若谷”，听过这个词吗？

生：听过。

（师板书：虚怀若谷。生齐读。）

师：最能准确表达母亲胸怀的应该是这个词——虚怀若谷，母亲的胸怀像山谷一样宽广。但是我又觉得这个词还不足以表达母亲。雨果说，世界上最宽阔的是海洋，比海洋更宽阔的是天空，比天空还宽阔的是人的胸怀。确切地说，比天空还宽阔的是母亲的胸怀！同意吗？

生：（齐点头说）同意。

师：是的，这就是母亲。“哪个母亲不是这样过来的？”这是母亲的无比宽广的胸怀，母爱的无私。我想，每个同学读到这句话都会不由自主地想到自己的妈妈，因为哪个母亲都是这样的。请你带着对母亲的理解，对自己母亲的理解来读一读这段话。自由读。

（生自由读第三段）

师：谁来读？带着你的理解，请后面的女同学读。

（一生读第三段）

师：正在这时候，作者突发奇想，想抱母亲入睡，开始母亲不同意，经过护士劝说，母亲终于答应了。谁来读最难读的第五段？

（一生读，生齐鼓掌）

师：我们班学生都是好样的，感谢你们李老师。同学们，记住这个词，跟我写。

（师板书：泪水。生齐读两遍。）

师：作者抱着母亲，以为母亲睡着了，但母亲眼角流下了泪水。思考这泪水是什么样的泪水？

生：我觉得这是感动的泪水。

生：感激的泪水。

生：我认为是高兴的泪水。

师：还有吗？

生：我认为是喜悦的泪水，看到子女这么有孝心，她为自己的付出而感到喜悦。

生：我以为是自豪的泪水。

师：为有这样的儿子感到自豪。

生：我以为是甜蜜的泪水，那泪水是甜的。

生：母亲的奶水是甜的，母亲眼泪是苦的。

师：作者仅仅抱了母亲一次（指题目“第一次”），仅仅抱了一次，母亲就如此感动，如此欣慰，而我们小时候，母亲抱过我们无数次！记住这个词：无数次（板书：无数次，并将“无数次”与课题中“第一次”连起来），当我们把“第一次”与“无数次”这两个词放在一起时，你最想对母亲说什么？你最想对自己说什么？想好再说。

[评：高明的雕塑家是把石块的多余部分恰到好处地凿掉的人。同样，最好的老师理当是删繁就简，化难为易，为孩子的成长指明捷径的人。看，“翻山越岭”、“重担”、“一次”、“无数次”等词语的处理，正如“提领而顿”，使得“百毛皆顺”，教学成了何等高妙的境界！于老师课后风趣地说：“教学中学生不会的地方是不多的，重点问题解决了，全篇文章就弄懂了，我主张刨坑法反对平推法——像推土机在地面上平推，有没有问题都平过一遍，这样必然浪费，改用哪里有坑，就在哪里刨两下的办法，不是又省力又有效吗？”这里包含了多么深刻的哲学思想和人文关切！]

生：我们欠您的东西实在太多了！

生：我们为您做得太少了，母爱真是无以回报啊！

师：报答不了。

生：母亲，美丽的母亲；母亲，生病后的母亲；母亲，伟大的母亲。

师：她在写诗。

生：是啊，母爱就是那么伟大。

师：此时此刻，还有比这更好的语言吗？

生：母亲比上帝还伟大！

师：上帝是虚无缥缈的，而母亲是实实在在的。

生：我爱您，母亲！从心灵深处。

师：读了这篇课文，如果有这样深的感受，于老师就非常非常放心了，非常非常满意了。此时此刻，你想对自己说什么？发自内心的，发自肺腑的。

生：好好爱母亲吧，好好珍惜母爱吧，不要再让母亲生气了。

师：今天你妈妈来了吗？

生：没有。

师：为什么没有让妈妈来听课？

生：（情不自禁哭了起来）因为我妈妈没有空……

（师摸着学生的头，轻轻地、长时间地抱住这个孩子，说："妈妈忙啊，担子重啊！"会场响起热烈的掌声。）

师：此时此刻，我最想说的，是什么？是你们刚才背的《游子吟》中的两句诗，你们猜是哪两句？

生：谁言寸草心，报得三春晖！

师：说得好，现在一齐把这句诗写在课文上。（板书：谁言寸草心，报得三春晖）（生齐读）

师：本来后面是个问号，于老师把它改成了叹号，不要问，报答不了，我们做儿女的对父母再好，也难以报答母亲的恩泽于万一！同学们，我们不光要把这句诗写在书上，更要写在心上。来，读——

生：（齐读）谁言寸草心，报得三春晖。

师：知道此时此刻于老师想说的第二句话是什么吗？

（生摇头）

师：我读了这篇课文，最想说的第二句话就是，《第一次抱母亲》深深地感动了我，我想我能不能感动别人？孟子说：老吾老以及人之老，幼吾幼以及人之幼。我父母虽然去世了，但我周围还有别人的父母健在，我要像关爱我的父母一样关心周围的老人，我要像关爱自己的孩子一样关爱我的每一位学生。

（长时间的掌声）

[评：一段母爱的真情倾吐，足以使学生感念一生，足以为师者之楷模。于老师同学生同读一篇课文，同写一个题目，同吟一首诗歌，既是老师又是朋友，当堂于即时，倾吐于瞬间，承于前又启于后，语宜约而爱宜远，处处显示教者智慧之花蕾，灵性之闪光。看似顺手拈来，得心应手，实乃厚积薄发，大爱无痕。]

师：同学们，当我们把课文读完了，对课文又有了一些理解，回来看这个词，"愧疚"，作者没想到母亲竟然那么轻，心里感到非常非常的难过、愧疚，现在你对"愧疚"怎么理解？他究竟"愧疚"在哪儿？原因到底是什么？

生：他跟母亲生活了那么多年，却不知道母亲究竟有多重，究竟能不能承受那么重的重担。

师：嗯。对母亲这么不了解，更深层的原因是什么？

生：母亲不愿表现自己。

师：所以儿子不了解母亲。

生：母亲给了我们多少爱，而我们又给了母亲多少爱呢？

师：他说的意思就是这句话。（指黑板）来，读。

生：谁言寸草心，报得三春晖。

师：现在让我们带着对这句诗的理解来读读最后一段。

（生读最后一段）

师：掌声应该献给进步者、成功者，献给自己，因为我们都在进步。最后还有一项非常重要的任务——写字，看看课文最后的几个字。

（幻灯出示：翻、越、疲，重点指导书写“越”和“疲”两个字。指导过程略。）

师：这里面最难写的最不容易写规范的就是“越”、“疲”，拿出笔来，做好准备，写好字的第一步是读帖，通过读帖来了解每个字的结构，每一笔在哪儿起笔，在哪收笔，这是最重要的。先看，一边看一边书空。一个字一个字地读。第二步叫描红，用钢笔在字上描，这一步非常重要，你描多了，这个字就是你的了。

（生描红）

师：头正、身直，两只脚要放平，背要挺直，描一遍。描完了在自己的作业本上写一遍，要照着字帖写，这一步叫临帖。“越”和“疲”要写两遍。（生临写）

师：谁是小书法家，到黑板上来写一写？

（两生到黑板上分别写下“疲”和“越”字）

师：跟于老师写一遍，（范写“越”）这个“捺”要写出变化，一波三折。右边的第一笔“横”起笔要注意不要高，“疲”字（范写“疲”），撇要长一点，有力度，捺要有脚。好，照着这两个字，再写一遍。

（生写这两个字）

师：满意了吗？不满意再写一个。最后，送大家一句话，字是人的第二张脸，愿你们都拥有第二张漂亮的脸庞！好，下课。

## 总 评

于老师的“授课”和“说课”是相得益彰的完整的学术成果！它不仅道出了语文教学的本质，还一针见血地指出了当前语文教学的症结所在，用鲜活的课堂实例指明了语文教学的改革方向，具有振聋发聩的警示作用。毋庸讳言，语文教学的弊端大家是心知肚明的。能如此旗帜鲜明地揭示出来，并用实实在在、成功高效的课堂实践来告诉我们应当“怎么看”和“怎么办”的，于永正老师当是标志性代表人物。从某种意义上说，《第一次抱母亲》具有里程碑式的地位。综观课改以来的小学语文教学，我们在逐步重视传统语文教育的整理、研究、学习、继承，但是还很不够。总的来说，强化了横向的借鉴，弱化了纵向的继承（西学东渐现象），也就是说一次一次地学习国外的教学理念，对于提高我国的语文教学水平起了积极的作用。但同时也忽视了我国汉字、汉文的特点，对传统的语文教学发展继承还很不够，主要是对于传统的语文教学的丰富性、科学性、理论性认识不足。张志公先生说：“传统语文教学最重要的一条经验是教学从汉语的实际出发，并且充分运用汉语、汉文的特点来提高教学效率。”于永正老师近五十年的语文教学，无疑是继承和发展我国母语的典范。在当今小学语文界“乱花渐欲迷人眼”的“热闹”和“虚空”中，他给我们带来的是清醒的思索和睿智的抉择。

# 18.《圆明园的毁灭》教学实录和评析

## 圆明园的毁灭

圆明园的毁灭是祖国文化史上不可估量的损失，也是世界文化史上不可估量的损失！

圆明园在北京西北郊，是一座举世闻名的皇家园林。它由圆明园、万春园和长春园组成，所以也叫圆明三园。此外，还有许多小园，分布在圆明园东、西、南三面，众星拱月般地环绕在圆明园周围。

圆明园中，有金碧辉煌的殿堂，也有玲珑剔透的亭台楼阁；有象征着热闹街市的“买卖街”，也有象征着田园风光的山乡村野。园中许多景物都是仿照各地名胜建造的，如杭州西湖的平湖秋月、雷峰夕照，海宁的安澜园，苏州的狮子林等。还有很多景物是根据古代诗人的诗情画意建造的，如蓬莱瑶台、武陵春色。园中不仅有民族建筑，还有西洋景观。漫步园内，有如漫游在天南海北，饱览着中外风景名胜；流连其间，仿佛置身在幻想的境界里。

圆明园不但建筑宏伟，还收藏着最珍贵的历史文物。上自先秦时代的青铜礼器，下至唐、宋、元、明、清历代名人书画和各种奇珍异宝。所以，它又是当时世界上最大的博物馆、艺术馆。

1860 年 10 月 6 日，英、法联军侵入北京，闯进圆明园。他们把园内凡是能拿走的东西，统统掠走；拿不动的，就用大车或牲口搬运；实在运不走的，就任意破坏、毁掉。为了销毁罪证，10 月 18 日和 19 日，三千多名侵略军奉命在园内放火。大火连烧三天，烟云笼罩整个北京城。我国这一园林艺术的瑰宝、建筑艺术的精华，就这样被化为灰烬。

班级：江苏省通州市育华小学五年级（1）班
时间：2003 年 4 月
评析：通州市西亭小学　秦燕梅

## 第一节

师：同学们好！

生：于老师好！

师：怎么知道我姓于的？

生：老师说的。

师：说我姓于——嗯。老师还告诉你们什么？

生：说你叫于永正。

生：说你是一位全国特级教师。

师：全国特级教师？不是，是江苏省特级教师。（众笑）还讲什么了？

生：你上课时对待学生很平等。

师：嘿（笑），说的好话真不少。

生：你把学生当成自己的朋友。

生：还说你跑过许多省市。

师：跑过？用腿跑？（做奔跑状，众笑）到过，说跑过也行。

生：老师说你是一位中年男性。（笑声）

师：是中年男性，不是女性。（众笑）你们老师贵姓？

生：邱老师。

师：噢，姓邱。一见到我，你们觉得老师说的话全对吗？你们对我有什么看法？

生：你头发白了。

师：不是中年男性了。（众笑）

生：是老年男性。（众笑）

师：看来邱老师说得不准确。不是中年男性，是老年男性。

生：我觉得你很幽默，很平易近人。

师：很幽默，很平易近人。来握握手。（与该生握手）你很会思考。任何结论都是思考的成果，即使是错误的。

生：原来于老师也是戴眼镜的，和我一样。（该生戴眼镜，众笑）

师：戴眼镜好，后面的同学看不见，在下面做小动作我也看不见，你们可以自由一些。（笑声）

师：中年男性一下子变成老年男性。对邱老师的话还相信吗？一听说就相信这不是科学的态度。

生：应该眼见为实。

师：两节课后，请你把对我的印象说一说，好吗？一言为定。（指着刚发言的学生说）

生：（大声）一言为定。（师抚肩示意该生坐下）

［评：教学伊始，于老师利用与学生初次见面这一特殊情境，与学生进行交流，看似闲聊，实是切切实实的口语交际训练。可谓亲切自然，不露痕迹。］

师：现在咱们上课。知道学哪篇课文吗？

生：（齐）《圆明园的毁灭》。

师：课前书读了几遍？

生：两遍。

师：有看三遍的吗？

生：我。（三五个举手）

师：好，请放下手。有超过她的吗？（一生举手回答说“四遍”）你看了四遍，很好。看一遍两遍就不错了，看四遍更不得了。这叫自觉地学习。请同学们把右手抬起来，咱们一起写课题好不好？（边板书边指导，生书空）圆，写得潇洒一点；的，上齐下不齐；毁，注意笔顺；灭，上面一横长一点。

［评：教师在黑板上写的是字，流露的是情感、责任、体贴。于老师寓写字教学于课题板书之中，不仅能使学生确立“提笔即是练字时”的意识，同时有利于学生美好情感的形成。］

师：请大家读一读。

（生齐读课题）

师：（深沉地）大家一读课题，表情立刻变了，再也不像刚才那么活泼可爱了。

［评：于老师这句话说得太好了！这是肯定，更是引导——情的引导。］

师：大家打开书本把课文默读一遍。读书要学会做记号，留下你思考的痕迹。你认为写得特别好的地方，感受特别深的地方，还有不懂的地方都可做记号。（师巡视）我发现大多数同学把第3段画下来了，我知道你们为什么画这一段。（继续巡视）对，加上批注，为什么画这一段，写一写你的理解和体会，这叫作“批注”。有人把最后一段用直线画下来了。为什么用直线，不是波浪线？

［评：于老师要求学生读书做记号、写批注，留下自己思考的痕迹。通过调动多种感觉器官感悟课文内容，不失为一种很好的读书方法。］

师：默读完的同学请朗读课文，要读得正确流利，能读出自己的感受更好。自己试一试。

（师巡回指导）

师：把书放下。读了两遍课文，我发现每位同学脸上的表情更严肃、更沉痛了，你们把读了这篇课文的感情统统写在自己的脸上了。现在我问大家，你读了这篇课文，心里是什么滋味？

［评：这个问题设计得好！这实际上是为读这篇课文定感情的“基调”。］

生：我觉得英法联军是无耻的强盗！

生：我痛恨英法联军！

师：他读出一个“英法联军无耻”，他读出一个“痛恨”。

生：我觉得英法联军简直毫无人性！

生：我恨英法联军，也恨满清政府。

生：对于圆明园的毁灭我很难过，因为这是中国历史上的耻辱！

师：（板书“恨”字）注意“恨”这个字的写法，竖心，先两边后中间。

［评：时时不忘写字教学，在写字评析中提升情感。］

这位同学说了，他一恨英法联军，二恨腐败无能的满清政府。同学们，你读到课文哪一段最恨？

［评：“恨”，即是读这篇文章的感情“基调”。］

生：第5自然段。

师：读到第5自然段最恨，请同学们再把第5自然段读一读，把你的恨读出来。

（生自由读课文第5自然段，个个表情愤怒而且痛恨）

师：谁愿意读第5自然段？

（一生站起来读，生读时，师板书：掠、搬、毁、烧）

师：请坐。看黑板，（指着板书的“掠、搬、毁、烧”）价值连城的国宝被掠走，这个“掠”活画出了侵略者的嘴脸，这是第一可恨。二可恨，人拿不动的就用牲口搬，大车运。三可恨，实在运不走的就任意破坏。同学们，任意破坏的是无价之宝呀！最可恨，他们企图放火烧毁罪证。罪证能销毁得了吗？同学们再看书，一齐把最后一段读一读。会读书的人，能把黑板上的四个字，读成一幅幅画面，把书读厚。“1860 年 10 月 6 日”——读！

（生齐读，个个表情严肃，人人把恨写在了脸上，把恨通过声音表达了出来）

[评：课文朗读，于老师没有从技巧上指导，感情是体会出来的，是感悟出来的。学生通过悟，体味出了一个“恨”，学生读得很到位。]

师：请告诉我，为什么英法联军毁了一座圆明园，就激起我们那么大的恨、那么大的怒？读读课文 2、3、4 自然段，能不能用一句话回答这个问题，要边读边做记号，要会读书，会读书的人能把三段话读成一句话，能把厚书读薄。这三个自然段，总起来写了什么？

[评：于老师很重视教给学生读书的方法。]

（师巡回指导）

师：一边读，一边思考，“读书切戒在慌忙，涵泳工夫兴味长”。要静心、专心读书。

（师巡回指导）

[评：文章的字里行间流露着作者的思想感情，只有通过反复读才能品味出来。于老师让学生通过细细体会来理解字里行间所蕴含的思想感情。]

师：为什么英法联军毁了一座圆明园，就激起我们那么大的恨？

生：因为它是当时世界上最大的博物馆、艺术馆。

师：这三段课文你读懂了一半。

生：因为圆明园不但建筑宏伟，而且收藏着最珍贵的历史文物。（板书：不但……而且）

师：你全读懂了。看黑板，这就是 2、3、4 自然段告诉我们的。它不但建设宏伟，而且是当时世界上最大的博物馆、艺术馆，收藏着珍贵的历史文物。所以它毁灭了，使每一个中国人痛心，使每一个中国人都会对英法联军、对当时腐败无能的满清政府痛恨。告诉我，课文哪几个部分写的是建筑宏伟？谁来读？请你读。

（一生读 2、3 自然段。生边读师边引导理解。）

师：大家想一下，它由哪三个大园组成。（生回答略）

师：这三个园周围有许多小园，这就叫什么？

生：众星拱月，像许多星星围在月亮周围。

师：第二段主要写圆明园的什么？

生：圆明园的地理位置。

师：还可以怎么说？

生：圆明园由三个大园和许多小园组成。

生：圆明园在北京西北部，是一个举世闻名的皇家园林。它由圆明园、万春园和长春园组成，所以也叫圆明三园。

师：说得都对。——请继续读。

（该生继续读第 3 自然段）

师：（读到“蓬莱瑶台”叫学生暂停）蓬莱瑶台，有知道的吗？

生：我在电视上看的，说蓬莱岛上住着许多神仙。

师：书上这样说的，海上有三座神山，其中一座叫蓬莱，还有一座叫方丈，还有一座叫瀛洲。这都是神话传说。这三座山都是神仙住的山。瑶台就是山上的建筑，神仙住的房屋。这是根据神话传说中的景物来建造的，是想象。

师：（读到“武陵春色”叫学生停）武陵春色，有懂的吗？我看谁课外书读得多。

生：大概指张家界的武陵源吧。

师：张家界的武陵源是根据陶渊明的一篇文章《桃花源记》来命名的。“武陵春色”是根据陶渊明文章中写的景物来建造的。这一部分是根据古代诗人的诗情画意建造的，也是想象。

［评：于老师教学生理解字、词的意思，不是简单的灌输，而是循循善诱，相机点拨，授之以渔，提高学生理解的能力。这个做法值得仿效。］

（一生继续读，读到“流连其间”时有些结巴）

师：“流连其间——”，读。

（一生接着读，但还没读好）

师：你再读一遍，不要着急，如果第三遍读不好，还有第四遍。

［评：这是于老师常说的一句话。学生听了该会感到多么宽慰与鼓励啊！］

（生仍有些紧张，师走近生身边，弯腰帮助他拿起课本）

师：我给你拿着，读——

（生终于读成功了）

师：不是很好吗，看来人与人需要互相帮助。读了五遍终于读好了。大家掌声鼓励他一下。（掌声）请坐，读不好是正常，一遍读好了是超常。

［评："教书育人"，教书是手段，育人是目的。在教给学生知识的同时，要重视学生非智力因素的培养。于老师不断给这位学生鼓励，并暗示互助对学习的作用。可见，于老师对课改有着准确而深入的理解。］

师：同学们，如果圆明园现在还完好地保存着，你会以一种怎样的心情去读2、3段？

生：我会以十分自豪、十分高兴的语气去读。

师：请你以自豪的语气把第2、3自然段读一读，注意把自豪的语气读出来。

（生有表情地朗读）

师：我发现这位同学的表情非常好，真是非常自豪。请你站起来读，表情要跟刚才一样，再读一遍。（该生又很有感情地读了一遍）

师：真好。（片刻之后，师脸一沉）可惜圆明园被英法联军毁灭了，让我们记住这一天——1860年10月6日。把书拿起来，再次读第五自然段，把我们的恨、怒读出来。（生齐读，这次读得更有感情了）

［评：于老师处理得多么巧妙！］

师：我发现每位同学的表情都在告诉我，你们心中燃烧着恨。——如果圆明园的文物还完好无损地放在那儿，我们又会以怎么样的心情读第4自然段？（生齐读，人人脸上洋溢着自豪）

师：最后一句再读一遍。

生：（齐读）"所以，这又是当时世界上最大的博物馆、艺术馆。"

师：很好。如果它完好无损地保存着，我们每个中国人现在看了该是多么自豪。可惜，它被英法联军掠走了，搬走了，毁掉了。让我们永远记住这一天，1860年10月6日。这是中国人民的国耻日，拿好书再读第5自然段。"1860年"——读！（生再次齐读第5自然段，越读感情越强烈）

［评：于老师巧妙地将两部分截然不同的内容让学生进行比较，体会感情，再通过诵读表达出来。］

师：同学们，请记住中华民族的奇耻大辱。

（下课）

## 第二节

师：我发现同学们有两大优点。第一，读书非常投入，越读越好，越读感情越真挚。第二个优点，读书会做记号。有许多同学把 2、3、5 段画了许多波浪线和直线，而且有人在旁边写了一句话。喜欢第 3 自然段的能不能把原因告诉我？

生：因为这一段主要讲了圆明园是仿照我们中国各个地方的美丽景观而建造的景物。

生：圆明园很美丽，它是中国劳动人民智慧的结晶，是中国人民的骄傲。

师：好，这是他们的理解。我还知道为什么有的同学在第 5 段做了记号，而且用的是直线，因为你读出了“两恨”：一恨英法联军，二恨满清政府。如果说波浪线是赞美，那么直线则是我们的愤怒和愤恨！对吗？

生：对！

[评：连读书做的记号都是有情的，于老师解读的多好啊！]

师：课文 2、3、4、5 段都读了，唯独第 1 自然段没读，谁站起来读给大家听一听？

生：（读）圆明园的毁灭是祖国文化史上不可估量的损失，也是世界文化史上不可估量的损失！

师：一齐把这一段读一读。（生齐读）

师：圆明园的毁灭仅仅是个损失吗？（板书“？”）你对作者的议论有意见吗？同学们，英法联军，还有后来的八国联军，他们用中国人发明的指南针指引着他们的舰队不远万里驶入中国领海；用中国人发明的火药制成的枪弹、炮弹屠杀中国人；然后，逼迫满清政府在中国人发明的纸上签订了一系列不平等条约——割地赔款。这仅仅是损失吗？这不值得每个中国人深思吗？

[评：多么发人深省的话！]

师：我想每一个中国人读了这篇课文一定有很多话要说，对自己、对别人，甚至对至今还在搞霸权主义的国家说。请同学们把此时此刻要说的话写下来，待会儿交流交流。愿意对自己说的对自己说，愿意对别人说的对别人说。

师：（再次点拨）你们看看课文的照片，那样好的皇家园林变成一片废墟。面对着这残垣断壁，你难道不想说什么吗？

［评：这是激情。］

（生自由写作，师来回指导）

［评：《语文课程标准》降低了学生写作的门槛，要求学生乐于将自己想说的写出来，并与人交流。于老师摒弃了千人一面、千篇一律的写作方法的指导，让学生不受限制，自由表达。这样的写作练习合乎学生心理。于老师主张读写结合，而且善于寻找“写”的切入点。此时的“写”，可谓水到渠成。］

师：（边巡视边问）有写诗的吗？咱们班有诗人吗？

［评：于老师不经意的一句话，看似提问，实是引发，是对诗意的追寻。这种暗示是教学的机智。］

师：（见生大部分已写好）请把自己写的这一段话读一读，读出你的情。（生自读）要反复读，发现问题自己改。（生读和修改）我们交流一下各人的感受。

生：（读）英法联军、八国联军真是丧尽天良。我们祖国现在强大起来了，再也不怕你们到我们的国土上胡作非为！（师插话：不是不怕，是再也不允许！）

［评：一字之改，意思大变。作为语文老师真的要有敏锐的语感和清醒的头脑。］

生：（读）我们今天强大起来了，他们再来胡作非为已是不可能了，历史不会重演！

师：写得真好，我感受到了你的拳拳赤子之心。

生：（读）圆明园的毁灭不仅仅是中国及世界文化史上的一种伤害，（师插话：“伤害”改为“损失”）也是一种深刻的教训。帝国主义，罢手吧，这是世界上每个渴望和平、渴望平等之人的呼唤。我最想对自己说的是：“落后就要挨打。朋友们，行动起来吧，让我们的祖国更加强大起来吧！”（掌声）

师：你说的是所有中国人的心声，小小年纪，说出了所有中国人想说的话。

生：（读）我恨，英法联军凭什么在中国的领土上烧杀抢掠；我恨，当时的满清政府为什么那么无能；我恨，怎么当时没有一个人和侵略者做斗争！团结起来吧，用我们的行动告诉那些狂妄的人们：今天的中国很强大，明天的中国更强大。让帝国主义在我们面前发抖吧！（掌声）

（每一个发言的孩子都充满激情）

师：这就是诗！诗是燃烧的火，是嘹亮的号角！

［评：这是本课的又一高潮。学生之所以情绪高，正是这一环节设置的结果。学生先是读，后是写，现在又读，环环相扣，环环都围绕一个中心：言语训练。］

师：同学们说的话，表达了所有中国人共同的心声。英法联军可以把圆明园从中国的版图上抹掉，但是，圆明园将留在每个中国人的心中。我建议每个人把第3自然段背诵下来，让这举世闻名的皇家园林永远留在我们心里。

［评：这几句话，别说学生，就是老师听了，也很激动，也想背。激其趣重要，激其情更重要。］

师：我给大家四分钟的时间，背的时候注意这些词。（指板书中第3段的词：有……也有……仿照……根据……不仅……还……流连其间……）先记住有什么、也有什么，再记住仿照什么、根据什么，不仅有什么还怎么样，最后记住游览的感受。——记住层次有助于你背诵。

（生练背，师巡回指导）

［评：背诵切忌死记硬背。于老师指导学生背诵的方法，让学生自然成诵，这样学生会记得更长久。］

师：请你背这一段，你叫什么名字？

生：施帅旗。

师：率领的率？

生：元帅的帅。

师：什么旗？

生：红旗的旗。

师：看你能不能起表率作用，当好一面帅旗。（对旁边一生耳语：如他背不出来提醒一下）

［评：激励和关爱在不经意间流淌。］

（该生背诵，背得流利而有感情）

师：相当了不起！（鼓掌）还有谁想背的？好，请你背。

（一女生再背，师同样对她的同桌耳语。该生背得也很流畅，很有情。）

师：时间关系，不背了。

师：我又发现大家很会背书，很会写文章。优点真不少。下面请大家认真读课文后面的生字，这就是字帖。写字首先要读帖。什么叫读帖？就是认真观察每一笔的笔顺，起笔、落笔，边观察边书空，不出声，看在眼里记在心中。（生自读、看）读完了，请再次观察这四个字：苏、艺、奉、唐。现在推荐四个小书法家上来分别写这四个字。（生上黑板写，态度认真，近乎虔诚）

师：字写得好得红圈。（边评析边圈点，苏、奉、唐都得了红圈）这个字（指学生写的“艺”，这个字写得不好）哪里圈红圈呢？就圈这里吧，这个折写得很有味道（在“艺”字的折处圈了一下）。下面看于老师写一个“苏”，江苏人要把“苏”写好（接着示范）；艺，上面小一点，下面大一点；奉，一撇一捺要写得夸张一点。“春”字头，都要写好撇和捺，一定要长一些，这样才规范，才有精神，例如“春”字。（边说边示范。写了一个春字，一个奉字。每个字都写得很规范。学生、听课老师发出了“啧啧”的赞美声。）请大家坐好，我送大家一句话：“我们要堂堂正正地写字，做堂堂正正的中国人。”（准备下课）

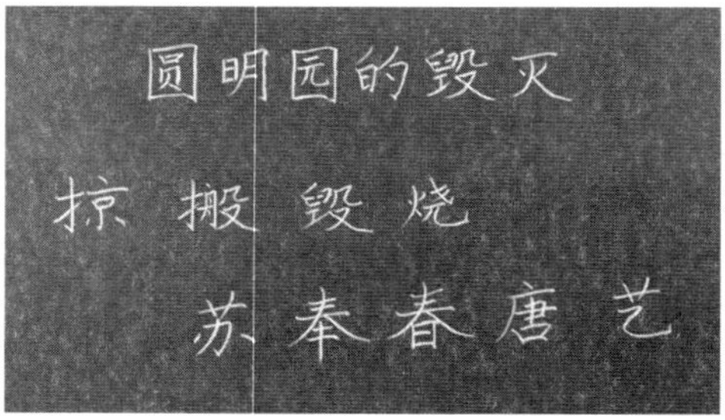


师：（发现一生举手）有同学有话要说。

生：我真的觉得于老师和同学很接近，这很好。

师：我得了两个字的评价——“很好”，谢谢施帅旗对我的鼓励。

生：（深情地）你不是我的老师，是我的同学。

师：握握手，老同学和小同学握握手。（台下一听课老师按动快门拍照，众笑）

生：你虽然是老年男性，听了你的课，我觉得你是青年男性。（笑声）

师：再上两次课我就成幼儿园的了。（众笑）

生：（深情地，眼圈红润）你是我永远的朋友。

师：朋友，还是永远的朋友！握握手，合个影。（掌声）

## 总 评

《语文课程标准》指出："阅读教学是教师、学生、文本三者对话的过程。"这堂课不仅体现了教者与文本对话的深度，也凸显了孩子与教材对话的过程，更彰显了师生间的对话式的交流。它昭示着教育的平等、民主，昭示着教育的人文关怀。特别是教者的读、写训练的巧妙安排，真可谓"匠心独运"！

## 再教实录

（2004 年 5 月 23 日，我在湘潭市风车坪小学执教《圆明园的毁灭》时，又有所变化。现将其中部分实况照录于下，供参考。）

师：第 2、3 自然段写了圆明园是由三个大园和许多小园组成的，作者用了一个什么词形容的？

生：（齐）众星拱月。

师：什么意思？

生：许多星星围绕在月亮的周围。

师：对的。拱，在这里作"围绕"讲。——这是人们从上往下看，由高处看圆明园。（要求学生把"众星拱月"读三遍）

师：从这个词中，你发现了圆明园在建筑上的什么特点？你们看，建筑师是怎样设计的——有大的，还有小的，像众星拱月……

生：安排得好。

师：有点意思了。这叫"布局合理"！（板书：布局）我们古人多了不起呀！布局得多巧妙啊！如果我们走进圆明园，更会让你吃惊，有许多新的发现。——谁读第 3 段？

生：（读）圆明园中，有金碧辉煌的殿堂，也有玲珑剔透的亭台楼阁；有象征热闹街市的"买卖街"，也有象征着田园风光的山乡村野。

师：这是介绍圆明园的建筑的。从这句话中你看出了什么？殿堂是什么样的？亭台楼阁呢？

生：建筑有大、有小。

（师板书：大、小）

生：有热闹的，有僻静的。

（师板书：闹、静）

师：（指板书）圆明园中的建筑，有大有小，大小相间；有闹有静，闹静结合！什么叫艺术？有变化就叫艺术！古代的建筑师，多么会思考，多么会设计！——咱们接着往里走。（示意该生接着往下读）

生：（读）园中许多景物都是依照各地名胜建造的，如杭州西湖的平湖秋月……还有很多景物是根据古代诗人的诗情画意建造的，如蓬莱瑶台、武陵春色。

师：（板书：依照、根据）有的景物是仿造的。如果仿造不算什么，那么，根据古代诗人的诗情画意想象出来的建筑，就是了不起的了！这叫创造！大家再把这两句读一读。

（生齐读，师板书：仿、创）

师：看，有仿有创，交相辉映，相得益彰！咱们再往里走，请接着读。

（生读，一直读到“仿佛置身在幻想的境界里”。师板书“民族建筑”、“西洋景观”）

师：圆明园里不但有民族建筑，还有西洋景观，有中有西，中西合璧！难怪人们说它是“园林艺术的瑰宝”、“建筑艺术的精华”！

## 评　课①

### 润物细无声的课堂评价艺术

江苏省通州市实验小学　瞿德良

于永正老师的课总给人一种朴实的感觉，不张扬，但极透彻，台上台下听讲的师生都能从骨子里认同于老师的教学，并受之感染，也变得激动起来。这一切，当然是与于老师课前深入的备课分不开的，同时，也是和于老师在课堂上合情、合境、合理、合心的评价紧密关联的。

在这节课中，于老师不时握握学生的手，摸摸学生的头，不时以欣赏激

① 此部分为江苏省通州市“名师之路”教育科研沙龙发言实录。

励式的语言评价学生，如："你真会提问题！""读得真好极了！""我感受到了你的拳拳赤子之心！"等等。给我印象最深的是于老师对学生板演生字的评价这一细节。于老师拿出红粉笔要给"写得最好的字画上红圈"。在圈出了明显较好的一个字后，于老师又端详起另三个写得实在一般的字，不一会他面露喜色，将两个写得好的偏旁圈了出来，最后连那似乎挑不出优点的"艺"字也在折角处给郑重地画上了圈，并竖起大拇指，夸奖道："这个折很有味道！"于老师就是这样将学生的闪光点拿出来，并将之放大，给他们以充分的欣赏和鼓励，使学生学出自信。

教学中，碰到学生胆小或朗读发言不尽完美时，于老师总是非常有耐心地给予期待性评价，不让他们产生失败感，避免其受挫折，增强其自信心。同时，于老师还注意通过评价，对学生进行学习方式的导引。比如，于老师在学生读完最后一小节后，做了如下评价："老师发现刚才有些同学读完之后，见其他同学还没读完，就又读了一遍，这就叫自觉学习。"又如，于老师在学生读完课文后做了如下的导引："会读书的人能把一本厚书读成一本薄书，能把三段话读成一句话。"于老师的这些课堂教学评价看似无意却有意，它对学生的影响可能将是一辈子的。

## "学真知、悟真情"的课堂育人艺术

江苏省通州市通州小学　葛青松

上课伊始，于老师让同学们举起右手随他一起认真地书写课题《圆明园的毁灭》，比较"圆"与"园"的字形差异，观察"的"字右半边的起笔、收笔，注意"毁"的笔顺，写好"灭"的长横。课近尾声，于老师教写生字，给时间让学生读帖，再到黑板上写字，并细细圈点。高年级的写字教学常常被人们忽视。于老师的这节课却从写字始至写字终，在细微之处认真指导、扎实训练，让学生掌握最基本的书写技能，于无声之中感悟祖国文字独特的形象美，养成严谨求实的习惯。

激发学生对帝国主义的仇恨、对清政府的憎恨、对祖国的热爱之情是教学的难点。于老师通过独具匠心的教学设计实现了这一突破。教学过程中，于老师紧扣"圆明园是怎样被毁灭的"这一问题，让学生朗读第5自然段，讨论归纳原因，激发学生的"恨"。再让学生默读文中描写圆明园辉煌过去的段落，激发学生的“爱”。“但是，现在我们还能见到这座举世闻名的皇家园林吗?”“让我们再来读一读课文的第 5 自然段!”“让我们记住这个日子，它是我们的国耻日!”在于老师的引导下，学生反复诵读。对比朗读后，于老师再让同学们用文字自由表达对圆明园毁灭的感想，学生的情感自然喷薄而出，内心的真情实感充溢于字里行间，让所有在场的“中国人”为之震撼！思想教育已不再是空洞乏味的说教，“牢记国耻，振兴中华”的主题思想变成了声情并茂的朗读、饱含真情的文字。

## 返璞归真的课堂整体把握艺术

江苏省通州市川港小学　钱婷婷

首先是整体把握文章结构。这样的例子贯穿课堂始终。例如，在初读课文时的要求是：你对课文的哪一部分印象最深? 以一问引导学生关注文章重点段。又如，再读课文后问学生：此时你的心里是什么滋味? 你恨什么呢? 又是从哪里读出这些“恨”的呢? 这几个问题提得非常有思考价值，是因为它们统领了全文，具有极强的辐射性。其中有的指向文章重点段，有的指向学生以前的阅读积累，有的指向内心感悟，牵一发而动全身。在这些问题的统领之下，师生自由探讨的，平等对话的，均为学生感触最大、感悟最深之处。

其次是整体把握朗读训练。恰当地选择朗读内容，使之组成某一“整体”，具有某种“意义”，有利于训练语文整体把握的能力；而富有感情的诵读，则能使学生真切地、敏锐地把握语言文字，是培养语感、激发情感的重要途径。于老师在他的课堂上时而要求选择内容读，整体地把握课文的意蕴；时而又指导读出语感来，在抑扬顿挫的读书声中，进一步加深对课文内容和情感的把握。

最后是整体地把握读、写、说。用心去听，你会发现于老师的课堂教学实际上是一个“对话”专栏。平等的对话彻底改变了教师是文本代言人的角色，而使教室成了孩子们的“群言堂”。对话中师生内心涌动生命的激流，课堂已幻化成了学生情感奔腾的海洋。同时他注意读中有写，融读、写、说、悟等语文能力练习于一体，真正全方位地、完整地培养学生的语文能力。

# 19.《再见了，亲人》教学实录和评析

## 再见了，亲人

大娘，停住您送别的脚步吧！为了帮我们洗补衣服，您已经几夜没合眼了。您这么大年纪，能支持得住吗？快回家休息吧！为什么摇头呢？难道您担心我们会把您这位朝鲜阿妈妮忘怀？不，永远不会。八年来，您为我们花了多少心血，给了我们多少慈母般的温暖！记得五次战役的时候，由于敌机的封锁，造成了暂时的供应困难。我们空着肚子，在阵地上跟敌人拼了三天三夜。是您带着全村妇女，顶着打糕，冒着炮火，穿过硝烟，送到阵地上来给我们吃。这真是雪中送炭啊！当时有很多同志感动得流下眼泪。在您的帮助下，我们打胜了那次阻击战。您在回去的途中，累得昏倒在路旁了。我们还记得，我们的一个伤员在您家里休养，敌机来了，您丢下自己的小孙孙，把伤员背进了防空洞；当您再回去抢救小孙孙的时候，房子已经炸平了。您为我们失去了唯一的亲人。您说，这比山还高比海还深的情谊，我们怎么能忘怀？

小金花，不要哭了，擦干眼泪，再给我们唱个《捣米谣》吧！怎么？心里难过，唱不出来？你一向是个刚强的孩子啊！那一回，侦察员老王到敌占区去侦察，被敌人抓住了，关在一所小房子里，有一个班的鬼子看守着。你妈妈知道了，带着你混进敌占区，偷偷地靠近了关着老王的那所小房子。你妈妈故意跟哨兵争吵，引出那个班的敌人。你乘机钻进屋里，解开老王身上的绳索，救出了老王。你回到村里，焦急地等待妈妈。第二天传来噩耗，你妈妈拉响手榴弹跟敌人同归于尽了。同志们伤心地痛哭起来，你却把脚一跺，嘴角抽动着狠狠地说："妈妈，这个仇我一定要报！"小金花，你是多么刚强呀！可是今天，跟志愿军叔叔分别的今天，你怎么落泪了呢？

大嫂，请回去吧！看，您的孩子在您的背上睡熟了。山路这样崎岖，您架着双拐，已经送了几十里。就是您一步不送，我们只要想起您的双拐，也永远不会忘怀您对我们的深情厚谊。我们清楚地记得，那是1952年的春天，

金达莱花开满山野的时候，您知道我们缺少蔬菜，就挎着篮子上山挖野菜。后面山上的野菜挖光了，您又跑到前沿阵地去挖。不料敌人的一颗炮弹在您的身旁爆炸，您倒在血泊里……伤好以后，您只能靠着双拐走路了。您为我们付出了这样高的代价，难道还不足以表达您对中国人民的友谊？

再见了，亲人！再见了，亲爱的土地！

列车呀，请慢一点儿开，让我们再看一眼朝鲜的亲人，让我们在这曾经洒过鲜血的土地上再停留片刻。

再见了，亲人！我们的心永远跟你们在一起。

班级：江苏省徐州市大马路小学五年级（1）班

时间：1995 年春

评析：中央教育科学研究所　张田若研究员

对学习的测试，绝对不是以多项选择题为基础的书面考试。关键是使用知识并把它运用到有意义的场合，最好是现实生活中去。而儿童在学习中遇到困难的原因之一，就是知识往往变成了不能移动的重物，不能进入周转期。这课书的教学，重视读写，重视读写结合的做法，就能使知识“活”起来，就是对学习效果进行测试的好办法。

——高林生

## 第一节

师：同学们，今天，我们学习第 17 课《再见了，亲人》（板书：再见了，亲人）我读了这篇课文非常感动，我想，同学们预习时一定也会和我一样深受感动。生字都认识了吗？

生：（齐答）认识了。

师：我请一位同学把生字读一读。

（出示生字卡，指名读，略）

［评：即使到了五年级仍要注意字词教学。］

师：课文写的是什么时候、在什么地方，谁对谁说的话？通过预习，你们明白了吗？

生：志愿军回国的时候，向朝鲜人民说的话。……地点在火车站。

师：不要紧张，请你重新把话组织一下。你一定会说得更好。

［评：给学生以鼓励、信任和期待，在于老师的课堂教学中随处可见。他不仅着眼于培养学生的语文能力，而且着眼于培养学生良好的心理素质。他的教学（应该说教育）之所以成功，我想，这是一个很重要的原因。］

生：（重说）这一课写的是志愿军回国的时候，在火车站向朝鲜人民说的话。

师：好多了！

（该生自动坐下）

师：请别忙坐下。你考虑一下，志愿军是向全体朝鲜人民说的吗？在火车站说的这些话叫什么话？

生：是对到车站送行的朝鲜人民说的话，是，是……

师：和前来送行的人说的话叫什么话？

生：（忽然想起）是告别的话。

师：（高兴地）对呀！明白了这些，我想，你会把老师提的问题回答得更好。说说看。

生：这一课写的是志愿军回国的时候，在火车站向前来送行的朝鲜人民告别的话。

［评：事实是最好的证明，这就是老师鼓励、信任和期待的结果。］

师：说得多么好！既准确又严密。——同学们学过黄继光，学过邱少云，对朝鲜战争也了解了一些。1950 年 6 月 25 日，美帝国主义发动了侵朝战争，并把战火烧到了中国边境，中国人民响应毛主席发出的“抗美援朝，保家卫国”的伟大号召，组成了中国人民志愿军，跨过鸭绿江和朝鲜人民并肩作战。1953 年，美帝国主义被迫在朝鲜停战协定上签字。志愿军分批撤出朝鲜回国。1958 年是最后一批。课文写的就是 1958 年志愿军回国时，和朝鲜人民话别的动人情景。课文写了志愿军和哪些人告别？

［评：这里必须讲时代背景。该讲的一定要讲，不讲就是失职。］

生：大娘，大嫂，还有小金花。

师：预习得真不错。课文基本上读懂了。（师板书：大娘，小金花，大嫂）这一课内容不难理解，现在我们看看怎样读好它，怎样把文章的思想感情，也就是把志愿军的思想感情通过朗读表达出来。——咱们先读第1段，边读边思考：志愿军在向大娘话别时回忆了大娘做的哪几件事？边读边画。

（生自由读第一节，边读边画）

［评：以问促读。到了高年级可以多些默读。］

生：回忆了两件事。第一是为志愿军送打糕，第二是救志愿军的伤员。

师：你说得非常清楚。但是说全了吗？再看书。

生：还有大娘为志愿军洗补衣服。

师：这也是一件事。请你重新回答老师的问题。

生：志愿军向大娘话别时回忆了大娘做的三件事。第一是为志愿军洗补衣服，第二为志愿军送打糕，第三抢救志愿军的伤员。

师：说得多么有条理！

（师板书：洗补衣服，送打糕，抢救伤员）

师：请默读第二件事，想想“雪中送炭”在这里是什么意思。

（生默读，思考）

生：志愿军饿着肚子跟敌人拼了三天三夜，又累又饿，大娘带着妇女送来了打糕。

生：在志愿军最需要的时候，大娘带着人送来了打糕，这就是雪中送炭……好比雪中送炭。

师：理解得多好！同学们，联系上下文理解词语是一种很重要的方法。多数词语，一读课文就会明白它的意思。同一个词语，由于语言环境不同，它的意思可能也不一样。这一课的“雪中送炭”就不是指下雪天送来了烧火的木炭。所以说，理解词语不能离开文章。——同学们，就是这么一位不是亲人胜似亲人的老大娘，不顾年迈，不怕路远，到车站为志愿军送行，志愿军战士怎么能不激动万分！假如你是志愿军战士，你会怎样向这位朝鲜大娘道别？会以怎样的感情读志愿军说的话？让我们自由练习一遍。

［评：于老师没有进行烦琐的分析。烦琐的分析有悖于学习语文的目的和规律。］

（生自由朗读第一段，读得很投入，师巡视、指导）

师：谁来以志愿军战士的身份向大娘道别？

（指名读）

师：（生读完第一句“大娘，停住你送别的脚步吧”时插话）别忘了，你是站在这位可亲可敬的大娘跟前，和大娘说话，要动情，“大娘”要叫得亲切。

（该生重读，读得很有感情）

师：（当生读到“八年来”一句时插话）这一句转入回忆，声调要变低，速度要放慢，把人们带到从前的岁月。

[评：这就是引导。]

（该生重读）

师：（该生读完“抢救伤员”这件事时插话）这件事最感人，感情不容易表达，听于老师读一下。

（师范读）

[评：插入必要范读。高年级教师也要范读一些句段作为示范。]

师：大家注意了没有？“当您再回去抢救小孙孙的时候，房子已经炸平了”这句话中间是个逗号，可是老师为什么停了较长的时间？

生：房子炸平了，小孙孙炸死了，心里很悲伤，所以……

师：志愿军说到这里的时候心里很难过。说——

生：说不下去了，所以说到这时停了较长的时间。

[评：点得精当。于老师没有从技巧上指导。感情是体会出来的，是感悟出来的。]

师：对了，理解了，感情体会出来了，才能读好。——请大家把“抢救志愿军伤员”这件事读一读。

（生自由读）

[评：大面积训练。]

师：请刚才读的同学把这件事重读一遍，并接着把这一段读完。我相信，这一次你一定读得很有感情。

（该生重读，直到把第1段读完。这次读得很出色，师予以肯定。）

师：在送别的人群中，还有一位和我们同学年龄相仿的小金花。她和志愿军叔叔难舍难分，难过得哭了，志愿军对她说了一段话。大家看一看，怎样读才能让小金花止住眼泪呢？每个人都练一遍试试。

（生自由练习读第2段）

师：这一段里有一个词——噩耗，读懂了没有？（板书：噩耗）

生：就是小金花的妈妈牺牲的消息。

师：是的。亲人去世的消息叫噩耗。

生：还包括好朋友和尊敬的人。

师：说得对。刚才大家读得很认真，谁站起来读？读得能让小金花止住眼泪？

[评：不说“要读出感情来”，而是说谁能“读得让小金花止住眼泪”，启发得很艺术。]

（生纷纷举手，师指名读）

师：你们从“你却把脚一跺，嘴角抽动着狠狠地说”一句话中看出了什么？（板书：跺，抽动）

生：小金花很刚强。

师：对。但只是刚强吗？琢磨琢磨。

生：从“跺”看出了她对敌人的恨。

师：对，体会得深一层了。——还看出了什么？

生：她下决心要报仇。跺脚就是表示决心。

师：表示报仇决心大。——大家体会得又进一层了。

生：“嘴角抽动”，说明她很难过，但是，但是……

生：但是她忍住了，没哭。

师：是这样。她忍住了悲痛。从这儿看出她很刚强。这一点刚才那位同学说了。同学们，这里有恨也有爱，对敌人的恨和对亲人的爱交织在一起。谁再把这一句话读一下？

（指名读，齐读）

[评：这叫以讲助读。要讲解的，一定讲，但要精当。]

师：大家知道，志愿军是和朝鲜人民话别的，是当面说的，谁能不看书，当面劝小金花？我给大家一点时间，把第2段读熟，要能熟读成诵更好。

（生认真读第2段，然后指名说。指的两生几乎一字不差地把第2段背下来了，而且很动感情。）

[评：背诵切忌死记硬背。要熟读成诵，自然成诵，才能记得长久。]

师：请同学们再看看第3段，看看这一段怎样读。

（生轻声读，师巡视、指导，指名读。这段读得很有感情，师几乎没做提示。）

师：这一段有不懂的问题吗？

生："代价"什么意思？

师：谁知道？

生：指为了达到一个目的而付出的物力、精力。

师：词典上是这样说的，是不是？你能不能在课文里找答案？还是我刚开始说的，联系上下文理解。——读读书。

生：大嫂为了给志愿军挖野菜，双腿残废了，这就是代价。

生：这个代价就是双腿，就是指的这个。

师：同意这两位同学的意见吗？

生：（齐声）同意！

生：金达莱花是一种什么花？

师：就是杜鹃花。——同学们，列车就要开动了，志愿军战士不能和送行的人们一一道别了，这时，他们把手伸出车窗外，向亲人挥手告别，这场面感人至深。让我们一起读最后几段。

（生满怀深情齐读最后几段）

## 第二节

师：同学们，八年来，中国人民志愿军与朝鲜人民并肩战斗，打败了美帝国主义侵略者；停战后，又和朝鲜人民齐心协力，重建家园。现在，志愿军要回国了，双方难免依依不舍。同学们，通过上一节课的学习，我们知道了，这篇课文写的是志愿军回国时，在火车站向前来送行的朝鲜人民话别的情景。（板书：话别）既然是话别，就应该是双方的，但是，课文只写了志愿军说的话，此时此刻，朝鲜人民会说些什么呢？如果你是大娘、小金花、大嫂，听了志愿军说的话，会说什么呢？现在，我想把你们分成三组，第一组的以大娘的身份，第二组的以小金花的身份，第三组的以大嫂的身份分别写一段向志愿军告别的话，好不好？

（生既惊诧，又兴奋）

［评：教学内容与方法的新颖性是教学艺术的一个方面。教学心理学讲，

新异事物可以引起学生探究的兴趣。于老师这个教学环节设计得很有新意。]

师：现在，咱们看志愿军是怎样对大娘说的，也就是说，第1段是怎样写的。读读第1段，看看分几层。

（生读，思，议）

师：志愿军向大娘话别时，分三层意思说的。首先是劝大娘别送，再回忆了两件往事，最后赞扬了中朝人民之间的友谊。这三层意思一目了然，同学们都看出来了。

[评：语文教学不但要让学生知道“写的什么”，更要让学生知道“怎么写的”。]

三层意思中，最重要的是第二层——回忆事例。咱们也可以分三层来写。不过，因为朝鲜人民是送行的，又是接着志愿军的话说的，所以，一、三两层的意思不能和志愿军说的一样。第一层应怎么写？应说什么？咱们读一读志愿军对大娘说的最后一句话，想一想就会明白。

（生读第1段最后一句，思考）

生：要顺着志愿军的话往下说。

师：是的。问题是怎样顺着往下说，在这儿动脑筋。

（其他学生纷纷举手）

师：大家别着急，让他想一想。

生：志愿军同志，我们更不会忘记你们！

师：（高兴地）说得多好哇！——还可以怎么说？

生：孩子们，你们要回国了，我更忘不了你们哪！

师：因为你是以大娘的身份说的，可以这样称呼。（众笑）同学们，小金花、大嫂开始都要顺着志愿军的话说，接着回忆一件往事——因为时间关系，只写一件事——这件事可以写你知道的，也可以根据志愿军的话推测、想象一件事。第三层，我想大家都会明白。一想朝鲜人民是来送行的，就会知道该说什么。现在开始写，看谁写得生动，让人听了感动。别忘了你现在的身份。

[评：设计得很艺术，提示得很巧妙，很必要。]

（生分别以大娘、小金花、大嫂的身份写向志愿军告别的话）

师：开头的话一定要接得顺，顺着志愿军的话说。现在我请几个同学读读开头的一句话。

生：（读）志愿军同志，千万别这么说，我为你们做的事太少了，你们对我们的帮助太大了！为了打败美国侵略者，你们做出了多大的牺牲！记得……

师：就读到这儿。这位同学是以大娘的身份写的。写得很好，符合要求。——下边请以小金花身份写的同学读读开头的话。

生：（读）志愿军叔叔，我不是不刚强，我实在不想让你们走啊！……

师：这句话接得多顺啊！还有不重样的吗？

生：（读）我应当唱支《捣米谣》为你们送行，可是，我怎么能唱出来呢？我多么想把你们留住！……

师：写得好，读得也有感情。——请第三组的同学读读开头。

生：（读）志愿军同志，有多少志愿军战士为我们献出了生命！我为你们受点伤还不应该吗？

师：说得真好！下边就可以回忆一件事了，也可以用"记得"开头。

生：于老师，回忆什么事？怎么写？

师：想想看，你知道哪些志愿军英雄的事迹？

生：黄继光堵枪眼，罗盛教救小孩。

生：邱少云……邱少云遵守纪律。

师：这些都可以写，我前面说过，有些地方还可以想象。我给大家15分钟的时间，看谁写得又快又好。

（全班学生认真写，师巡视、辅导）

[评：读写结合，方式新颖。真正把"写"挤进去了，而且"挤"得巧，顺理成章。]

师：大家暂停一下。10分钟就有人写完了，而且写得不错，现在请几位同学到前边读一读。先请一位当大娘的同学读。

生：（读）志愿军同志们，我们朝鲜人民更不会忘记你们！是你们帮助我们赶走了美国侵略者，重建家园。我永远不会忘记，我带领全村妇女给你们送打糕的时候，（师插话：这句前面应加上"当年"二字。）敌人正猛烈地向你们进攻。（师插话："猛烈"应改为"疯狂"。）虽然你们已经三天没吃东西了，但是仍然顽强地和敌人搏斗，把敌人打了下去。许多战士饿昏了过去。我真后悔来晚了！（师插话：多么会想象呀！）八年来，多少志愿军战士为我们献出了宝贵的生命！同志们，我们永远忘不了你们啊！祝你们一路平安！

师：大娘还会嘱咐什么？

生：回国后问你们的爸爸、妈妈好！

生：欢迎你们再来！

师：说得多么感动人！——再找位“小金花”读一下。

生：（读）志愿军叔叔，我不是不刚强，我是舍不得让你们走啊！我妈妈牺牲以后，是你们为我报了仇。王叔叔就像爸爸一样关心我。我更忘不了罗盛教叔叔，他为了救我们的小伙伴崔莹，献出了年轻的生命。叔叔，我长大了一定到中国去看望你们，一定为你们唱《捣米谣》。叔叔们，再见！

师：这位同学写得多好啊，感情多真挚啊！——再请一位“大嫂”读一读。

生：（读）志愿军同志们，我为了志愿军亲人受了伤算什么？这比起你们来，真是差远了。八年来，为了帮助我们打击侵略者，重建家园，你们付出的更多。（师插话：这一句应改为“你们付出的代价更大”。）就连毛主席的儿子也献出了自己的生命。（师插话：接着要加一句：“长眠在我们朝鲜。”）没有志愿军，哪有我们的今天？你们要走了，说什么也得送送。

师：写得真感人。不过最后还应加一句话，你别忘了，你是来送行的。

生：祝你们一路顺风！

师：加得太好了！——大家听了以上三位同学写的一定很受启发。没写完的，继续写，已写好的，要好好修改，上面三位同学写的可以参考。

（全班学生接着写，已写好的着手修改）

师：同学们，全班同学都写成了。现在，我想请每组推荐一名同学到前边来，分别读大娘、小金花、大嫂的话。这三名同学要有一定的朗读水平。其他同学当志愿军，读向大娘、小金花、大嫂告别的话。

[评：这又是个小高潮。学生们之所以情绪高，正是因为这一环节新颖。先是读，后是写，现在又读，环环相扣，环环都围绕一个中心——进行语文训练。]

（全班学生兴致很高，推选了三名同学到讲台前。全班学生先读对大娘说的话，“大娘”再读刚写的对志愿军说的话；全班学生接着读对小金花说的话，“小金花”再读对志愿军说的话；然后全班学生读第 3 段对大嫂说的话，“大嫂”再读对志愿军说的话；最后，全班学生齐读第 4 段。完成了一次具有真实感的话别。）

## 总 评

我听了好几个人上《再见了，亲人》这一课。于老师上的课令人耳目一新。我曾经说过，语文课应该多练。语文课的多练，首先是应该多读、多写，也包括一些必要的练习，绝不可把多练理解为只是多做练习题。这节课既练了读，又练了写。学生读得很动情，写得也很动情。尤其是写的训练，安排得很巧妙，很自然。真可谓匠心独运。读和写一定要结合，阅读教学一定要把写"挤"进去。

# 20.《白杨》教学实录和评析

## 白　杨

车窗外是茫茫的大戈壁，没有山，没有水，也没有人烟。天和地的界限并不那么清晰，都是浑黄一体。

从哪儿看得出列车在前进呢?

那就是沿着铁路线的一行白杨树。每隔几秒钟，窗外就飞快地闪过一个高大挺秀的身影。

一位旅客正望着这些戈壁滩上的卫士出神。

“爸爸，”大孩子摇着他的腿，“你看那树多高!”

爸爸并没有从沉思中回过头来，倒是旁边的妹妹插嘴了：

“不，那不是树，那是大伞。”

“哪有这么大的伞!”

“你看它多直!”妹妹分辩着。

“它是树，不是伞!”哥哥肯定地说。

小小的争论打断了爸爸的思路，他微笑着，慢慢地抚摸着孩子们的头，说：

“这不是伞，是白杨树。”

哥哥还不满足：“为什么它这么直，长得这么大?”

爸爸的微笑消失了，脸色变得严肃起来。他想了一会儿，对儿子和小女儿说：“白杨树从来就这么直，这么高大。哪儿需要它，它就在哪儿很快地生根发芽，长出粗壮的枝干。不管遇到风沙还是雨雪，不管遇到干旱还是洪水，它总是那么直，那么坚强，不软弱，也不动摇。”

爸爸只是向孩子们介绍白杨树吗?不是的，他也在表白着自己的心。而这，孩子们现在还不能理解。

他们只知道爸爸在新疆工作，妈妈也在新疆工作。他们只知道爸爸这回到奶奶家来，接他们到新疆去念小学，将来再念中学。他们只知道新疆是个很远很远的地方，要坐几天火车，还要坐几天汽车。

现在呢，孩子们多了一点知识：在通向新疆的路上，有许许多多白杨树；这儿需要它们，它们就在这儿生根了；不管到哪儿，它们总是那么直，那么高大。

爸爸一手搂着一个孩子，望着窗外闪过去的白杨树，又陷入沉思。突然，他的嘴角又浮起一丝微笑，那是因为他看见火车前进方向的右面，在一棵高大的白杨树身边，几棵小树正迎着风沙成长起来。

班级：广西南宁市实验小学五年级（1）班

时间：1997年5月

评析：江苏省徐州市鼓楼区教研室　高林生

抓住一个“秀”字，引出“外秀”与“内秀”的话题；抓住“明线”与“暗线”的交叉，引发学生对人生价值的思考，给“精讲多练”做了活的诠释。“精讲多练”关键在“精”。做到这一点，既需要有深厚的文化功底，也需要教师的悟性，还需要课前苦苦的探求与思索。

——高林生

## 第一节

师：今天，我们学习现代作家袁鹰写的一篇文章——《白杨》。（说完，板书课题）“白”字上宽下窄；“杨”字右边“横折”的“折”，就是第一个折，要长一点，不然，就像短脖子的企鹅，很难看。（笑声）大家把课题写一遍。（学生写，师巡视，表扬了两位写得规范的学生）看了课题，你脑海里立刻出现了什么问号？

生：白杨有什么特点？

（师肯定生提得好，在课题的后面画了个问号）

生：作者为什么写白杨？他不会单纯是写白杨的吧？

（师非常高兴，说这个问题提得很好，又在课题后面画了个大问号）

生：作者写的是哪儿的白杨树？

（师也予以肯定，并在课题后面画了个小问号）

［评：发现是创造的开始，疑问是智者的明灯。学生在于老师的启发下，提出的“白杨有什么特点？”“作者为什么写白杨？”“作者写的是哪儿的白杨树？”三个问题，既是文章的核心和关键，又是学生心中的疑窦，还是解读这篇课文的路标。教学就应当从这里切入。］

师：说说看，这三个问题咱们怎么解决？

生：我们自己解决，自己读书思考。

师：（非常高兴地）对！学习是自己的事情，要主动地学，要相信自己的能力。大家读书的时候，除了思考上面三个问题，还要注意生字的读音。这一课只有三个生字，一个是“晰”，一个是“介”，还有一个“疆”字，可能好多同学早就认识了。要努力把课文读正确，读流畅。

（全班学生自由朗读课文，师巡视、辅导）

师：作者写的是哪儿的白杨？你（指提这个问题的学生）看出来了吗？

生：看出来了。作者写的是大戈壁上的白杨。

师：大戈壁又在哪儿？

生：写的是新疆大戈壁上的白杨。

（话音刚落，又一生站起来说：“写的是新疆大戈壁铁路两旁的白杨树。”听课的老师发出一片赞叹声。）

［评：我们应当充分相信学生。因为他们从小就生活在母语的海洋中，大量的习得已经使他们基本上掌握了理解和运用母语的能力。不分青红皂白的包办代替那只能是画蛇添足。］

师：越说越具体，越说越准确！这个问题大家读书解决了。（说完，师将课题后面的小问号擦掉）但是，你们知道什么叫“戈壁”吗？（无人举手）“戈壁”是蒙古语，意思是沙漠地区。——这课的三个生字都认识了吗？课文能不能正确、流利地读出来？有愿意试一试的吗？

（生纷纷举手，师指定四名学生读全文）

生：（读）车窗外是茫茫的大戈壁，没有山，没有水，也没有人烟。天和地的界限并不那么清晰，都是浑黄一体。

师：读得很正确。可惜速度快了些，让人体会不出大戈壁的荒凉。你再读一遍。要让人一听，脑海里就浮现出大戈壁的荒凉景象。

（该生又读，读得较好。师予以鼓励。）

师：这一节有个生字——“晰”。同学们跟着老师把这个字写一遍。

（师范写“晰”字，边写边指出这个字怎样写才规范。师写得美观、规范。写完，请第二位学生读第4—14小段。读到“妹妹分辨着”一句时，师指导辨析“辩、辨”，并区分“分辨”和“分辩”。师说了两个句子，请生说说这两句话中该用“分辨”呢，还是用“分辩”。这两个句子是：①站在茫茫的大戈壁上，fēn biàn 不出天和地的界限。②哥哥说，这道数学题得数是8；妹妹 fēn biàn 说，不对，这道题应该得6。辨析完之后，又让生分角色读兄妹二人的对话。接着，请第三位学生读第15—17段。对该生读得不正确、不流利的地方，相机进行了指导。读完，指导书写“介”和“疆”。指出“介”字的第三、四笔的距离不要太宽，否则，这个字就会像房屋的屋山头。“疆”字的右半部分，要写得紧凑一些，第一横短，第二横长，第三横次长；左边“弓”字里面的“土”字千万别丢了，记住：祖国的领土，寸土不让。说完，将“弓”字里的“土”字描成红色。听课者发出一片赞叹声。最后请第四位学生读课文最后一节。）

［评：“寓识于读，识写结合”，既扫清了阅读道路上的“拦路虎”，又借助汉语拼音这个“拐棍”掌握本课的生字，还通过教师的提醒、示范、指导强化了写字训练，一举而多得。“疆”字的处理，精妙隽永，耐人寻味。］

（下课）

## 第二节

师：大戈壁上的白杨树有什么特点？这个问题是哪位同学提出来的？（该生站起来）这个问题你读懂了吗？请你坐下，认真默读第3—14段，看看白杨树有什么特点。其他同学也读，也思考。

（全班学生默读第3—14段。生读时，师旁白：白杨树的特点书上写得很清楚，其中有一个词概括得非常好，谁找到了，就把它画下来。）

［评：提前阅读、统揽全局这是教师的优势；引导学生朝着一个大体一致的阅读目标努力，这是教师的使命。于老师的做法，就像是在射手的眼睛

与靶子之间架设了准星。有了准星，目标自然会相对集中，精确度也必然会大大提高。]

师：你（指提问题的学生）找到了吗？是哪个词？

生：高大挺秀。

（师高兴地说："对！"然后，将这个词板书在黑板上。接着，请该生读第3—13段。该生读到"那树多高"、"那是大伞"、"你看它多直"时，师要求把"高、大、直"三个字画下来，并板书在黑板上。）

师：读了这几个小节，我们知道了白杨树又高又大又挺。——直，就是挺。但是，作者为什么不用"高大挺拔"而用"高大挺秀"来形容白杨树？用"高大挺拔"不是更准确吗？"秀"什么意思？

生："秀"就是美的意思。

师：白杨树大家都见过，它是极其普通的树。它美吗？请大家回过头来，再读读第一小节，边读边体会。

（生自由读第1段）

师：作者为什么说白杨树美？

生：大戈壁浑黄一体，非常荒凉，白杨树长在这里，而且很茂盛，绿油油的，当然显得特别的美。

师：是啊！绿是生命的颜色，绿给大戈壁带来了勃勃生机，带来了希望啊！作者用"高大挺秀"来形容它，是再恰当不过的了。但是，白杨树仅仅是外秀吗？（板书：外秀）也就是说，它仅仅外表美吗？

生：不，它不但外秀，而且内秀。

师：对！（板书：内秀）白杨树还有高贵的品格。它有什么高贵的品格呢？请读读第14段。

生：（自由读第14段）爸爸的微笑消失了，脸色变得严肃起来。他想了一会儿，对儿子和小女儿说："白杨树从来就这么直，这么高大。哪儿需要它，它就在哪儿很快地生根发芽，长出粗壮的枝干。不管遇到风沙还是雨雪，不管遇到干旱还是洪水，它总是那么直，那么坚强，不软弱，也不动摇。

（生读书时，师板书：哪儿……哪儿……，不管……不管……总是。生读完了，师指着黑板上的板书，十分动情地将这一节背诵出来。学生们静静地听。教室里气氛庄重。）

师：同学们，这就是白杨树的高贵品格！让我们认真地朗读这一节，把

它记在心里。（生认真地读）

师：有能背下来的吗？

（有三五个人举手。师要求再读，人人要会背。生再读。读后，指名看黑板上板书的词语背，最后全班学生背。）

师："高大挺秀"这个词的意思理解了吗？

生：（齐答）理解了。

[评："高大挺秀"的"秀"，本不是一个十分显豁的字眼。可于老师却凭着对教材的挖掘和教学的敏感抓住了它，引出了有关"内秀"与"外秀"相互生发、相互比照的话题。仅此一举，不但拨点了潜藏在字里行间的文化密码，而且让学生在破译的过程中学会了破译的本领。于老师把破译密码的"钥匙"交给了学生。]

师：（指课题后面的那个中等问号）"白杨树有什么特点"这个问题是谁提出来的？（该生站起来）这个问题你明白了吗？（生答：明白了）好，这个问题又解决了。（说完，将中等问号擦掉）还有个大问号（师用手指着题目后面剩下的那个最大的问号），作者是单纯写白杨树的吗？请大家读一读最后一节，边读边想。

生：（自由读最后一节）爸爸一手搂着一个孩子，望着窗外闪过去的白杨树，又陷入沉思。突然，他的嘴角又浮起一丝微笑，那是因为他看见火车前进方向的右面，在一棵高大的白杨树身边，几棵小树正迎着风沙成长起来。

（生读书时，师板书：又……沉思）

师：作者在"沉思"前面为什么加了个"又"字？

生：因为课文前面用过"沉思"这个词，所以这里加了个"又"字。

师：说得对。这叫"前后照应"。请你读读前面带"沉思"的句子。

生：（读）一位旅客正望着这些戈壁滩上的卫士出神。……爸爸并没有从沉思中回过头来。……

师：作者写的时候前后照应，我们读的时候就要前后联系。我们先看看，课文中的这位叔叔第一次在想什么。

生：第一次是在想白杨树。因为书上写了他"望着这些戈壁滩上的卫士出神"。

师：说得有根有据。他在想白杨的什么呢？

生：他在想白杨的特点，想白杨的高贵品格。

师：对！想白杨的品格，同时也在想自己。让我们再把第14段背诵一遍。不会背的可以看书。（全体齐背第14段）

师：最后，他又在想什么？请默读最后一段，仔细想一想。

（生默读最后一段）

生：他还在想白杨树。

师：是吗？还在想白杨树？

生：是的，这次是在想小白杨树。

师：有门儿！你再读读最后一段，特别注意第一句话。看他到底在想什么。

（许多学生举手，要求回答。师示意放下，说，咱们让他想一想。）

生：（默读课文，片刻之后）是在想他的孩子，孩子们能不能在新疆生活。

师：（异常高兴地）对呀！他是在想，孩子们能不能像他这样扎根边疆、建设边疆！——能不能？答案找到了没有呢？

生：孩子们也会扎根边疆、建设边疆。

师：从哪儿看出来的？说说根据。

生：他看到铁路旁有几棵小白杨树正在成长起来。他想，他的孩子也会像小白杨树一样，在边疆成长起来。

[评："又沉思"是于老师这课教学中的又一"点睛"之笔。与上面的"高大挺秀"联系在一起，我们会发现：于老师用一种非常自然，甚至是近似于平淡的指点，使学生充分领悟了本课明暗两条行文思路和借物喻人手法的高妙，使学生的眼睛为之一亮，从而获得了一种难以描摹的发现、探究和寻找的惊喜。]

师：课题后面还有个大问号——作者只是写白杨吗？还有别的用意吗？这个问题谁提的？（该生站起来）现在你明白了吗？

生：明白了，作者写白杨，也写人。

师：是的。（指板书的"高大挺秀"）作者明写白杨，写它如何高大挺秀，暗写人（又指黑板上板书的"沉思"两个字），这叫"借物喻人"。

（说完，将这个词板书在黑板的一角。学生们自觉地把这四个字抄在书上。）

师：与其记住这四个字，不如记住第14段的话。让我们再把第14段背诵一遍。

（全班再次齐背第 14 段）

［评：在这一段教学中，于老师不是把自己视为居高临下的教训者，而是把自己当作学生的朋友，当作了这次文化精神之旅的内行而亲切的导游。就在不断移动阅读视点的过程中，于老师或指点、或示范、或调侃、或质疑，把教师一双犀利的眼睛、一颗颖悟的心交给了学生，把纸面上的世界变成了一个立体的、充满了生机和灵性的精神世界与学生共享。］

师：（指着板书）书上要求我们用“哪儿……哪儿”和“不管……不管……总是”造句。对我们来说，这太容易了。我们来个“造段”怎么样？即写一段话，用上这两组关联词。写什么呢？就写课文中的这位叔叔。咱们就称他为“杨叔叔”。杨叔叔也许是位军人，也许是位工人，也许是位大学生，他响应祖国的号召，来到了新疆，把自己的一切献给了边疆……请展开想象，写一段话。别忘了，要用上这两组关联词。

（五分钟后，多数学生写好了。师当堂做了评改。下面是评改其中两段话的教学实录。）

生：（读）杨叔叔大学毕业的时候，对校长说：“我是祖国的儿子，哪儿需要我，我就到哪儿去。”（师插话：两个“哪儿”用上去了，用得很准确。再加上一句：“现在新疆需要人，请让我们到新疆去吧！”）杨叔叔来到新疆，搞科研工作。（师插话：大学生有文化，从事科研工作有条件。笑声。）不管条件多么艰苦，不管遇到什么困难，他总是坚持搞实验，取得了一个又一个成绩。（师插话：你对搞科研还蛮内行的嘛！笑声。）他把两个孩子接到新疆，希望他们也能扎根边疆，把第二故乡建设得更好。

师：你写得好，读得也好。光从“第二故乡”这几个字中，就看出你对课文理解了。——咱们班谁不喜欢作文？我想请他读一读。

（一位不喜欢作文的学生走到讲台上。实际上也是一位作文写得较差的学生。）

生：（读）杨叔叔从部队来到新疆，（师插话：从部队转业来到新疆。）哪儿艰苦，哪儿困难多，他便出现在哪儿。不管活儿多脏，不管活儿多重，他总是干完了。（师插话：他总是干得十分出色。）

［评：学问的要诀，在于活用，不能活用的学问，等于无学。如果说学习是把客观知识变成自己主观认识一部分的过程的话，那么，运用就是学习

者知识和技能的迁移。在于老师的指点下，学生联系现实，顺利地完成了举一反三式的迁移。“造段”练习，把读与写完全融为一体。这是于老师的高明之处。]

师：这位同学话虽然不多，但是这两组关联词都用上了，而且用得比较准确。——同学们这两节课表现得非常好，你们自己提出问题，自己解决问题，给我留下深刻的印象。古人说：“文贵自得”，“书忌耳传”。今天，我把这两句话送给你们。（说完，把这两句话板书在黑板的一角）

（下课）

## 总 评

如何摆正和处理好“教”与“学”的位置和关系，这是语文教学中长期存在的“难题”之一。于永正老师用他的探索与实践，就此做出了很好的回答。在教学中，于老师是架设在学生与课文间的准星；他交给了学生解读文化密码的钥匙；他担任了学生愉快精神之旅的导游；他用“金手指头”为课文和学生“点睛”。而学生呢？则在正确阅读导向的指引下，在充满了灵性和情感的交流中，以一种主人翁的姿态，主动地、生动活泼地进行学习、探索。谁能说这不是一种和谐的美的共振呢？

# 21.《望月》教学实录和评析

## 望　月

夜深人静，我悄悄地走到江轮甲板上坐下来。

月亮出来了，安详地吐洒着它的清辉。月光洒落在长江里，江面被照亮了，流动的江水中，有千点万点晶莹闪烁的光斑在跳动。江两岸，芦荡、树林和山峰的黑色剪影，在江天交界处隐隐约约地伸展着，起伏着。月光为它们镀上了一层银色的花边……

偶然回头时，发现身边多了一个人，原来是跟随我出来旅行的小外甥。

“是月亮把我叫醒了。”小外甥调皮地朝我眨了眨眼睛，又仰起头凝望着天上的月亮出神了。小外甥聪明好学，爱幻想，和他交谈是一件很愉快的事情。

“我们来背诗好么？写月亮的，我一句你一句。”小外甥向我挑战了。写月亮的诗多如繁星，他眼睛一眨就是一句。

他背：“小时不识月，呼作白玉盘。”

我回他：“明月几时有，把酒问青天。”

“床前明月光，疑是地上霜。”

“野旷天低树，江清月近人。”

“月落乌啼霜满天，江枫渔火对愁眠。”

“峨眉山月半轮秋，影入平羌江水流。”

……

诗，和月光一起，沐浴着我们，使我们沉醉在清幽旷远的气氛中。

突然，小外甥又冒出一个问题来：“你说，月亮像什么？”

他瞪大眼睛等我的回答，两个乌黑的瞳仁里，各有一个亮晶晶的小月亮闪闪发光。

“你说呢？你觉得月亮像什么？”我笑着反问道。

“像眼睛，天的眼睛。”小外甥几乎不假思索地回答。

他的比喻使我惊讶。我好奇地问："你说说，这是什么样的眼睛？"

小外甥想了一会儿，说："这是明亮的眼睛。它很喜欢看我们的大地，所以每一次闭上了，又忍不住偷偷睁开，每个月都要圆圆地睁大一次……"他绘声绘色地说着，仿佛在讲一个现成的童话故事。

天边那些淡淡的云絮在不知不觉中聚集起来，一会儿，月光就被云层封锁了。"月亮困了，睁不开眼睛了。"小外甥打了个呵欠，摇摇晃晃地走回舱里去了。

甲板上又只留下我一个人。我久久凝视着月亮消失的地方，轻轻地展开了幻想的翅膀……

班级：江苏省徐州市金山桥寄宿学校五年级（4）班

时间：2004 年 4 月 30 日

整理：林雪莹（我的弟子）

评析：徐州市教育局教研室　张庆

## 第一节

师：今天我们学习一篇课文，题目是《望月》。（板书：望月）和我一起写课题，注意"望"的第三笔是竖提。齐读课题。（生齐读）

师：课文预习了吗？读了几遍？

生：七遍。

生：五遍。

师：这篇文章写谁在哪儿望月？

生：写作者和小外甥在江轮上望月。

师：一定是作者吗？

生：写课文中的"我"和小外甥在长江江轮的甲板上望月。

生：还写了他们一起背古诗，一起谈论月亮的事。

师：课文读了五六遍，能有这么多收获，就很可以了。

［评：学生预习了，对课文内容已经有了大概的了解。交谈是为了了解

学生掌握得怎么样。这也是让学生初步从整体上把握课文。]

（师出示生字：甥、瞳、烁、斑、沐、仁、喻、絮、锁、呵、欠）

师：这课的生字比较多，同位的互相读读听听，看谁预习得好，读得准，都认得。（同位的互相读给对方听，互相纠正）

师：请班长读一读。（师指生字，班长读，读得很正确）不愧是班长。——谁再读？（接着又对班长耳语一番，由他指定几位同学读，无一错误）预习得真好，每课都能这样预习吗？

[评：因为是借班上课，对学生不了解，所以只能请班长指定部分学困生来读。他们认得了，其他学生问题就不大了。于老师经常说，教学一定要关注学困生。]

生：老师说，您要给我们上课，所以要求我们好好预习。

师：下了死命令的，是不是？（笑）因为你把“好好”说得特别实在，特别重。（笑声）

生：我们平时也是这样预习的，都是“好好预习”的，当然这次更认真一点。（笑声）

师：实话实说。如果我是你们中的一员，我也会像你们一样比平常多读几遍。为什么？为了给班级争光，为了让于老师满意呀！养成预习这个习惯非常好。课文读得怎么样？

生：我能流利地读下来了。（该生是男同学）

师：那我就请你，你再邀请两位同学一起读读课文，好吗？

（该生邀请了两位男同学）

师：你不能都请男同学，也要给女同学一次机会嘛。再换一位女同学。——咱们不换了，再增加一位女同学好吗？

（教者注：当时我想，不能换！否则被换下的男同学也会不好受的。于是决定再增加一位。善待学生应体现在方方面面，尤其是小的方面。小的方面，学生感受更真切。）

（该男生又请了一位女生。师为他们做了分工，四人一起把全文从头至尾读了一遍。个别读得不好的地方，师做了纠正，有些句子还领读了一下。初读课文很实在。）

[评：著名教育专家高万同老师常说，阅读教学要“强化初读，延迟开讲”；他还说，“课文不读熟不开讲”。把课文读正确、读流利是基础，是

“保底工程”。书面语言是怎么学来的？是读。语感是怎样培养的？还是读。在这方面花时间是值得的。在初读中，于老师不放过任何一点错误，不达到正确、流利的目标，决不罢休。做到这一点不容易。但只要我们严格要求，严格训练，多多鼓励，人人都可以做到。]

师：听我读一遍行吗？——请听好。看看哪些地方你认为读得好，值得你学习，哪些地方读得不好，你认为不可取。

（师把课文范读了一遍，读得绘声绘色，把学生带入了一个如诗如画的境界。读完，掌声雷动。）

[评：于老师都是选择在学生“尝试”过之后范读。美文要美读。于老师体会到，老师读好了，就会使自己的语文教学富有生气。不但使教学有成效，而且省力气。]

师：我备课时，至少读了五六遍，但我今天读得还不太好，有两个地方读得不连贯。大家为我鼓掌是鼓励我。同学们，课文读好了，真是一种享受。大家再读读看。（生读书的兴致十分高涨）

[评：学生是很爱自己的老师的。于老师对学生表达的对老师的爱，一定向学生发出“我知道，而且领情”的信息。此外，还要表示感谢，因为师生是平等的。于老师范读过之后，学生的读书热情总是很高涨的。声情并茂的范读有激情激趣的作用，有使学生顿悟的作用。]

师：下面还有点时间，请全班同学把生字写一写。先在书上，把生字描红一遍。（注：苏教版教材中，每课课后都有“描红”一项内容）然后拿出写字本来仿影、临帖。（注：这是与教材配套的写字本）

（生按要求写字。最后，师强调“甥、瞳、锁”三个左右结构的字的左右各占的比例，并做了示范。）

（下课休息）

## 第二节

师：下面我找同学读课文第1、2两段。

（一生起来后开始读，读完课题后被叫停）

师：读完题以后要注意停顿，读课题声音要响亮一些，你再读一下。（该生按要求读了。然后请该生继续读课文。）

师：读得正确、流利。——你读了几遍？

生：二三遍。

师：二三遍不顺嘴，改为“两三遍”。把课文读到正确、流利不容易。文中的这段文字，写出了月色下的景物的宁静，你能不能试着把这种宁静的感觉读出来？不要快，要体会“宁静”。全班同学都练一练。

（生练读，人人声音很轻）

师：（指着一个练读时表情特别好的男生）你的表情特别好，能到讲台前读一下吗？（该生动情朗读，众鼓掌）

师：这两个自然段中有不懂的词语吗？

生：“芦荡”。

师：谁知道？

生：江边长了很多芦苇。

师：应当再加三个字——江边长了很多芦苇的地方。

生：什么叫“剪影”？

师：刚开始我也不太明白，后来见了几幅照片，特别是到了雁荡山看夜景，才真正理解了。请同学们看几幅雁荡山的照片。（投影出示群山剪影画面：两幅是日落以后山和树的剪影，一幅是月色下“犀牛望月”的剪影）什么叫“剪影”懂了吗？月光下，那山、林只留下了黑色的轮廓，真像用黑色的纸剪下来贴在远处似的。

[评：“剪影”是个实词。对于类似的词语，最好的理解方法是把它所表达的客观事物展示在学生面前，或者通过叙述，激活学生头脑中的图像。]

师：词语理解了，我想你们会读得更好。刚才读书的那位女同学再读一下好吗？（指第一位学生）

（该生有感情地朗读，读得比第一次更好）

师：大有进步。于老师读读可以吗？谢谢大家给我这次机会。

（师配古筝音乐朗读。生热烈鼓掌。）

师：这两个自然段写的是（板书：? 月）什么月？请你思考。看谁能把这两个自然段读成几个字。

生：明月。

生：亮月。

师：你们怎么知道月是明的，月是亮的？

生：用眼睛看到的。

师：对，这两节写的都是作者用眼睛看到的月，是什么月呢？——是“眼中月”。

（擦掉问号，板书“眼中”，形成“眼中月”）

［评：一次，于老师和高林生先生一起听一位老师执教这一课。评课时，他们把这一部分概括为“眼中月”。老师们觉得有点道理。于是，于老师在执教这一课时，就引导学生这样去概括。概括是一种很重要的能力，于老师很重视这种能力的培养。但不是课课都这样训练，要因文而异。］

师：这部分写的是看到的月。你接下去读第3—13自然段，思考一下这一部分写的是什么月。

（生朗读）

师：读懂了吗？

生：懂了。

师：我们暂时不讨论这个问题。先找同学来读读这一部分，找两个人分角色读。

（找学生分角色读“对诗”那一部分）

［评：概括能力虽然很重要，但较之朗读，还是次要的。所以于老师还是让学生朗读。］

师：接下去，齐读第13段。

（生齐读。读完，师又动情地复述了一遍：“诗，和月光一起，沐浴着我们，使我们沉醉在清幽旷远的气氛中。”）

［评：语文的“人文性”很大程度上体现在一个“情”字上。读要有情，说也要有情。］

师：多好的境界啊！下面我来当文中的“我”，谁来当我的外甥？这可是千载难逢的机会啊。（众笑）

师：谁能做我的外甥，请你（师指一名男生）推荐一下。

（该生推荐一名男生到前边与师分角色读。师生读得都有感情。生鼓掌。）

［评：老师之所以充当文中的“我”，一是从年龄上考虑的，二是从情趣

上考虑的。师生融为一体的境界是很美妙的。]

师：(对“外甥”) 今天月色这么好，我们来对诗好吗？可以用书上的，也可以不用。但必须是写月亮的诗句。

生：好。

师：你先说。

生：明月几时有，把酒问青天。

师：但愿人长久，千里共婵娟。(众笑)

师：你们笑什么？

生：你们背的是一首诗里的句子。

师：可以吗？

生：可以，都有月。

生：床前明月光，疑是地上霜。

师：举杯邀明月，对影成三人。

生：可怜九月初三夜，露似珍珠月似弓。

师：梨花院落溶溶夜，柳絮池塘淡淡风。

生：老师背的句子中没有月！不能算。

师：没有？“溶溶夜”，说的是月色溶溶！有吗？

生：有！

师：你再接下去背。

生：秦时明月汉时关，万里长征人未还。

师：月儿弯弯照楼台，楼高又怕摔下来。

(生大笑，说不是古诗，是老师胡编的！)

师：是古诗！这是京剧《望江亭》中的杨衙内作的诗！后面两句是：“今天遇见张二嫂，给我送条大鱼来。”杨衙内也是古人嘛！——你再背。(生笑声不止)

[评：于老师是故意背杨衙内的歪诗的，不是为了别的，为了让学生感到有意思。这种调侃，相信老师们也会接受。——至于学生，是肯定接受的，而且会长时间不忘的。课后，他们围着于老师，说上于老师的课真有意思(于老师不是第一次在这个班上课了)。俗而不伤大雅，这是于老师“幽默”的底线。一旦学生喜欢老师，喜欢上于老师的课了，就成功了一大半。]

生：……

师：他被我的歪理邪说搞得有些晕头转向，背不出了。刚才我也有点晕头转向，所以才憋出一首歪诗来的。说实话，这位同学很不简单，众目睽睽之下，应对得这么好。下面我们同学分两部分，这一半当“舅舅”，那一半当“外甥”。来个比赛好吗？（师把全班学生分成两部分，比赛背诗）

（生背诵踊跃，略）

师：第一轮，“舅舅”败了，因为没接上茬儿。再给一分钟时间准备，然后再比。

生：能不能背山水类的？

师：可以。

（两部分学生争相背山水诗，气氛更活跃，略）

师：（发现一生背诗吐字不清）请你到前面来，你虽然刚才吐字不太清晰，但是你会的诗很多，很活跃，你能不能认真背一首？

（生认真地、有感情地背了一首杜甫的《望岳》，博得大家的掌声）

师：这一轮比赛，不分上下，棋逢对手，平起平坐。同学们，如果说 1、2 两段写的是“眼中月”，那么这一部分写的是什么月？（板书：？ 月）

生：（异口同声）“诗中月”！（师擦掉问号，板书“诗中”）

师：如果“眼中月”只是看到的月亮的样子，那么“诗中月”就融入了人的感情。“眼中月”是美的，“诗中月”更美。

[评：这两句话是对一、二两部分的概括。课后有老师说，于老师，您的语言很美，应了一句话：“腹有诗书气自华。”于老师说，有些关键的话，比如对一、二部分概括的话，是备课时就想好了的。]

下面请同学读课文后一部分，看看这一段又写的什么。

（生读课文，然后进行交流）

生：想中月。

生：幻中月。

师：为自己鼓掌吧。但是不要为了和上边的一致，非说成三个字不可。这是写的幻想中的月，或者说想象中的月。（板书：幻想中的月）

[评：眼中月、诗中月、幻想中的月，都是于老师和高林生琢磨出来的。]

师：这一部分能读好吗？

生：能。

（生练读）

师：先找个男同学来读。

（生朗读，师相机指导，尤其强调人说话时的语气）

师：同学们注意，“不假思索”为什么用“假”而不用“加”？

生：“假”是借用的意思，是不用大脑思考的意思。

师：对的。注意不要写错这个字。大家把这个词书空一下。“假”和“加”读音就不一样，只要读准了，就不会写错。再齐读一下。（生齐读“不假思索”）

［评：中学语文老师常常对于老师说：于老师，您教的学生进了中学，作文错别字较少，字写得较端正，我们就感谢不尽了。是啊，小学语文老师干什么？不就是教学生认字、写字、读书、作文吗？这些基本功扎实了，真是功莫大焉！］

师：小外甥的话该怎么读，他说月亮困了，实际是表示什么呢？该用什么语调呢？大家练一下。

（生用心练读。练读过之后再请那位男生读，读得有点昏昏欲睡的感觉。）

师：我们一听就知道小外甥也困了，他想睡觉了。再找一位女同学与前面的男同学比赛。

（一女生读第三部分）

［评：指导朗读也应该而且能让学生感到有情有趣的。就看我们读没读好，会不会启发。］

师：（女生读到“又冒出了一个问题”时打断）为什么说“又”冒出一个问题，为什么用“又”呢？

生：因为他前面提过问题了。

师：那为什么用“冒”？

生：他突然又提出了一个问题。

师：有道理。除了“突然”外，第二问题比第一个问题提得怎么样？

生：更有价值，更让人没想到。

师：对了，所以说“冒出了一个问题”。——接着读。

（该生读完）

［评：实际上于老师是告诉学生读书要思考，要注意前后照应。但于老

师没直说。有时候，直说反而不如不说。]

师：读得真好，把我们带到了童话的境界中去了。

（又找一生把最后一节读完）

师：读得真有梦幻的感觉。你们也幻想一下，闭上眼睛想象一下月亮。（生闭目想，片刻之后——）你们想象中的月肯定也很美。这篇文章写了眼中月、诗中月、幻想中的月。幻想中的月十分奇特，孩子们幻想中的月是最美的。（指三名学生分角色读第三部分）

师：文章写得美不美？

生：美！

师：写得美，读得也美。大作家罗丹曾经说过一句话："美是到处都有的，对我们的眼睛来说缺少的不是美，而是发现。"比如月亮吧，"今人不见古时月，今月曾经照古人"，从古至今都是这一个月亮，但是那么多作家、诗人笔下的月亮为什么都不一样，都那么美呢？今天的作业就是：在有月亮的晚上，同学们观察一下月亮，再观察一下周围的景物：山、树、人、房屋都是什么样。你仔细观察，用心幻想，你的笔下一定会有一篇篇优美的文章诞生。于老师期待着。

[评：有句谚语叫"灯不拨不亮"（过去点油灯）。学生们潜能很大，但需要点拨、需要激发。]

（下课）

## 学生课后习作

（20 天之后，我到五（4）班了解上述作业的完成情况。让我吃惊的是，学生写得竟那么好！现将 7 位学生的小作文抄录于后。）

### 迷人的星空

张浩

深蓝的天空，星光灿烂，真像一个巨大的盘子里布满了棋子儿。星星密密麻麻，越看越多，显得很乱。但仔细一看，就会发现它们各有各的位置，组成了各种各样的有趣的图案，有的像猎人，有的像骏马，有的像勺子，有的像老鹰……它们把夜空点缀得格外美丽，演绎亘古的神话传说。

望着美丽的夜空，我想起了奶奶说的话："地上有多少人，天上就有多少颗星。每个人都有自己的星星。好人的星非常亮，好人的星非常明。"如果这话是真的，那么我希望那颗离我不远的格外明亮的星就是属于我的。

## 星星和月亮

郭子琳

一连这么多天都下雨，夜晚月亮老躲在家里睡大觉。今天终于和我们见面了。哟，她周围还有许多星星呢！

"你们说，月亮像什么？"我问小伙伴。

一个说像锋利的镰刀，一个说像弯弯的柳眉。

我说："你们说的都不对，她像一条船。她正在招呼小星星上船呢！"

我们望着星星。可是没有一颗星星上船的。这时，月亮钻进云层里。我想，不好！一定是月亮生气了，要到云房子里拿棍子教训她的孩子了！过了好一会儿，月亮钻出来了，还好，她没拿棍子。呀！她比刚才还明亮，一定是云朵把她的身体擦干净了。

月亮又来到了星星的中间，星星又向她眨起明亮的眼睛。

## 月

孙卫国

夜，这个黑暗的使者又悄悄地降临人间，给大地罩上了一层黑纱。路灯发出柔和的光，在黑暗主宰的世界里，只有灯有生机。

我突然发现西南天空有一只弯弯的小船，很细很细。啊，那是月亮！它好像伤风感冒了，在云中穿来穿去，好像在用云彩做手帕，不时地擦拭眼泪和鼻涕。过了一会儿，大概是病势有些好转，它才完全露出了银白的脸。我嫌它太瘦了。妈妈说："明天它就会胖许多，几天之后，你再看，它就成了圆的了。"

月牙渐渐向西边沉下去。它好像对我说："咱们明天见，明天我就长胖。"

## 月　光

陈炫亨

夜，静悄悄的。一阵阵凉风吹进窗户，轻拂着我的脸。

黑色的天幕上有一个慈祥的月亮婆婆。四周有稀稀落落的星星，挺害羞的，那是月亮婆婆的孩子。

月光洒到地上，那光絮薄薄的，萦绕在我的身旁。月光有些清凉，它和带点香味的夜气融在一起，使人呼吸了觉得舒畅……

妈妈来了，我问妈妈："月亮像什么？"

"你外婆说像月饼。"妈妈回答道，"因为她年轻的时候家里很穷，把什么都想象成吃的东西。她常常望着皑皑白雪说，这要是白面那该多好哇！"

"你说月亮像什么？"过了一会，妈妈又问我。

"像个吸顶灯，为地球上的人们照明。你看，月光多么皎洁呀！"

## 赏　月

董傲楠

吃过晚饭，发现月亮早已挂在东边天空上了。一轮金黄的圆月，光溜溜的，像面镜子。月光柔和、舒适，让人迷恋。一抹淡淡的黑影在月亮上移动。这是月亮上的工人又在伐桂花树了吗？为什么他不保护月球上的生态环境？我似乎听到了隐约的伐木声。我又一想，也许是嫦娥在走动，是她在遥望人间，感到广寒宫不及人间温暖吧。

越看月亮越亮，越看月亮越圆。忽然，她的圆脸右边闯过来一个黑东西，看不出它是用牙咬的，还是用舌头舔的，竟把月亮右边的脸揭去了一层皮。渐渐地，月亮模糊了，看不见了—— 一块乌云遮住了她。噢，是月亮睡觉了，那乌云是风给她盖的被。

## 月　夜

王国庆

月亮像肩负着重担，慢慢地爬上了天空。它本身也的确够大的。星星也不知从什么地方蹦了出来，像一颗颗宝石散落在天空，有大的，有小的。

月亮越升越亮，像一个圆盘高悬在晴朗的夜空中。大星星大概困了，悄悄地躺在云彩的怀抱中，假寐着。许多小星星还在不停地张望。

一朵黑云偷偷地袭来，用它阴森的身子把皎洁的明月遮掩住了。月亮无可奈何，只有黯然神伤，悄悄叹息。风婆婆见了，狠吹了一口气，黑云灰溜溜地逃走了。一些零碎的云块离月亮远远的。云朵有些狼狈，却为天空增添了几分诗意。

### 月　亮

葛泽扬

一轮明月冉冉升起。脸蛋蜡黄，好像生了病，但它还是露出了醉人的笑容。

月光下，奔腾了一天的小河，似乎也更静了，像一条闪亮的绸带。

月光笼罩着大地，如烟如雾，给地面抹上了一层白露，给庄稼罩上了轻纱的梦。

月儿是最善良的姑娘，谁有什么不幸，有什么忧愁，她总是怜悯地注视着你，为你分忧，为你流泪，有时甚至不得不扯过白云，掩住哭泣的脸。月儿也是快乐、开朗的姑娘，她会为每一个人的幸福、进步感到高兴，分享我们的欢乐。她有时躲进云彩里跟星星捉迷藏；有时为星星讲故事，讲得星星直眨眼睛。

## 说　课

课上得不怎么样，没想到孩子们从此对月亮这么钟情。月亮、星星、太阳永远是个说不尽、写不完的话题。让我们的学生热爱生活，热爱大自然，不正是语文教学的一个重要目标吗？我想，如果说这两节课取得一定的成功的话，那么它的成功就在于此。我很喜欢这篇课文。我是动情地读，动情地设计，动情地和学生对诗，动情地激发学生去关注月亮的。我读的时候，我执教的时候，真的觉得和月，和诗，和学生融在一起了。就教法而言，真的没有什么惊人之举，但情是真挚的。这又回到了一个老话题：有情有义有趣是教学。也许正是由于一个“情”字吧，学生们才动情了，对月亮有了一份诗意的感觉了。当我决定和学生一起“对诗”的时候，我是做了一些准备的，背什么、怎么能打趣一下，使课堂气氛活跃活跃，我都考虑了，虽然没写进教案里。还有最后作业——观察月亮，写月亮，也是认真思考过了的。作业不能多，我反对多做题。现在我再也不让学生做那些“哈达卷”了。我过去让学生做过，让学生受苦不说，还把他们教厌了，教死了。现在终于觉悟了。感谢斯霞老师，她常对我说，不要让学生做无用的题；感谢课标中的“少做题，多读书”的论述，正是这些至理名言，使我醒悟了。

# 22.《月光曲》教学实录和评析

## 月光曲

两百多年前，德国有个音乐家叫贝多芬，他谱写了许多著名的乐曲。其中有一首著名的钢琴曲叫《月光曲》，传说是这样谱成的。

有一年秋天，贝多芬去各地旅行演出，来到莱茵河边的一个小镇上。一天夜晚，他在幽静的小路上散步，听到断断续续的钢琴声从一所茅屋里传出来，弹的正是他的曲子。

贝多芬走近茅屋，琴声忽然停了，屋子里有人在谈话。一个姑娘说："这首曲子多难弹啊！我只听别人弹过几遍，总是记不住该怎样弹。要是能听一听贝多芬自己是怎样弹的，那有多好啊！"一个男的说："是啊，可是音乐会的入场券太贵了，咱们又太穷。"姑娘说："哥哥，你别难过，我不过随便说说罢了。"

贝多芬听到这里，就推开门，轻轻地走了进去。茅屋里点着一支蜡烛。在微弱的烛光下，男的正在做皮鞋。窗前有架旧钢琴，前面坐着一个十六七岁的姑娘，脸很清秀，可是眼睛瞎了。

皮鞋匠看见进来个陌生人，站起来问："先生，您找谁？走错门了吧？"贝多芬说："不，我是来弹一首曲子给这位姑娘听的。"

姑娘连忙站起来让座。贝多芬坐在钢琴前面，弹起盲姑娘刚才弹的那首曲子来。盲姑娘听得入了神，一曲完了，她激动地说："弹得多纯熟啊！感情多深哪！您，您就是贝多芬先生吧？"

贝多芬没有回答，他问盲姑娘："您爱听吗？我再给您弹一首吧。"

一阵风把蜡烛吹灭了。月光照进窗子来，茅屋里的一切好像披上了银纱，显得格外清幽。贝多芬望了望站在他身旁的兄妹俩，借着清幽的月光，按起琴键来。

皮鞋匠静静地听着。他好像面对着大海，月亮正从水天相接的地方升起来。微波粼粼的海面上，霎时间洒遍了银光。月亮越升越高，穿过一缕一缕轻纱似的微云。忽然，海面上刮起了大风，卷起了巨浪。被月光照得雪亮的浪花，一个连一个朝着岸边涌过来……皮鞋匠看看妹妹，月光正照在她那恬静的脸上，照着她睁得大大的眼睛。她仿佛也看到了，看到了她从来没有看到过的景象，月光照耀下的波涛汹涌的大海。

兄妹俩被美妙的琴声陶醉了。等他们苏醒过来，贝多芬早已离开了茅屋。他飞奔回客店，花了一夜工夫，把刚才弹的曲子——《月光曲》记录了下来。

班级：江苏省徐州市贾汪区团结小学五年级（3）班
时间：1995 年春
评析：徐州市教育局教研室　张庆

## 第一节

（上课铃声落，师生问好之后，片刻，教室里响起贝多芬的著名钢琴曲——《月光曲》。声音由弱到强，由强而弱。）

师：（深沉地）两百多年前，德国有个伟大的音乐家叫贝多芬。他说过：“我的音乐应当为穷苦人造福。如果我做到了这一点，该是多么幸福。”他一生谱写了许多著名的曲子。我们现在听到的优美动听的曲子便是其中的一首，叫《月光曲》。（板书：月光曲。片刻，琴声渐止。）

［评：在听《月光曲》中介绍作者，立刻使学生入情入境。］

《月光曲》是怎样谱成的呢！这，还有一个美丽动人的传说呢！——请打开书，读读课文。读过之后，看谁能把这个传说说给大家听听。读的时候，要字字入目，把内容记住。能“过目不忘”才好呢！（板书：字字入目，过目不忘）

（生自由读全文，个个神情专注）

师：看懂了吗？记住了吗？

生：（齐）懂了，记住了。

师：好。我要求大家先概括地讲，就是说，只把这个传说的大意讲出来。概括地讲比具体地讲恐怕还难。请你们再迅速默读，思考一下该怎么讲；想过了，自己小声练习练习。

（生默读，思考，各自练习）

［评：老师对学生的读有要求，听有要求，说也有要求——即要求学生概括地说出课文大意。这既是听说读写的综合训练，又是对学生分析、归类能力的培养。］

师：哪位同学先说？（一男生站起来）其他同学要仔细听，要会听，能听出优点和问题。

生：两百多年前，德国有个音乐家叫贝多芬。一年秋天他来到莱茵河一个小镇上演出。一天晚上，他在一条小路上散步，听到断断续续地从一所茅屋里传来钢琴声。弹的正是他的曲子。他走到门口，听到屋里有两个人谈话。一个姑娘说："这首曲子多难弹啊！要是能听听贝多芬自己是怎样弹的该多好啊！"一个男的说："是啊，可惜入场券太贵！咱们买不起。"贝多芬听了很激动，走进屋，为兄妹俩弹了姑娘刚才弹的那首曲子。姑娘一听弹得这么好听，问："您就是贝多芬先生吧？"贝多芬没回答，又为他们弹了一首曲子，嗯，这首曲子就是《月光曲》。

师：他讲得怎么样？

生：老师要求讲传说，开头那句话可以不要。就从"一年秋天"开始讲。

师：你很会听。（对全班学生）同学们，大家都要像他这样，要专心地听别人讲话。（对发言的学生）你请坐。

生：我还没有说完呢！（笑声）

师：对不起，请接着说。

生：兄妹俩的对话，我觉得不能你一句我一句地说。

师：你的意思是——

生：我觉得这样说就不符合您的要求，应该这样说："贝多芬走到门口，听见里面有两个人谈话。从兄妹二人的谈话中，他知道，他们很喜爱音乐，可是家里穷，买不起票。

师：（非常高兴地）你真是好样的！把对话改为叙述，多简洁！——你说完了吗？

［评：恰如其分的评价，是一种鞭策，是一种鼓励，也是一种科学的引导。］

生：说完了。（笑声）

师：请坐。（笑声）谁还有意见？

生：后半部分说得比较好。不过，姑娘说的那句话，那句“您就是贝多芬先生吧”，也不应该要，可以去掉。

师：说得有道理。

生：我觉得贝多芬回客店记曲子还得要，不然的话……

师：你提了一个非常重要的问题！说下去。别紧张，想一想，我知道你心里很明白。（不少学生举手要求替该生说）

师：很多同学想帮助你，但是，这次机会我还是想留给你。

生：（该生终于想好了）不然的话，这首曲子人家会觉得早就创作好了。

师：（高兴地）你听出了一个非常重要的问题，就是《月光曲》是贝多芬即兴弹奏的，是他为穷兄妹二人的精神所感动，面对清幽的月光，激情来了而弹出来的，不是事先有的，是他回到客店才把弹的曲子整理出来的。因此，“贝多芬回客店整理”这一点必须交代清楚。总而言之，刚才这位同学说得还是比较简洁的。——谁再说一遍？

（指名简要复述“传说”；这次基本克服了第一位学生的缺点，做到了简明扼要。略。）

师：这个传说感人肺腑，谁能具体地、生动地讲一下？

（生纷纷举手）

师：为了讲得具体而生动，大家再把课文读一遍，把生动的情节、细节记住。看过的东西要努力记住，记住了才能变成自己的东西，才能有用。

[评：读课文后，要求学生记住“情节”、“细节”，即要求学生在头脑中留下印象。对小学语文教学而言，多留下一些具体生动的形象，比留下一些抽象的概念，更能体现语文教学的特点，也更符合小学生的思维特征。]

（生细心读课文，有的读读说说）

师：谁来详细地把这个传说说一说？

（指名说，略）

师：传说动人，这位同学说得也动情。故事会讲了，课文是不是会读了？能不能读出感情来？下边请一位同学读读试试。其余同学一边听一边看书，注意体会体会关键词语的意思和文章的思想感情。

（指名读）

师：（生读到“一天夜晚，他在幽静的小路上散步，听到断断续续的钢琴声从一所茅屋里传出来”时）请停一下，从“断断续续”这个词中你们看出了什么？（板书：断断续续）

生：因为离得远，有时听得见，有时听不见。

师：是这样吗？再读读，再想想。

生：从这个词中，我们可以看出琴弹得不熟练。因为下面说了，姑娘“总是记不住怎样弹”。

师：这位同学的读书方法值得学习。他不是孤立地理解词语，而是从全篇考虑，联系上下文理解。

［评：老师注意指导学生读书的方法，日积月累就会转化为自学能力。这正是阅读教学的目的之一。］

师：“幽静”的意思大家知道吗？谁能把这个词的意思通过朗读告诉大家？请注意两个“小”字——小镇，小路；那天晚上还有月光；远处，还传来断断续续的钢琴声……

（一生读，读得入情入境，听课的老师为之赞叹）

（该生继续往下读）

师：（生读完兄妹二人的对话后）请注意，你从“我不过随便说说罢了”（板书：随便说说）这句话看出了什么？——“哥哥，你别难过，我不过随便说说罢了。”

生：从这句话我看出这位姑娘很懂事。

师：是的，她很懂事。“懂”什么“事”？她是随便说说吗？

生：不是的，她很想去听音乐会。

师：应该说，她很想去参加音乐会。很想去，但是又说是“随便说说”，什么意思？

生：她怕哥哥难过，安慰她哥哥。

师：体会得多好！读书就应该这样读，通过字词句去体会人物的思想感情，体会作者的思想感情。

（生继续读下文）

师：（当生读到“姑娘连忙站起来让座。贝多芬坐在钢琴前面……”时）请停一下。同学们，读书要仔细，字字入目。请注意这两句话中的“座”、“坐”二字。前面的是座位的座，是表示名称的词；后面的是坐下的坐，是表示动作的，记住它们的区别，用的时候别混淆了。

［评：培养儿童良好的读书习惯，应贯穿在整个教学过程中。教师要求学生"读书要仔细，字字入目"是十分必要的，长期训练，坚持不懈，就会形成习惯。］

（生接着往下读）

师：（生读到"格外清幽"时）"幽"是个生字。大家注意"幽"字的写法，先中间，后两旁（边说边在黑板上示范），当中一竖写长一点，下边的"山框儿"，要写得上宽下窄，否则难看。请大家练一练。

（生练完，继续指名读下文，直至读完）

师：从"苏醒"这个词儿你能看出"陶醉"是什么意思吗？

生：听入迷了，什么都忘了，连贝多芬走了都不知道。

师：不错，"陶醉"在本课中就是这个意思，一看下文就明白了。同学们，第8、9两段写得最美，最动人。贝多芬的美妙琴声仿佛把兄妹二人带到了月光下的大海。下面请听一听贝多芬的《月光曲》，我想大家一定也会有和兄妹俩同样的美妙的感受。听过之后，一定会把课文读得更有感情。

（师放《月光曲》片段。生静静地听着。）

师：多么优美的曲子！大家听过之后，一定会把第8、9两段读得声情并茂。

（生练读，指名读，读得很有感情）

师：这位同学读得真好，感情很投入。大家都在她有声有色的朗读声中陶醉了，忘记了下课。（笑声）这节课拖了近5分钟，现在休息10分钟。

［评：在理解课文的基础上，让学生听一听《月光曲》片段，既可以培养其审美情趣，又可以加深对课文的理解。此时此刻，要求学生读得声情并茂，感情投入就有了基础，学生在有声有色的朗读声中陶醉就十分自然了。］

## 第二节

师：听了《月光曲》，有了感受，又进行了练习，同学们确实读得很感人。不知咱们班哪位同学胆子比较小，不大敢举手，平时很少在班里站起来读课文？

（全班学生推举出一名个子较矮的女生）

师：（走到她跟前，抚摸着她的肩）我小时候，上课不敢举手，不敢读课文；后来老师鼓励我，慢慢地敢发言了。今天，我给你一次机会，读读第8、9两段。你不要紧张，以实际行动告诉同学和老师：我不怕，我会读！来，试一下！

（该生读得基本流利，只是声音有点小）

师：今天，你当着100多位老师和50多名同学的面，能读得这么正确、流利，很不简单！好好练习，今后一定会读得更好！为了帮助大家读好这两节，请听一听播音员的朗读。大家听了，一定会受到启发。

（放配有《月光曲》的朗读磁带。示范后，全班学生练读，再指名读，读得更为出色。）

师：这两节我们读了这么多遍，我想一定有人熟读成诵，也就是说，能背下来了吧？

（无人举手）

师：是不是不相信自己？自己背背试试；这么美的文章，该背下来。（生积极地背、读，不到7分钟，多数学生举手，表示会背；师指名背，背得居然不错。）

［评：熟读成诵，这是中国语文教学宝贵的传统经验。教师重视指导背诵，指导及时，指导有方，难能可贵！背诵是积累语言、发展语言的重要手段。目前，教材上要求学生背的篇目尚嫌不足，适当加大背诵量是可行的，也是可取的。］

师：同学们，请看小黑板上的一句话。（出示小黑板）

**幻灯片一**

月光照进窗子来，茅屋里的一切好像披上了银纱，显得格外清幽。

师：屋子里真的披上了银纱了吗？

生：不是，这是比喻，把月光比成银纱。

师：这是由月光引起的联想。写实实在在的事物再加上适当的联想，文章的内容会更充实，更深刻，更感动人。（板书：联想）联想部分一般都是用“他想”、“好像”、“仿佛”一类的词引出来，这是个很重要的标志，当然也有没有的。请读读第9段，看看哪些地方写的是实实在在的事物，哪些句子是联想。

（生默读第9段，边读边画。然后指名读画出的联想部分的句子。）

师：找得很对。同学们，慢慢升起的月亮，月光下波涛起伏的大海，大海波涛发出的阵阵涛声，这些联想是由什么引起的？

生：是由贝多芬弹的《月光曲》引起的。

师：对。如果去掉了这些联想的句子，只要实实在在的事物，那，这段文字就失去了99%的美。不信请看（出示小黑板）：

幻灯片二

皮鞋匠静静地听着。他看看妹妹，月光正照在她那恬静的脸上，照着她那睁得大大的眼睛。

师：大家读了觉得怎么样？还美吗？

生：不美了。

[评：通过比较，引导学生在读懂了课文之后学习作者的表达方法，这对高年级学生尤为重要。]

师：通过对比，我们进一步明白了，写文章的时候能把自己看到的、听到的写得很具体，又能恰当地加上自己的联想，文章的内容就会更充实，表达的感情就会更深刻。我们读文章的时候，分辨哪些是实实在在的事物，哪些是由实实在在的事物引起的联想，可以帮助我们搞清文章的内容，了解作者要表达的思想感情。我这里有一篇短文，现在发给你们，请认真阅读，画出联想的句子，再想一想，如果去掉了这些句子会怎么样？加上去有什么好处？

[评：此处插入一篇短文，从表面上看，仿佛节外生枝，但从教学思路，从训练序列来看，却是顺理成章。这样拓宽了学生的思路，是所学知识和能力的巩固和迁移。由于教师指导得法，通过比较、分析、运用，学生学得主动、积极，训练有序而又扎实。训练意识强，训练严而有方，而且有效，是

这节课的一个重要特色。]

（发印好的短文，短文如下）

幻灯片三

大公鸡的头通红通红的，就像醉汉的脸，高高耸立的红鸡冠就像用红宝石制作的皇冠。脸下面两片鲜红的肉，红得透亮，亮得喜人。眼睛圆圆的，炯炯有神。

身上的羽毛有金黄色的，有红色的，有墨绿色的，闪闪发亮。两只金黄色的粗壮的腿，托住它那肥大的身躯，走起路来像个威武的将军。尾巴弯弯的，高高翘起。

它每天按时打鸣，唱起那令人振奋的《早起歌》："天明了，快起床！"一遍又一遍。每当听到它的歌声，我就不由得想起二年级学过的《美丽的公鸡》那篇课文。是呀！它不光外表美，还能帮助人们做事，多可爱呀！

（生认真阅读全文，画联想的句子）

师：谁来把画出的联想的句子读一下？

（生读，互相补充，略）

师：如果去掉了这些联想的句子，怎么样？

生：如果去掉"就像醉汉的脸"、"走起路来像个威武的将军"这些联想的句子，公鸡给人的印象就不深了。

生：如果去掉"唱起《早起歌》"和"想起二年级学过的《美丽的公鸡》"这些话，公鸡也就不会那么可爱了。

师：体会得非常好！阅读的时候，分辨出事物和联想，对文章的理解就更深刻了。同学们，我这里还有一篇短文，写得不错，我想如果能适当加点联想，文章就会更美。

请你们看，能不能加以补充。

（发短文，内容如下）

幻灯片四

### 荷花

多美的荷花啊！碧绿的荷叶把池塘挤得满满的。白荷花，红荷花，竞相开放；全开的，半开的，姿态各异，争奇斗艳。一朵刚刚绽开的花骨朵躲在一片荷叶后面，一只蜻蜓在上边飞来飞去。

（生认真读，认真修改，师巡视）

师：大多数同学修改好了，有的修改得相当出色。谁来读一读？（师请了三名学生读修改过的短文，一篇比一篇精彩。下面是第三篇，现实录于下。）

学生作文

### 荷花

夏天的一个中午，我来到荷花池塘边观赏荷花。

碧绿碧绿的荷叶像一把把撑开的伞，把池塘挤得满满的。花儿从荷叶的缝隙中伸出来，白的，红的，全开的，半开的，婀娜多姿，竞相开放。一阵风吹来，花儿摇动起来，我觉得荷花变成了小姑娘，荷叶变成了她的绿裙子，为我翩翩起舞。

一朵刚刚绽开笑脸的花骨朵，像一个怕羞的小妹妹，躲在荷叶的背后，一只蜻蜓在它上边飞来飞去，一会落在了上面，我不由得想起四年级学过的《小池》里的诗句："小荷才露尖尖角，早有蜻蜓立上头。"

（该生读完这篇短文时，教室里响起了一片掌声）

[评：由于训练落实，学生确有所获，又由于指导有方，启发得当，学生思维活跃、充分调动了知识的积累和语言的积累，短文写得这样精彩就不奇怪了。]

（师让生评论文中哪些句子是联想，从而进一步知道写文章适当加上联想的好处。师指出：把"落在了上面"改为"落在刚刚长出来的还没有舒展开的尖尖的叶子上"，就更适合诗句的原意了。下课前，师又将印好的一篇短文发给了学生们，要求他们在作文课上，将它认真修改一下，补充上联想的语句。短文如下。)

幻灯片五

又是一个“优秀”作文本发下来了。我打开一看，又是一个“优秀”！“优秀”二字后面还加了一个大大的叹号！张老师批改作文可细了，连一个用错的标点都不放过。我在写人物对话时，由于粗心，少点了一个引号，张老师在旁边用红笔写道：“后边的引号怎么不见了？是谁偷走了？”看了这句话，我顿时觉得脸发烧。张老师从来不吝啬红墨水，总是在好词好句上画上波浪线和圆圈。看着那红色的波浪线，我心里无比激动和兴奋。

## 总　评

本课的教学特点主要体现了三个结合。

一是知情结合。教师引导学生从不懂到懂，从不会到会的过程中，始终扣住情感的培养，在认识的不断深化中，伴随着情感的起伏。“情动而辞发”，学生的思维“活起来”，语言也“活”起来了。

二是讲练结合。教师的讲主要是指导学生练、激励学生练。学生练的方式多，练的面也大，全班学生跃跃欲试，有时看起来好像有些“乱”，但乱中有序。教师善于因势利导，巧妙地调控教学过程。

三是读写结合。整个教学过程，教师都注意学生对语言的理解和运用的结合，注意了读写能力的互相转化，从读到学说、学写，由仿到创，读写结合，其中的衔接、过渡、穿插、呼应都很自然。

这两节课改变了那种“内容分析多，语言训练少”的弊端。如果说，这两节课为阅读教学开辟了一个崭新的天地，我以为这并不过誉。

# 23.《高尔基和他的儿子》教学实录和评析

## 高尔基和他的儿子

高尔基是一位伟大的作家，他很爱自己的儿子。

有一年，高尔基在意大利的一个小岛上休养，他的妻子带着儿子前来探望他。

高尔基的儿子只有10岁，还没有镢头那么高。来到爸爸身边以后，他顾不上休息，一直在忙着栽种各种各样的花草。假期很快过去了，他告别爸爸，跟妈妈回苏联去了。

春天到了，儿子种的花全都开了。春风吹来，姹紫嫣红的花儿轻轻摇晃着，散发出阵阵芳香，引来了一只只蜜蜂。

傍晚，彩霞染红了天空。高尔基坐在院子里，欣赏着儿子种的花，心里有说不出的高兴。瞧，那些盛开的花朵，多像儿子红扑扑的脸庞啊！

不久，儿子收到了高尔基从远方寄来的信，信里说：

“你回去了，可是你栽的花留了下来。我望着它们，心里想：我的儿子在岛上留下了美好的东西——鲜花。

“要是你无论在什么时候，什么地方，留给人们的都是美好的东西，那你的生活该会多么愉快呀！

“那时候，你会感到所有的人都需要你。你要知道，‘给’，永远比‘拿’愉快……”

班级：山东省聊城市东昌府区实验小学五年级（4）班

时间：2009年秋

评析：天津市南开小学　靳家彦（特级教师）

师：我姓于，叫于永正，来自江苏徐州。怎么称呼我？

生：（齐声）于老师。

师：谢谢。还可以怎么称呼我？

生：（略停）于老爷……

师：不是毕老爷？（生笑）

生：于爷爷。

师：这么称呼我，我听了高兴。在她眼里，我是她的亲人，像她的爷爷一样。（面对那名称呼爷爷的学生）那你就跟我的孙女一样啊。还可以怎么称呼我？

（生说不出）

师：（学粤语）不好意思啦！

（生笑）

生：于教授。

师："于教授"？请问你是搞评委工作的吗？（生笑）不是的，我不是教授，是小学老师。如果你是高级职称评审委员会的人，那——握手！（与生握手）你把我评为教授，我该多高兴啊！有没有敢叫我于永正的？谁胆大叫一声于永正？叫一声看会怎么样，有什么后果？咱们班谁胆大，敢叫我于永正的？啊，老虎拉车——没人赶（敢）？（生笑）有没有胆大的？你跃跃欲试，是吧，来——

生：（字正腔圆）于——永——正！

师：（响亮地）到！

（生大笑）

师：在下便是于永正。（生笑）没想到吧。

（生边笑边摇头）

师：没想到叫我一声于永正也没事。他叫我于永正，说明他把我当成他的朋友，朋友之间是平等的，可以直呼其名。当然，称我"于老师"是尊重的话，称我"于爷爷"是把我当成亲人，都高兴。咱们都是朋友了，告诉老师，今天咱们要学哪篇课文？

生：高尔基和他的儿子。

[评：这个开场白幽默、亲切，出人意料。既拉近了师生的距离，又体现师生平等的思想，师生都高兴，为整堂课定下了欢乐和谐的基调。]

师：你看于老师怎么写课题的啊，你认真看。（转身半蹲下在黑板上开始写课题，写到"基"第3笔）这一竖要长。（写到"他"的第4笔）这一竖要高。（写到“的”）左边要小，右边要大，整个儿字上宽下窄。

［评：相机进行书写指导。有人问：中、高年级还要进行书写指导吗？可以肯定地回答：要！］

师：读一读课题，一起读。

生：高尔基和他的儿子。

师：再轻一点。

（生读课题）

师：再自然一点。

（生读课题）

师：再亲切一点。

（生读课题）

师：听我读——高尔基和他的儿子。读——

（生再读课题）

师：（手指下方）轻一点。

（生读课题）

师：好。我就喜欢这样读——高尔基和他的儿子。亲切一点，轻一点，自然一点。

［评：六读课题，完全必要。要读得正确、自然、亲切，不拿腔作调，就要反复指导，反复练习。］

师：预习了吧？

生：预习了。

师：充分预习了吧？

生：充分预习了。

师：你怎么预习的，告诉我。

生：我是先把课文读通顺，然后再把课文后的生字组词看了看。

师：嗯，这两样工作很重要，先把课文读通顺，再看看生字可以组哪些词。不简单啊！我还没做这工作呢！

师：你怎么预习的？（弯腰将话筒递向另一组的一个学生）

生：除了她做的这两件事，我还标上了自然段。

师：哦，标上了自然段，读书就很方便了。

生：不认识的字我就查字典，读懂意思。

师：不理解的词语查字典，把意思弄明白，好，这工作做得好。

生：我还用钢笔把生字描红。

师：真的？握手！（与生握手）

（生笑）

师：生字要写好，不但要写正确，而且要写规范。我备课的时候也认真地把生字写了好几遍，等会咱们交流好不好？既然预习得那么充分，那咱们这一节课就是交流课。你怎么学的，你有哪些收获？我怎么备课的，我有哪些收获？我们一块儿交流，好不好？

生：好。

［评：肯定学生在预习中所做的工作，在读课文、查字典、组词语、写生字这几项工作中，读课文和查字典是重点，预习的目的不是自己事先把课文都学会，而是要经历一番自己独立阅读的心理过程，这个过程的价值在于培养学生独立阅读的能力和习惯，从而逐步学会怎样读书。预习最能体现自主学习的理念。］

师：先告诉于老师，通过这一课的预习，你又认识了哪些字？也就是说，你又交了哪些新的生字朋友？

生："妻子"的"妻"。

生："脸庞"的"庞"。

师：（指名两生）请你把"脸庞"的"庞"写下来，请你把"妻子"的"妻"写下来。写大一点啊。你还认识哪些字？哦，其他字都认识，是吧？

生：（一生举手，师示意他说）"姹紫嫣红"的"姹"。

师：把书打开（生打开书）第3自然段还有一个字你们认识吗？"镢头"的"镢"。（生齐声回答：认识）哦，你们都认识了。刚认识的，还是以前就认识的？

生：刚认识的。

（两个板书的学生已写好，回位坐下）

师：（看着板书）真不简单！把书放下。于老师在备课的时候，认认真真按教材的要求把这两个字写了好多遍，这是同学写的，想不想看于老师写的？

生：想。

师：我在备课的时候这样练（在实物投影上出示备课稿）大家看，于老师写的妻子的“妻”和同学写的妻子的“妻”有区别么?

生:有。

师:(指着板书“妻”)应该说,这个同学写得很好,写得不错。这个字有三横,应该一横比一横长,这点她做到了。但是这个“女”起笔的时候,这一笔叫什么?

生:撇。

师:这个撇写大了。你看我稍加改造就是非常好看的字。(在黑板上把撇写得稍小一些)短一点点就很漂亮了,是不是啊?写好字,第一要学会观察,要读帖,书上的样字要仔仔细细看,多端详一会,到底这个字怎么写。抬起右手来,跟着于老师写这个字(转身板书)——第一横要怎么样?要短。第二横,长一点。“女”的起笔就在这竖跟前,不要写长。这最后一横怎么样啊?最长。你看我写的这个妻字多端庄啊,多端正啊!平平稳稳地坐在那儿,盘腿打坐,是个贤惠的妻子。(生笑)

师:同学写的这个“妻”已经很好了,这个横不要写得那么直,不要那么死,所有的横都不是平的,都是左低右高,当中稍微虚一下。好,拿起笔来,把“妻”写两遍。

(生打开本子写)

师:一看二写三对照,一个要比一个好。在写的时候先看看书上的样字,看准,观察仔细。你看,第三横是不是写得很长啊?头抬起,身坐正。

(师巡视)

师:写两遍,一看二写三对照,写好一遍对照一下,看写得像不像,第二遍写得更好一些。好啊,你的第二个比第一个显然要好多了。好,把笔放下。

[评:这种细致入微的书写指导是语文教学的本分。一看二写三对照是写好字的基本途径。于老师的这些朴实无华又有效的课堂教学方法

◎ 指导学生写字(摄于1994年)

是本色语文的生动体现。于老师常说："教语文有那么复杂吗？有那么难办吗？简约朴实才体现教者的智慧！"信哉斯言。]

师：看看这个"庞"字。"庞"的意思是——

生：庞大。

师：他写得既胖又大。哪个同学写的？跟于老师的比一比，这一横要写短（范写），竖撇要写长，当中这个龙字第一笔要往下写。为什么要往下写呢？因为上面还有个点呢。如果写得太朝上，这个点就没地方点了。（写完整个字，指着生写的"庞"）这个字如果当中改造一下（擦掉第三笔撇，重新写）好看不好看？

生：好看。

师：再看一遍。（范写"庞"）记住，第二笔写短，第三笔写长，第四笔往下写，做到这几点，这个字就会很规范。拿起笔来，把"庞"写两遍。

（生在本子上写字）

师：写好了吗？不错，大有进步。

师：第一步我们交流了写字。通过自学，你觉得这篇课文哪些词语应该记住它？或者说你现在记住了哪些词语？

生：姹紫嫣红。

师：会写吗？不会？拿着书，写到黑板上去。

师：还有哪些词语值得你记？

生：红扑扑。

师：请写在黑板上。

师：还有吗？

生：彩霞。

师：这个词暂时不写。

生：镢头。

师：记住就行了。这是一种农具，刨地的。

生：芳香。

师：写下来。

师：还有吗？有记"脸庞"的吗？

生：我就是写"脸庞"的"庞"的。

师：好，重新写一遍，除了写"庞"，把"脸"也写上去。

（生上黑板写词语）

师：这些词语的确该记住。于老师也把它们抄下来了，等会咱们交流。

（生写完）

师：写“脸庞”的同学站起来。他第二次写“庞”了，这个“庞”跟第一次写的“庞”有进步吗？嗯，大有进步啊，圈（用红笔圈出“庞”）这四个同学的字啊，我第一喜欢这个同学的，第二喜欢这个……这个“红”如果改造一下就好了。谁写“红扑扑”的？请站起来。告诉你，以后写字要注意观察，这个“红”右边是写得比较短的，“工”千万不要写长，看我写（修改学生的字），“工”不要写太长，短一点。发现没有？看书上怎么写的？（生看书）是不是啊？不信的话把书上的字放大（实物投影课文中的“红”）是不是“工”很短？

师：这个词语就应该记住它，记住它以后写文章就可以运用啦。（指着“姹紫嫣红”）谁写的？请你告诉我，姹紫嫣红什么意思？

生：形容花朵很鲜艳。

师：讲对一半了，还差一半呢。谁替她补充？

生：花朵的颜色很鲜艳。

师：只是形容颜色鲜艳？

生：颜色很多。

师：对。这个词是说花朵的颜色很多，“紫”“红”只是代表。“姹”和“嫣”是说花朵很鲜艳，但是还不够准确。于老师查字典了，“姹”和“嫣”共同的意思是鲜艳，但“姹”还有一层意思，是鲜嫩。明白了吗？

生：明白了。

师：这花不但颜色多、鲜艳，而且这花鲜嫩，刚开的。——是不是通过交流，我们的收获就更多了？

生：是的。

师：要学会合作，学会交流。

[评：在自主学习的基础上组织学生交流，学会合作学习，达到“1+1>2”的效果。把课标上的理念贯彻到具体的课堂教学中来，教师的作用至关重要！从这个意义上说，教改的成败关键在教师。]

师：“庞”做什么讲，你是怎么理解的？

生：就是脸的这边。（生边说边摸脸的两边）

师：这边就是……

生：就是脸的侧面。

（听课老师笑）

师：小孩叫脸蛋，大人叫脸盘。

师：这个庞还能做什么讲？（演示大的意思）

生：（齐说）庞大。

师：除了庞大以外，还有一个什么词？

生：庞然大物。

师：还有一个意思，不光多而且很杂，叫什么？

生：……

师：叫“庞杂”。读书少了，还是没有记住？东西多，乱七八糟的叫庞杂。人很多，也能叫庞杂。还有一个意思呢？

生：还是一个姓。

师：《三国演义》里有一个——

生：庞统。

师：还有一个——

生：庞德。

师：对啊，他有勇无谋。咱们通过交流，是不是 1 +1 >2 了？

生：是。

师：刚才我们交流了生字的写法，对词语的理解。课文朗读得怎么样？不是你们告诉我课文读了好多遍吗？我也读了好多遍，我们来交流一下。看看老师有哪些地方值得你学习，你们有哪些地方值得我学习。咱们互相交流、互相学习。谁先读给老师听？

（一生读第 1—2 自然段）

［评：师生互动，多向交流，由字而词，由词而文。环环相扣，步步相随，不露痕迹，却匠心独具，天衣无缝。］

师：很遗憾，有一个字读错了，你知道吗？

生：有一年。

师：请你再读一下。

生：有一年——

师：读完它。

（一生读第 3 自然段）

师：他最值得我学习的地方是读得很自然，像说话一样自然，这是我一直努力追求的，谁接着往下读？

（一生读第 4 自然段）

师：儿化音没读好。（师范读“姹紫嫣红的花儿轻轻摇晃着”）

（该生再读“姹紫嫣红的花儿轻轻摇晃着”，之后，生齐读“姹紫嫣红的花儿轻轻摇晃着”）

师：齐读的时候声音不要很响，轻一点。

（指导全班学生轻轻地读）

师：很好，你再接着往下读。

（一生读第 5 自然段）

师：真不错，没想到读得这么好，这么自然，这么亲切。接下去读。（该生继续读）

师：读得一个比一个好，我尤其喜欢这个破折号的读法，我学一学。（师读“我的儿子在岛上留下了美好的东西——鲜花。”）

［评：时刻给学生以鼓励，老师向学生学习，更增强了学生的自信心。］

师：想不想听于老师来读？

生：想。

师：听一听于老师读的和同学们读的有什么不同，仔细听。

（师范读课文，生鼓掌）

师：谢谢同学们的鼓励，再听一遍，这一遍不看书，看于老师的脸。为什么看于老师的脸呢？因为脸上有表情。表情表情，能表情达意，表达感情，一边听一遍看于老师脸上的表情。

（师表情丰富地朗读课文，全场鼓掌）

师：于老师读的和你们读的有什么不同？

生：老师读得有感情。

师：谢谢！

生：您读得有一种亲切感。

师：能听出“亲切”二字不得了，握手。这儿的同学交流一下。（去另一组）

生：读得很自然。

师：语气很自然，是吧？谢谢。不过我要告诉你，这点是跟他们学的。（师指刚才朗读好的学生）

生：段与段之间有充分隔离。

师：不仅段与段之间有较长时间的隔离，而且……

生：句与句之间也有。

师：握手啊，你很厉害，这课我在三个班上过，没有一个学生听出这一点来，你听出来了。于老师读的句号停顿时间比较长，段与段之间停顿更长，记住啊，要学老师这一点，注意停顿，不过这一点不是马上能学会的，要慢慢练习。

生：您脸上的表情很丰富。

师：握手！（该生伸左手。师说：伸右手，左手不礼貌。）表情是表达感情的，这很重要。谢谢大家的鼓励。

[评：在理解课文内容、感悟文章情感的基础上，指导朗读技巧，停顿、语速、语调都让学生在比较与练习中自己悟得。]

师：刚才经过交流，我发现了你们的优点，你们也发现了我的优点，那咱们互相学习，拿出书来（生拿书），看谁能超过于老师。第一，要注意停顿，能做到这一点就有很大的收获了；第二，要读得慢一点；第三，我觉得我读的你们还没有提到，在读高尔基写的信的时候和前面要有区别。读信的时候，声音“虚”一点，即轻一点，慢一点，要有亲切感。

（生自由轻声读书，师巡视，与生个别交流）

师：读完了？

生：读完了。

师：请大家再把高尔基写的信念一下，慢一点，轻一点。我看谁的表情好。各人念各人的，开始吧。

（生读最后三个自然段）

师：我转了一圈，发现一个表情比较好的。（指一生）请你来读。敢不敢到台上来读？

（该生到前面读高尔基的信）

师：语气非常好。（全班学生鼓掌）非常遗憾，表情不如在底下好，到底有些紧张。奖励你读前边一段——第 5 自然段，看能不能读出区别来。大家注意看她的表情，听她的声音。

（生读“傍晚，彩霞染红了天空”一段）

师：哎哟，他多高兴啊！把高尔基的高兴心情读出来了。（示意生回座位）大家一起把高尔基写的信读一读。轻轻地读。我给你们起个头。

师：（轻轻地）“你回去了”，预备，读——

(生读得比较响)

师：轻轻地读，用气来读。

(生轻声齐读高尔基写的信)

师：刚才我们交流了朗读，互相学习，取长补短。我从你们那儿学了个“自然”，你们从我这儿学了个“停顿”，最后还学了“虚读”，还想再练一遍吗？

生：想。

师：“你回去了，可是——”读！

(生再次读高尔基写的信，这次读得很有情)

师：多有味道啊，多有意思啊！下边继续交流。这课你觉得哪些话应该记住，哪些话应该去思考？请默读课文，做上记号。于老师已经画了，等会咱们再交流。

(生默读课文做记号，师巡视、指导)

师：把笔放下。做好记号还不行，接着要思考，读书多不一定会读书，会抓重点、会思考才叫会读书。重点抓了，你把重要的句子都画下来，那么接着去思考你画的句子，你从中读懂了什么？你读出了什么？好，眼睛看着你画的句子，思考：从句子当中你读懂了什么？你看出了什么？

(生继续思考，师巡视)

[评：书写指导细致入微，朗读指导掷地有声，入耳入心。重要的是学生的读写实践，反复练习。大家最想看到的是于老师怎样启发学生学习，从不会到会、从不好到好的过程，仔细揣摩、咀嚼、消化、吸收的过程，把这个过程化为己有，就获得了上好语文课的真经。]

师：好，把笔放下，交流：你觉得这一课哪一句话应该记住它？

生：“要知道，‘给’永远比‘拿’愉快。”

师：“‘给’永远比‘拿’愉快”，这句话，于老师也画出来了。

(师实物投影出示语文书上做的记号)

师：画这句话的举手！

(大部分学生举手)

师：都画下来了，很好，请放下。接着说，这句话你为什么要画下来？你是怎么理解的？

生：给别人，永远比拿别人的高兴。

师：这是字面的意思，你有什么体会呢？

生：拿，是自己快乐；给了别人之后，别人快乐，自己心里也快乐。

师：哦，给，别人快乐，自己也快乐；拿，只有自己快乐。你的体会比较深。

生：高尔基肯定有这种体验，否则他不会跟他的儿子说的。

师：的确，高尔基是伟大的作家，他一生给别人的太多，他给人民的太多，说得非常好，具体的情况请你们阅读高尔基的书，他写了一本非常有名的书叫《我的童年》，还写了一本非常有名的书叫《母亲》。

[评：相机扩展，扩展阅读范围。]

生：我的理解是：给别人一样东西，比拿别人一样东西更快乐。

师：是的，由这句话，你还能想到别的话吗？还能想到别人吗？还学过一篇什么课文来着？叫什么是快乐的？

生：（齐）《给予是快乐的》。

师：对了，我在做记号的时候就想了，还学了一篇课文呢，叫《给予是快乐的》，我不由得想起课文中的那个小男孩，多好的小男孩啊，多可爱的小男孩啊！我还想到一个英国的医生，有一次他给人家看病，一检查，这人没什么病，是因为他太饿了，是因为他缺乏营养，是因为他太穷。医生给他开了药，跟他夫人说："请把药拿回去，现在不要打开，这儿有药，回去一看，就知道怎么治了。你丈夫的病不厉害，没有危险，你放心！"就这样，夫人把他给的东西——药，带回家。打开一看，给她的是一大盒银元，字条上面写了几个字："你丈夫没有病，是因为他缺乏营养，请用这些钱给他买点有营养的东西吃。"这是一个英国的医生。

师：从这句话，我还想到另一句名言，我想你们都会说的。赠人——

生：——玫瑰，手留余香。

师：赠人玫瑰，手留余香。多好啊！多美好的境界呀！记住它，而且我还写了一句话，"我要给我的学生更多的东西，更多的帮助，因为'给'永远比'拿'愉快"。

[评：抓住"'给'永远比'拿'愉快"一句深入思考，互相启发，学生的认知能力和思想境界不断升华，这便是语文教学的成功范式。]

师：还有哪句话你做了记号？

生："高尔基的儿子只有10岁，还没有镢头那么高。来到爸爸身边以后，他顾不上休息，一直在忙着栽种各种各样的花草。"

师：这话我也画了，还有画这句话的举手。

（大部分学生举起了手）

师：好，请放下。说说你的体会，你从中读懂了什么？

生：高尔基的儿子从远方奔波过来，他却没有休息，而且他连镢头高都没有，居然在忙着栽种各种各样的花草。说明他很会付出，很爱自己的爸爸。

师：他读懂一个“爱”，爱自己的爸爸。还有什么体会吗？

生：他想，爸爸现在能看到他，过几天回国，就看不到他了。他要栽种各种各样的花草，爸爸看到这些花草，就相当于看到他了。

师：哦，想那么远啊！

生：我觉得高尔基的儿子种这些花，是因为他和妈妈回国以后，高尔基身边就没有亲人了，他想让这些花陪伴着他。

师：体会得不错！于老师读出两个字：勤劳。10岁呀，个儿还没镢头那么高，就那么勤劳，给爸爸种各种各样的花草。

［评：抓住“高尔基的儿子只有10岁，……栽种各种各样的花草”一句，引导学生体会出爱心和勤劳，把读书引向深入。］

师：好，还有哪句话引起同学们思考啊？我还画了一句呢。

生：“瞧，那些盛开的花朵，多像儿子红扑扑的脸庞啊！”

师：画这句话的举手。

（一部分学生举手）

师：这句话太好了，好，放下，我也画了，说说你的体会。

生：说明高尔基勤劳的儿子种出来的花十分美丽。

师：是吗，还有不同的体会吗？

生：说明高尔基很想念自己的儿子。

师：是啊，多想自己的儿子啊，这花是他儿子栽的啊，还有吗？

生：说明高尔基很想念自己勤劳的儿子。

师：又加了个勤劳，很想念勤劳的儿子。想不想知道于老师写的啊？

生：（齐）想。

师：于老师在旁边写了两个成语。

（师实物投影出示书上写的两个词语）

生：（齐读）睹物思人，触景生情。

师：我读这句话就想起这两个成语，第一，睹物思人，什么叫“睹”啊？

生：（齐）看。

师：看见花草不由得想起栽花草的儿子，花朵多像儿子红扑扑的脸庞。像他儿子，是他儿子栽的花啊！第二句话，触景生情。看到眼前的景，思念自己的儿子。通过交流，是不是长见识啦？

生：（齐）是！

[评：抓住“那些盛开的花朵，多像儿子红扑扑的脸庞”一句，读出睹物思人、触景生情的真情实感，在交流中取长补短，互相学习，增长见识，在读书中学会读书。]

师：看课文最后一道题，请你读一读。

生：（读）请你代高尔基的儿子给高尔基写一封回信。

师：下面我们做一回高尔基的儿子，替他为父亲写一封回信。先坐好，要注意听了。要想写好回信，必须读懂来信。下面请默读高尔基写的信。根据高尔基的信，我们写什么内容呢？回信写什么？重点写什么？

（生默读课文）

[评：读后即写，课上真刀实枪地练，不摆花架子，没有花拳绣腿，这是于老师语文课的一贯风格，唯其如此，才能高效！]

师：你看高尔基对儿子的要求，第一，你要记住，“给”永远比“拿”愉快。高尔基的儿子看到这句话会怎么想？他会怎么做？这是重点啊，这地方写好了，高尔基一定高兴啊！第二，你看，高尔基看到儿子栽的花那么高兴，他的儿子一定会建议他爸爸经常干什么呀？

生：给那些花儿浇水施肥。

师：而且经常到花面前去——

生：观赏它，去闻它的花香。

师：去散散步，这样他一定会感到怎么样啊？

生：很高兴。

师：告诉大家，高尔基之所以到意大利去休养，是因为他有肺病。当你知道这一点之后，一定会告诉他爸爸怎么样？

师：既然是写回信，第一句话应该写什么？

生：（齐）你的信我收到了。

师：下边我不说了，总而言之，根据高尔基的来信，你认为该怎么写就怎么写，看谁写的信好。我告诉你们，我也替高尔基的儿子写了一封信，咱们等会再交流，看你怎么写的，我怎么写的，好不好？动手吧，写信的格式还要说吗？

生：（齐）不要。

师：好，不要说了，称呼顶格写，动作要快。给大家7分钟时间，看谁写得又快又好。

（生开始写回信，师巡视、指导）

［评：只给7分钟，学生必然积极开动机器，争分夺秒，促使文思涌动，这比无限延时效率要高。］

师：好，有同学问我，高尔基的儿子叫什么名字？于老师做了调查，我写在黑板上。

（师板书：马克西姆·佩什科夫。板书后，继续巡视、指导，提醒生注意写字姿势。）

师：好了吗？写好的举手。（环顾全班）

师：写好的自己念。看看还有要补充的没有。等会儿进行交流。

师：写完的同学最后念一遍，大声念。

师：把笔放下，交流写信。刚才于老师转了一圈。在有的同学的本子上画了一颗五角星，凡是画五角星的同学请你带着草稿到前面来。

师：下边咱们交流。这四个同学读完后，我也把自己写的信读给大家听。一定要仔细地听、认真地看，任何一篇作文都会对你有帮助的，它都是有优点的。

（把第一个同学写的信放到实物投影上）

幻灯片一

亲爱的爸爸：

你的信我收到了。我在家里会好好听妈妈的话。帮妈妈做家务活。假期里，我种了那么多花，是为了美化你的环境，让你有好心情，让你早日康复。如果你想我们了，那你就看看那些花吧。看到了花就等于看到了我们。你在信里说“给”永远比“拿”愉快，这句话我记住了。我会用自己的行动来证明。

祝愿您早日康复，回国与我们团圆。

2009年

马克西姆·佩什科夫

师：有个小毛病，哪里要改一改？

生：马克西姆不是今年写的，他活不到现在。（笑声）年、月、日应该写在名字下面。

师：（指着投影说）是啊！先写名字，再写年、月、日。2009 年改为“×年×月×日”就行了。这个回信写得相当好，针对来信写回信。（示意生回座位）

［评：投影打出学生书写的原稿，真实的水平一目了然，便于修正，便于指导，便于交流，便于提高，不失为一种好的方法。］

师：（将第二位同学的本子放到实物投影仪上）这个同学的字显然要比第一个同学的字写得好。可以说是我们班的小书法家。

幻灯片二

敬爱的爸爸：

您好！

您的信我收到了。我在家中一定会帮着妈妈做一些家务，减轻妈妈的负担。在学校中，我会好好学习，乐于助人的。对了，我种的花开了吗？如果开了，您可要经常去旁边散散步哟！您看到了花，就等于看到了我。您说，“给”永远比“拿”愉快，您是说付出永远比索取快乐。我一定会照您说的话去做的。另外，我祝您早日康复！

马克西姆·佩什科夫

×年×月×日

师：最后祝愿的话要另起一行。“另外”要删去。还有一个小毛病，“我种的花开了吗?”高尔基写信告诉他花开了。这个话就不要问了。

［评：讲评第二位同学的手稿，从文字到标点，从语气到用词，一一指导，细致具体。］

师：（把第三位同学的信放到实物投影仪上）我告诉你，全班同学记住，以后写字的时候，字与字之间要有空隙，不要拥挤。

幻灯片三

亲爱的爸爸：

您的来信我收到了。我会记住您的教诲，做个乐于助人的人。（师：好极了，这正是爸爸希望的。标点符号用得非常正确。）在学校，我会帮助不会难题的同学。（师：改为“我会帮助学习有困难的同学”。）在家，我会帮妈妈做些力所能及的家务。请您放心。请您别忘了给那些花浇水、施肥，这样它们才会健康地成长。天冷了，您别忘了及时增减衣服。（师：“天冷了”改为“春天来了，但是一早一晚还是比较凉的”。）我和妈妈会照顾好自己的。您保重身体哟！

您的儿子　马克西姆·佩什科夫

×年×月×日

师：这个同学想得非常周到。掌声送给她。（生鼓掌）

［评：讲评第三位同学的原稿，抓住该生的优缺点具体指导，从内容到形式有针对性地修改，学生获益良多。］

（将第四个同学的信放在实物投影仪上）

幻灯片四

亲爱的爸爸，您好！

您的信我收到了。我一定会记住您的话。在家里帮妈妈做力所能及的家务，让妈妈减轻负担。在学校里也会给有困难的同学更多帮助。你要多到花园里散步，呼吸新鲜空气，这样你的病就会好得更快。爸爸，您要适当锻炼，多散步，多喝水，不要感冒。吃东西也要注意营养。我和妈妈都很好。请你不要挂念我们。

祝您早日康复！

您的儿子　马克西姆·佩什科夫

×年×月×日

师：这篇作文是我最满意的，方方面面都说到了。第一：要记住爸爸的教导，做个助人为乐的人；第二，提醒爸爸到花园散步，有利于恢复健康；第三，提醒爸爸注意锻炼，多喝水，不要感冒；第四，注意营养。她虽然是替高尔基的儿子写信，但是表达的是她的意思，是她对别人的关心。高尔基读了，一定很高兴，病会好得更快！

［评：讲评第四位同学的原稿，概括出这封信的四点内容。这封信叙述全面，表达充分，获得了老师的高度评价，学生受到了极大的鼓舞。］

师：好，现在看于老师写的信。

（师实物投影出示，用自然的语气读信）

幻灯片五

亲爱的爸爸：

您的来信收到了。读您的信，仿佛觉得您就在我身边和我谈话，难怪人们说“见字如面”！

读了您的信，我倍感亲切，深受鼓舞，只是我做得还很不够。

我会永远记住您的话：“‘给’永远比‘拿’愉快。”在家里，多帮妈妈做事；在学校，多为同学做事。爸爸，老师和同学都夸我会体贴人！

爸爸，经常到我栽的花前散步吧！欣赏着姹紫嫣红的花儿，看着蝴蝶翩翩的舞姿，听着蜜蜂嗡嗡的歌唱，呼吸着新鲜的空气，您一定会心情舒畅！

我和妈妈都很好，请勿挂念。

祝您早日康复，回国团聚！

您的儿子　马克西姆·佩什科夫

×年×月×日

（生鼓掌）

师：你们读了于老师写的信，一定会把自己写的信改得更好。我们的交流就到这儿结束。

［评：教师亲自动笔写“下水文”，这有三个好处：一、给学生做示范；二、让学生修改有参照；三、启发学生思考老师为什么这样写，从而在更大范围内指导学生改好自己的回信。提倡每位教师都写“下水文”，教学相长，

共同提高。]

师：通过今天的学习，你最大的收获是什么？

生：我记住了“‘给’永远比‘拿’愉快”。

生：帮助别人，快乐自己。

师：其他方面呢？

生：听了于老师朗读，我知道了句号、段与段之间要停顿。

生：朗读时，要有感情。

生：朗读时，脸上的表情要丰富。

生：朗读时，要根据书里的内容，把自己的情绪调整好。

生：读到一段好的地方时，应该做上记号，并把自己的感想写在旁边。

生：我记住了于老师信中的一个词语——“见字如面”。修改时，我也会学习写排比句。

师：你是个非常有心的学生！

生：我们应该在学习的道路上更加勤劳，不辜负老师的期望。

[评：学生各抒己见，都是在读写实践中获得的真实感受。这样的课堂结尾，学生从一课书的学习过程中得到具有普遍性的学习规律，举一反三，由此及彼，学生一步一步学会学习，逐渐形成自学能力。]

师：最后，送大家三句话：字是写出来的，书是读出来的，作文是作出来的，再加一句话，情感是体会出来的。下课。

## 总评

这是一堂具有创新精神，充分体现课标要求的好课，读罢令人耳目一新。这节课有四个鲜明的特点。

其一，阅读教学要“读”占鳌头。“读”不是一种单一的枯燥的机械行为，贵在教师引导得法，使学生百读不厌，越读越爱读。待读出滋味、读出趣味，便会怡然自得，陶醉其中。如感知阶段的“通读”，深入阶段的“择点读”，领悟阶段的“有表情地朗读”，研读阶段的“议读”，延伸阶段的“拓展读”，都显得肌理清晰，颇有章法，确实是科学性与艺术性的完美结合。

其二，以读促写，内外整合，有机配置，相得益彰。学生感知课文的深情美意，通过“回信”的摹写，师生互动，主动探求，灵活引导，相机点拨，使学生的写作能力得到切实提高，形成可贵的高效课堂。

其三，课改的本质是使学生真正成为课堂教学的主体，学生在课上既是认知的主体，也是言语实践的主体。本课例教师和学生的活动都是现场生成的，具有极强的不可复制性，这便是“这一课”的独特创造。

其四，这一课的教学，真正体现了“对话教学”的理念。于老师在写字、释词、朗读、画重点句、加批注以及写回信等方面处处起到了“对话中的首席”的作用。一个语文素养好，又有先进理念的教师，语文教学焉能不成功?

# 24.《林冲棒打洪教头》教学实录和评析

## 林冲棒打洪教头

林冲遭受高太尉的陷害，被开封府发配沧州。一天午后，两个差人押解林冲来到了柴进庄上。

柴进见了林冲，心中大喜，忙叫庄客杀鸡宰羊，厚礼款待。席间庄客来报："洪教头来了！"柴进说："正好请洪教头一起来坐坐。"

林冲转身一看，只见来人挺着胸脯，歪戴着头巾。林冲寻思，庄客称他教头，想必是柴大官人的师父了，连忙站起来躬身施礼。洪教头全不理睬。柴进指着林冲对洪教头说："这位是林教头。"林冲起身让座，洪教头也不相让，便去上首坐了。洪教头向柴进问道："大官人今天何故厚待一个犯人？"柴进说："这位林武师非比他人，乃是东京八十万禁军教头。"洪教头冷笑了两声："只因大官人好习枪棒，往往流配的犯人都来依草附木，冒称武师，找你骗吃骗喝，你怎么能如此轻信呢？"柴进说："哦，你可别小瞧了他。"洪教头跳起来说："我偏不信他，他敢和我较量一下，我就承认他是真教头。"林冲连说"不敢，不敢"。洪教头见他退让，以为他真的不会枪棒，便越发要跟他交手。柴进说："我也正想看看二位教头的本事，林武师就不要推辞了。"

月亮已经上来了，照得厅堂外面如同白昼。众人来到堂前空地上。洪教头先脱了衣裳，拿起一条棒掂量一番，独自耍了一阵，然后喝道："来！来！"林冲只好也从地上拿起一条棒来说："请教了。"

洪教头恨不得一口吞了林冲，便把棒在地上猛敲一下，冲向林冲。两个教头就在月光下一来一往，交起手来。

战了四五个回合，林冲纵身跳出圈外，叫了一声："我输了！"柴进问："还没见二位较量呢，怎么便输了？"林冲说："小人戴着木枷，就算是输了吧。"柴进连忙请两个差人开了枷，笑着说："请两位教头使出本事，再试一棒。"洪教头提起棒来就要打。柴进说："慢！二位教头比试，不同一般，这锭银子权且作为彩头，谁赢得就将这银子拿去。”说着将一锭二十五两重的大银丢在地上。

洪教头恼恨林冲，又想赢得这锭银子，便用了浑身的功夫，使出个“把火烧天”的招式。林冲把棒一横，还了个“拨草寻蛇”的招式。洪教头跳起来大喊：“来！来！来！”举起棒劈头打来，林冲往后一退。洪教头一棒落空，他一个踉跄，还没有站稳脚跟，就又提起了棒。林冲看他虽然气势汹汹，但脚步已乱，便抡起棒一扫，那棒直扫到他的小腿骨上。洪教头措手不及，“扑”的一声倒在地上，棒也甩出老远。众人见此情景，哈哈大笑起来。

洪教头满面羞惭，灰溜溜地走开了。

班级：安徽省砀山县师范附属小学五年级（2）班
时间：2009 年秋
评析：天津市南开小学　靳家彦（特级教师）

## 第一节

师：今天，我们来学习一篇课文——

生：《林冲棒打洪教头》。

师：（板书课题）洪教头是个人，他姓洪，但是他不叫洪教头，教头是他从事的工作，也可以说是个职务。他从事什么？

生：他从事教头。（笑声）

师：同学们发出了善意的笑声。说他从事教头，显然不通。再说。

生：他是教人家练武的。

师：对了。武术教师，教武术的人。（指“头”字）这个字读轻声。

生：（齐读）洪教头。

师：（出示生字）自己读一遍。

生：（读大屏幕上的生字）沧、掂、枷、锭、抡、押、睬、昼、羞、踉、跄。

师：“踉跄”这个词在哪一句话里？

生：（读）洪教头一棒落空，他一个踉跄，还没有站稳脚跟，就又提起了棒。

师：（指大屏幕上“踉跄”一词）这两个字是什么偏旁？

生：足字旁。

师：足字旁，肯定跟脚有关系。这个词在这句话里是什么意思啊？

生：走路不稳的意思。

师：还有不同意见吗？

生：差一点摔倒。

师：脚跟没有站稳，差点摔倒，就叫“踉跄”。好，请你（指刚才发言的学生）到讲台前做个“踉跄”的动作。（该生到讲台做“差点摔倒”状，众笑）还有个词叫“踉踉跄跄”，你接着演示一下。（该生又醉汉似的走了几步，众大笑）这叫“踉踉跄跄”。

（屏幕出示几个带多音字的句子）

师：这篇课文里面多音字很多。看大屏幕，红色的字是多音字。这些多音字如果读正确了，读课文就没有障碍了。

（指名读第一句）

生：（读）两个差人押解林冲来到了柴进庄上。（“差”“解”是红色的）

师：读得正确。一齐读这句话，把“差”和“解”读准。

（生齐读。指名读第二句。）

生：（读）这位林武师非比他人，乃是东京八十万禁军教头。（“禁”是红色的）

师：什么叫“禁军”？

生：保护皇上的亲兵。

师：范围再扩大一点。

生：保护皇上的军队。

师：就保护皇上一个人？

生：保护都城的军队。

师：保卫京城的军队叫禁军，不光是保护皇上一个人。禁军也叫御林军。但是这儿的，不是指保护京城的军队，而是指宋朝的国家军队，正规军，八十万哪！再读一遍。

（生齐读）

师：请你站起来读下面一句。

生：（读）众人来到堂前空地上。（“空”是红色的）

师：最后一句话要特别小心，有一个字，很容易欺骗你的眼睛。谁来读？

生：（读）林冲把棒一横，还了个“拨草寻蛇”的招式。

师：你的眼睛没有被它欺骗。哪个字最容易欺骗我们的眼睛？

生：拨。

师：一齐读，读整句话。

（生读）

师：还是砀师附小的学生棒，多音字都读准了。谁来读读第 1、2 自然段？

（指名读第 1、2 自然段）

师：很好，尤其第 2 自然段读得好。把书放下。

[评：这一环节的正音教学非常必要。它有三个作用：其一，防患于未然，避免错误读音先入为主，读错了再纠正则事倍功半；其二，边正音边理解词句，特别是“拨草寻蛇”的“拨”字，极易与“拔”混淆，这体现了教师高明的预见性；其三，朗读的第一要义是读正确，这样细致入微地指导，潜移默化地陶冶学生仔细读书，眼到、心到、口到，看似平淡无奇，朴素自然，实则匠心独具，不露痕迹。]

师：同学们，我们读的不是字，是课文，是文章。文章是有情感的。因此，要把自己的理解，通过你的朗读体现出来。为什么说他第 2 自然段读得好呢？因为融入了他的理解。听于老师读第 1、2 自然段。

（师范读）

师：朗读语气要自然，要读得像说话那么自然。大家把第 1、2 自然段再读一遍。

（生朗读第 1、2 自然段，师巡视）

师：请刚才朗读的同学再把第 1 自然段读一读。看这一次读得怎么样。

（生读，读得比第一次好多了）

师：进步大了！掌声鼓励！（生鼓掌）掌声应该送给有进步的人。他第一句读得多好。我听出他替林冲鸣不平啊，同情林冲，恼恨高俅啊。谁读第 3 自然段？

（生读第 3 自然段）

师：读得正确、流畅。这么长一段，没错一点儿，真的不容易。读这段要注意人物之间的对话。林冲、洪教头、柴进三人身份是不一样的，他们说话的语气自然是不同的，要把他们不同的语气读出来。

（师范读第3自然段）

师：同学们把第3自然段练读一下，要把他们三个人的语气读出来。

（生练读，师巡视）

师：谁把洪教头的话读一遍？

（生读）

师：有点意思。把洪教头的内心活动给读出来了。谁还愿意读？我想找个女同学读洪教头说的话。

（一女生读，该生读得很好）

师：没想到女同学还有这样的气魄，她真的走进了洪教头的内心！奖励你，请把这段读完。

（生读得声情并茂）

师：好一个洪教头！你越发厉害，越发目中无人了！掌声送给她！哎！读课文有意思吧？她把洪教头给读活了，听她朗读，就仿佛见到了洪教头。我甚至可以想象出他的样子。他满脸的横肉一哆嗦一哆嗦的，而且脸涨得通红通红的，像猪肝似的！（笑声）谁接着往下读？

（生读）

师：什么叫彩头？有知道的吗？

生：彩头就是奖励。

师：奖励。有一点意思。更准确地说——

生：奖金。

师：沾点边儿。还要“大将”出马吗？（有一生特别活跃，特别出众，他把手举得高高的，师称他“大将”）你等会儿出手。我知道你厉害。等别人回答得我都不满意时，再请你出来。你做好准备，注意听别人发言。

（该生立刻坐好，认真听别人发言）

生：彩头就是奖赏。

（还有几个同学发表了意见，但是都不准确）

师：看来要“大将”出马了。

“大将”：就是下的赌注。

师：到底是大将！大将出马，一个顶俩！“彩头”就是打赌用的钱物。看他（指刚才读的学生）读得多紧张啊！他把洪教头的骄傲自大、目中无人读出来了。洪教头真的不知山外有山、人外有人啊！

［评：对众同学是“激”，对“大将”是“励”，目的是树立榜样，调动全体学生自主学习的热情，多么高超的教学艺术！许多课堂缺少的就是这生动有趣、活泼有效的教学面貌。］

师：谁来读第7自然段？这一段很难读。

（生读，读得紧张、激烈）

师：读得多么有气势，多么紧张，多么激烈！虽然这一段应该读得稍微快一些，但是不要太快。请听我读一遍，好吗？

（师范读，声情并茂，博得一片掌声）

师：大家再把第7自然段读一遍。

（生练读）

师：故事就是这样结束了，以洪教头的失败而告终。现在于老师要提问题了，你们觉得林冲是个怎样的人？读了那么多遍的课文，他给你留下了什么印象？（生纷纷举手）哪位是班长？请班长过来。（班长走到黑板前）班长，刚才那么多人举手，我能猜着他们会说什么。我把我猜的告诉你。（对班长耳语）班长注意听大家发言，看我猜得对不对。——谁先说？林冲这个人怎么样？

生：他是一个谦虚的人。

生：他是一个有耐心的人。

生：林冲是一个既武功高强而又谦虚的人。

师：武功高强，而又谦虚的人。

生：他行侠仗义。

生：替天行道。

师：呵！那时他没有上梁山，还谈不上“替天行道”。

生：他不但武功高强，而且很有礼貌。

师：班长，我猜得怎么样啊？

班长：同学们说的，您都猜到了。

师：请班长回位。为什么我能猜出来？因为这些方面，三年级的小朋友读了也能看出来。咱们读书要读懂文字背后的东西，我们要学会思考，学会品味。五年级了，应该有这个本事。林冲作为梁山一百单八将中的五虎上将之一，作为八十万禁军的教头，他的为人，他的人品（板书：为人，人品）究竟怎么样？他到底哪里非他人能比？仅仅武功高强，仅仅有礼貌，不一定算得英雄。于老师备课的时候，读出一个字，林冲的人品最可贵的一点，用一个字就可以概括。我把读出的这个字，写在手心上（借学生的钢笔在手心上写字），请你们仔仔细细读课文，看看你们能不能把林冲的为人，他的人品，用一个字概括出来，看看咱们写的是否一样。（生默读全文）

[评：教师把读书心得归纳为一个字，并且写在手心上，这就制造了一个强烈的悬念，引发学生积极探索：这是一个什么字呢？于是就得仔细读书，深入思考，强烈希望得出的结果和老师一致，这多么像“欲破曹营须用火，英雄所见一般同”的典故。教学艺术的生命源自教师的创造性。]

师：大多数同学第一遍读完了。书放下。从头到尾地读过之后，要抓住重点段。第1—3自然段比较起来，你认为哪段重要？

生：第3自然段重要。

师：对，第3自然段重要。第4—6自然段比较起来，哪段重要？

生：第4自然段。

师：第7、8自然段不要说了，第7自然段重要。总体读后，要抓住重点段。请好好地读一读第3、4、7自然段。读重点段的时候，要做记号——哪些写林冲的词语重要？把它们画下来。通过这些词语，去思考林冲的为人。先默读第3自然段。

（生边默读边做记号）

师：你叫什么名字？

生：李硕。

师：李硕请站起来。（拿起李硕的书，举起来让其他同学看）李硕在读第3自然段的时候，用着重号画了两个词。（指另一生）你念念，他画的是哪两个词？

生：躬身施礼、起身让座。

师：（展示李硕的书）这就是李硕读书时做的记号。大家继续往下看，关注林冲的言行，学会做记号。

师：请你站起来。叫什么名字？

生：王有山。

师：（拿起王有山的书让另一生说）请你告诉我，第 3 自然段他画了哪些词语？

生：不敢，不敢。

师：（举书）林冲说的“不敢，不敢”他加了着重号。这四个字说明好多问题啊。往下读，看第 4、7 自然段。第 7 自然段，有一个词，非常难找，一般人发现不了，咱们班的同学肯定行，你们都有一双善于发现的眼睛，都会思考。第 4 自然段画的什么词语？

生：“只好”和“请教了”。

师：这两个词语很值得我们思考。第 7 自然段有个词最能说明林冲的为人，好好找找。

（师巡视）

师：哦，“大将”画出来了。请站起来，把你画的那个词告诉大家。

“大将”：扫。

师：当林冲还手的时候，只是抡起棒来“一扫”。林冲是个什么样的人呢？一个“扫”字多么清楚地展现在我们面前啊！我们就这么读书：整篇地读，抓住重点段去读，抓住关键词语去品味。读到这里，我想，林冲是个什么样的人，他的人品，他的为人，究竟哪点非比他人，你们一定读出来了。用一个字来概括林冲，如果你也读出来一个字，拿准了，请你把这个字也写在手心上。看写的和我一样不一样。

（生在手心上写字。师巡视。但还有不少人没看出来。）

师：没看出来的同学再读书，再思考。请你站起来读第 3 自然段。（对全体学生）大家边看边听边想。

（生继续往下读）

师：眼睛盯着“起身让座”，想一想。

（生继续往下读）

师：林冲连说“不敢，不敢”，你看，洪教头蛮横无理，目中无人，出口伤人，要跟林冲比武，林冲却连说“不敢，不敢”，眼睛盯着“不敢，不敢”，想。

（指名读第 4 自然段）

师：林冲只好拿起一条棒，还说了一句话“请教了”，看，林冲是个怎样的人啊？谁来读第 7 自然段？

（生读，读到洪教头“使出个‘把火烧天’的招式”）

师：棒高高地举起啊！“把火烧天”呀！是要进攻！是进攻的架势！

（生继续读，读到“拨草寻蛇”）

师：什么叫“拨草寻蛇”？就是把棒一横，是准备招架，是防守的架势。往下读。

（生继续读，读到洪教头“劈头打来”）

师：注意这个词“劈头打来”，是照死里打呀！

（生继续读，读到林冲“抡起棒子一扫”）

师：一个照死里打，一个只是抡起棒一扫，林冲的为人看出来了吗？把你看出来的字写在手心上。

（师一一察看，并请学生说说写的什么字。生分别写了“谦”“礼”“忍”“让”。师都给予肯定。最后师把写在手心上的字亮了出来——让！十几个写“让”字的学生十分高兴）

师：同学们，林冲的人品，他的为人，最突出的一点是一个“让”字，（板书：让）“让”是最高度的概括。细细地品味起来，还有许多不同的“让”。咱们下节课再研读。

［评：这一节课始终让学生在读书中思考，在思考中概括，在概括中理解，在理解中吸纳。师生在共同读书的过程中，归纳出林冲的人品集中体现在一个“让”字上，学生的心理得到充分满足，这就是高效的课堂教学。］

## 第二节

师：同学们，一定记住，带着思考去读书，一字一字去读，抓住重点去读，这样一来，你的收获就会比别人大，你的本领就会了不起。上节课读了整整一堂课。读来读去读出一个“让”字。林冲的为人，他的人品，最可贵的一点，最不同于他人的一点，是一个“让”字。当然，写“谦”“礼”“忍”的同学也有道理，尤其是写“忍”的同学，很了不起，但“让”字更准确。上节课我说了，细分起来，还有许多不同的“让”。这许多不同的“让”就能把你们写的字包括进去。

［评：这节课以“让”字为纲，反过来再读课文，印证这个“让”字。］

师：打开书，谁能站起来读第3自然段的前五句？读慢一点。

（生一边读，师一边板书：躬身施礼　起身让座）

师：当洪教头进来的时候，林冲连忙躬身施礼；当他知道洪教头的身份后，起身让座。本来林冲坐在上首，是最尊贵的客人坐的地方，但他主动把这个位子让给了洪教头。这叫什么“让”？

生：让座。

师：躬身施礼，起身让座。这是什么“让”？不要想得太复杂。

生：礼让。

师：掌声送给这位同学！（生鼓掌，师板书：礼让）这是礼让，多有礼貌啊。林冲多么彬彬有礼啊！所以同学们写“礼”也是有道理的。再往下读。

（生读，师板书：不敢，不敢）

师：当洪教头提出要跟林冲较量的时候，林冲连说“不敢，不敢”。洪教头出言不逊，恶语伤人，侮辱了林冲的人格，伤害了他的自尊。如果换一个人，早就跳将起来，一脚把桌子给踢翻了。但是林冲连说——

生：不敢，不敢。

师：他难道不生气？不愤怒？堂堂七尺男儿，堂堂的英雄好汉，他不怒不气？不是的。他记住一句话，退一步天地宽。这是什么“让”？

生：退让。

生：忍让。

师：掌声送给他。“忍让”。看“忍”这个字怎么写的，我们的祖先怎么造这个字的。（板书：忍让）心上面插了一把锋利的刀，这叫“忍”！同学们，洪教头傲慢无礼，出口伤人，把林冲骂得狗血喷头，但是他竟不动声色，连说“不敢，不敢”，这是何等的胸怀，何等的肚量！如果说礼让容易做到，那么做到忍让就很难，因为忍让需要高修养，没有高修养的人是很难做到这一点的。忍之于心，让之于外。这时的“忍”就是让，让就是忍。因为心里忍了，才有“不敢，不敢”的“让”的表现。所以说能读出“忍”字的同学很了不起！这就是林冲。往下读第4自然段。

（生读，师板书：只好、请教了）

师：洪教头自以为了不起，气势汹汹地拿起一条棒来，喝道：“来！来！”林冲——

生：林冲只好也从地上拿起一条棒来说：“请教了。”

师：从“只好”这个词当中你体会出了什么？

生：有点迫不得已的意思。

生：被逼无奈。

师：哎，被逼无奈，无可奈何。而且说了一句话——

生：请教了。

师：难道林冲真的要向他请教吗？他是堂堂的八十万禁军教头啊！从这两个词语当中你看出了这是什么“让”？

生：谦让。

师：这才叫谦让！

（板书：谦让）

师：这就是林冲，谦谦君子，文质彬彬，不但武功高强，而且有很高的文化修养。可以说是文武双全。所以我说，有的同学写“谦”字，也是有道理的。再往下读第7自然段。刚才画了哪一个字？

生：扫。

师：你对这个“扫”字是怎么理解的？什么叫“扫”？怎么打叫“扫”？看到“扫”字，你立刻想到了什么？

生：想到了扫地。

师：那么，什么叫“抡起棒一扫”？

生：在离地面很近的空中画一个弧。

师：说得正确，不过有点玄。（众笑）不要把简单的问题说复杂了。（大屏幕展示林冲“扫”的画面）看，这就是“扫”的一刹那的情景。棒怎样抡过去就叫“扫”？

生：扫，就是把棒贴着地面抡过去。

师：对了！这样说好懂。从“扫”这个动作当中你看出了什么？林冲为什么不劈头照死里打，而是贴着地面抡过去？从这个“扫”你读懂了什么？

生：我发现他很让洪教头。

师：贴着地面扫过去，如果对方机警的话，很容易就躲过去。即使被打着了，打的也不是——

生：要害。

师：对，即使被打着了，也不是要害部位，不会伤他的性命。你看，一个劈头打，一个照脚上打。再看，“扫”的力量如何？根据在哪里？

生：打得很轻。我从“灰溜溜地走开了”这句话看出来的。

师：为什么从这一句话能够看出打得不重呢？

生：因为他还能走路。

师：还能爬起来走路，可见打得——

生：很轻。

师：掌声送给他！读书要注意前后联系。前后联系，才能读懂它。

［评：这个点拨十分必要，画龙点睛。阅读实践中获得的经验要上升为普遍的规律，“读书要注意前后的联系”，就是一种升华！］

师：你看，既然洪教头能够爬起来走路，可见打得不重。如果稍微使点劲的话，小腿骨就被打断了。从这个“扫”字看出林冲的为人怎么样？这又是什么“让”？谁想好了就趴到我耳朵旁边说给我听。

（俯身让学生趴在自己耳朵旁小声说，一连听了五六个学生说）

师：到目前为止，还没有一个说对的。再默读、思考。

（默读之后，师俯身问一生：“这叫什么‘让’？小声告诉我。”生耳语。师甚为高兴，叫他大声说。）

生：宽让！

师：掌声送给他！（生鼓掌）这是宽让！（板书：宽让）一起读——

生：宽让。

师：这是宽让！同学们，如果说忍让很难，那么宽让就更难，难上加难。宽让，需要高尚的道德。没有高尚道德的人很难做到这一点。所以我们说林冲是真男子，真英雄，真好汉。尽管洪教头盛气凌人，目空一切，尽管洪教头把他骂得狗血喷头、照死里打，林冲还是手下留情，放他一马。这就是林冲。为什么人们如此推崇林冲，为什么“让”是一种高尚的道德？读了《论语》中的一段话你们就知道了。

（大屏幕展示）

幻灯片

子禽问于子贡曰：“夫子至于是邦也，必闻其政，求之与？抑与之与？”子贡曰：“夫子温、良、恭、俭、让以得之。”

——《论语》

师：孔子有五大美德——温、良、恭、俭、让，他温和、善良、做事认真、生活俭朴、襟怀宽广。温、良、恭、俭、让也是中华民族的传统美德。一个“让”字在林冲的身上体现得非常充分。这才是林冲高于他人之处。

[评：由礼让、忍让、谦让、宽让到孔夫子的温、良、恭、俭、让，使学生在一课中懂得了做人的一个根本的道理：让。语文课的知识与能力、过程与方法、情感态度价值观都完整充分地交融在一起，体现在整个教与学的过程中，这就是新课标所盼望出现的最高境界。]

师：那么，洪教头是坏人吗？理由是什么？

生：不是。从“满面羞惭”可以看出来。

师：洪教头尚有羞耻之心，可见不是坏人。既然如此，洪教头在回家的路上心里会说些什么？

生：唉，我真是有眼不识泰山。

生：我真是狂妄自大，太不自量力了！

生：我要记住，人外有人，天外有天。今后要夹紧尾巴做人啊！（笑声）

师：唉，没想到今天栽在林冲手里！我和林冲真是一个天上一个地下。

师：（学小品演员范伟的语气）是啊，同是大宋子民，做人的差距怎么这么大呢？（小声）同学们，我们不但读懂了林冲，还读懂了洪教头，收获不小啊！下课！

[评：我听了几个人上这一课，几乎都把洪教头说成是坏人。于老师为他“平反”了。]

## 总评

于老师执教的《林冲棒打洪教头》给我们留下了诸多的思考。

首先，怎样引导学生在读书中学会读书？

于老师带领学生走进文本后，重点解读林冲这个主要人物。从礼让、谦让、忍让到宽让，步步深入，自然流畅，水到渠成。但是，学生难以理解的是，对狂妄自大、目空一切的洪教头，林冲为何不一棒致残或置于死地，以解心头之气呢？为了突破这一难点，他提出了“洪教头是坏人吗？”这一值得探讨的问题。学生深入探索后明白了林冲之所以不把洪教头一棒打死，是因为他知道洪教头只是骄傲跋扈，并不是像高俅那样的坏人，不该一棒打死，只要让他吸取教训就可以了。这就是读书的结果。

其次，怎样培养学生的读书兴趣？

于老师善于利用激励的方法加以引导。我们不少老师也知道学生在受到表扬时，心情愉快，灵感激荡，但不知什么时候用什么样的语言表扬。于老师把握得好，既适时又适度。譬如本课中挖掘突出体现林冲“宽让”品质的“扫”字时，有的同学虽仔细读了，但仍没有找到。在这种情况下，经验不足的老师可能要么连珠炮似的发问，急切地希望学生回答出来；要么不忍“耽误”工夫，干脆自己告诉学生。而于老师却不这样。他想方设法激励学生，启发学生，直至大家都找到。他的课堂是以人为本的课堂，他关注的是学生，是学生读书的情与趣。

于老师善于利用生成的资源引导学生。当学生从一个“扫”字读出林冲宽让的人品后，顺势提出一个问题：“洪教头在回家的路上心里会说些什么？”一石激起千层浪，于是又有了新的生成：“唉，我真是有眼不识泰山。”“我要记住，人外有人，天外有天。”利用生成的教育资源，能把学生引到一个创新世界，对学生发展语言、发展思维、激发想象力和创造力大有裨益。这也极大地调动了学生阅读古典名著的兴趣。于老师以人为本的思想浸透在语文课堂，流溢于他的教学语言之中。

除以上两点之外，这节课给我们的启示是多方面的，请老师们动脑筋想一想，还有些什么？

# 25.《秋天的怀念》教学实录和评析

## 秋天的怀念

双腿瘫痪后，我的脾气变得暴躁无常。望着望着天上北归的雁阵，我会突然把面前的玻璃砸碎；听着听着李谷一甜美的歌声，我会猛地把手边的东西摔向四周的墙壁。母亲就悄悄地躲出去，在我看不见的地方偷偷地听着我的动静。当一切恢复沉寂，她又悄悄地进来，眼边红红地看着我。“听说北海的花儿都开了，我推着你去走走。”她总是这么说。母亲喜欢花，可自从我的腿瘫痪后，她侍弄的那些花都死了。“不，我不去！”我狠命地捶打这两条可恨的腿，喊着：“我活着还有什么劲！”母亲扑过来抓住我的手，忍住哭声说：“咱娘儿俩在一块儿，好好儿活，好好儿活……”

可我却一直都不知道，她的病已经到了那步田地。后来妹妹告诉我，母亲常常肝疼得整宿整宿翻来覆去地睡不了觉。

那天我又独自坐在屋里，看着窗外的树叶“刷刷拉拉”地飘落。母亲进来了，挡在窗前：“北海的菊花开了，我推着你去看看吧。”她憔悴的脸上现出央求般的神色。“什么时候？”“你要是愿意，就明天？”她说。我的回答已经让她喜出望外了。“好吧，就明天。”我说。她高兴得一会坐下，一会站起：“那就赶紧准备准备。”“唉呀，烦不烦？几步路，有什么好准备的！”她也笑了，坐在我身边，絮絮叨叨地说着：“看完菊花，咱们就去‘仿膳’，你小时候最爱吃那儿的豌豆黄儿。还记得那回我带你去北海吗？你偏说那杨树花是毛毛虫，跑着，一脚踩扁一个……”她忽然不说了。对于“跑”和“踩”一类的字眼儿，她比我还敏感。她又悄悄地出去了。

她出去了。就再也没回来。

邻居们把她抬上车时，她还在大口大口地吐着鲜血。我没想到她已经病成那样。看着三轮车远去，也绝没有想到那竟是永远的诀别。

邻居的小伙子背着我去看她的时候，她正艰难地呼吸着，像她那一生艰难的生活。别人告诉我，她昏迷前的最后一句话是：“我那个有病的儿子和我那个还未成年的女儿……”

又是秋天，妹妹推我去北海看了菊花。黄色的花淡雅、白色的花高洁、紫红色的花热烈而深沉，泼泼洒洒，秋风中正开得烂漫。我懂得母亲没有说完的话。妹妹也懂，我俩在一块儿，要好好儿活……

班级：浙江省杭州市采荷小学五年级（1）班
时间：2008 年春
评析：天津市南开小学　靳家彦（特级教师）

## 第一节

幻灯片一

**秋天的怀念**

史铁生

执教：江苏省徐州市鼓楼区教研室　于永正
时间：两课时

师：（出示幻灯片）请大家看大屏幕，从大屏幕上，你获得了哪些信息？

生：我知道您姓于，叫于永正。

生：我知道了《秋天的怀念》作者是史铁生。

生：这篇课文我们要用两节课时间学习。

生：我知道了今天要学习的课文题目是《秋天的怀念》。

师：说得不错。还知道了什么？处处都是语文啊，再看看，思考一下。

生：我知道了您来自江苏省徐州市鼓楼区教研室。

师：对。但是只要说我“来自江苏省徐州市”就行了，最多加个“鼓楼区”，“教研室”那是我的工作单位。（稍顿）这就叫阅读。你们别看就这么几行字，它却包含了很多信息。

［评：上课伊始，单刀直入，把学生引入阅读。什么是阅读？是通过视觉把语言符号系统变成意念的心理过程。这个复杂的过程，有信息的获取，有情感的体验，有思维的运行。这节课的破题，于老师匠心独具，看似平淡无奇，实则蕴意深邃，细细品味，“处处都是语文”，令人信服而恍然大悟。大师风范，由此可见一斑。］

## 一、 揭题，学习生字词

师：今天我们一起来学习《秋天的怀念》。

（师边板书课题边讲解：“怀”字的竖心旁要先写两边的点，再写中间的竖。生跟着师的板书一起书空。）

师：通过预习，大家能读准课文中的生字吗？我们一起来看看生字。

（出示本课生字）

| | | | | | | |
|---|---|---|---|---|---|---|
| 瘫 | 痪 | 侍 | 捶 | 膳 | 豌 | 诀 |

（指名读）

师：读得好。因为前两个字是一个词（瘫痪），请你连起来读。

（生读）

师：读得非常正确，而且声音洪亮。谁还愿意读？

（另一生站起来读，没有把“瘫痪”两个字连起来，师立即提醒，他改正了。该生又把“豌”读成了三声。）

师：倒数第二个字再读一遍。

（生仍然读错）

师：有不同意见吗？

（该生自己发现问题，自己纠正读音）

师：自己发现问题，自己解决，不错！很聪明！脑筋很灵活，转得很快！

师：请大家一起来读读。

（齐读生字）

师：有一个字要注意它的笔顺——“捶”。请大家跟我写。

（师一边板书“捶”字，一边讲述笔顺。写完后再带学生书空，讲述该字中横的长短变化。)

[评：有人问，中高年级的识字和写字教学还用这么下工夫吗？答案是：用！于老师的语文课，始终抓紧对语文基本功的训练，一丝不苟，突出重点。根据学生在学习过程中出现的问题，及时点拨，因势利导，亲手示范，充分肯定学生的努力，“捶”字的笔顺指导更是细致入微，这是值得所有语文教师学习的。于老师的一笔好字为他精彩的课堂添上了生动的亮色。]

师：生字都认识了，请大家读读词语。

(出示词语)

| 瘫痪 | 侍弄 | 捶打 | 憔悴 | 诀别 | 淡雅 |
|---|---|---|---|---|---|

师：读词和读生字不一样。它是一个词，想一想，该怎么读？

(指名读，该生读得很好，很连贯)

师：好，就这样读词。谁还想读？

(一生再读，读的时候词语之间的停顿较长)

师：哦，你有点近视，坐得离黑板太远了，不好意思。读得很好！

师：这里有一个词——“诀别”。什么叫“诀别”？这个词在哪句话里？

(指名读含有“诀别”的句子)

师：什么意思，懂了吗？

生：不懂。

师：不懂？你应该懂。

(师再读句子)

生：“诀别”应该是“永别”的意思。

师：这里有“永别”的意思，但它和“永别”还有区别。

生：从那以后跟她再没有见面。

师：有道理。“诀别”就是分别，指不能再见的离别。文中史铁生去看他的母亲时，母亲已经昏迷了，后来就去世了。那最后的一次的见面就是诀别。

(师描述事例，帮助学生进一步理解“诀别”：三年前相见的朋友，今年暑假回家想再见，不料他已经去世。没想到三年前的那次相见竟是“诀别”。)

［评：字不离词，词不离句，是字词教学的宝贵经验。“诀别”一词的教学，先从语言环境中理解词义；再与“永别”比较，辨析细微差别；后以课文内容加深感悟；最后以事例说明“诀别”的使用范围，指导运用。这个教例堪称经典，层层剥笋，环环紧扣，给如何进行词语教学提供了一个极好的范本。］

师：通过预习，生字读准了，词义也理解了，收获很大。学习就要靠自己。

［评：字词教学的这个环节，于老师展现了他一贯的教育思想：激励为主，靠自己学。他充分相信学生学习的积极性和主动精神，从不越俎代庖，而是体察儿童心理，循循诱导，变教师教会为学生学会。这个由教变学的转变，是课程改革所追求的重大目标之一。教为学服务，教师为学生服务，是于老师语文教育思想的鲜明特色之一，值得我们好好研究，深入领会。］

## 二、 初读课文，把课文读正确、流利

师：通过预习，相信大家一定能把课文正确流利地读下来。我们先来读课题，谁把课题读得让老师满意，就请谁来读课文。

（请四名学生读课题，经师点拨，学生一个比一个读得深情、深沉）

师：就请你们四个人来读课文吧。看，机会是自己争取的吧？其他同学不要有意见噢。

（一生读第 1 自然段，师相机指导，如“望着望着”要读得紧凑些，第二个“望着”可以读得稍轻点）

（一生接读第 2、3 自然段，该生把“你要是愿意，就明天？”读成了陈述语气）

师：“明天”的后面什么标点符号？（问号）要读出问的语气。（经提醒后，该生读出了语气）

（一生接读 4、5 自然段，读得正确流利）

（一生读最后两个自然段）

师：读得真不错，通过预习，能读到这样的程度，很不容易。

［评：阅读教学一定要“读”，要“读”占鳌头。初读时，一定要读正确

读清楚，字字响亮。读的过程也是进入课文情境的过程，这里的语言形式的掌握与语言内容的理解是水乳交融、密不可分的。于老师充分重视初读正确流利这些要求，饱含对学生的厚爱。]

## 三、 再读课文，初步理解文本

师：书要想读好，必须多练。多练了才能读得正确、流利。读多了，思考了，想象了，才能读出感情。下面请大家听我读，特别要注意句号的停顿，段与段之间的停顿。

（师动情地读书。读完后，全场爆发出热烈的掌声。）

[评：教师真挚动人的范读，进一步强化了学生对文本的整体感知，同时，学生阅读文本的兴趣在这样的倾听中陡增了。怪不得于老师总是提倡教师要范读课文。怪不得周一贯老师说："听了于老师的朗读，至少可以少讲三分之二。"]

师：亲爱的同学们，书要用心去读，边读边思考边想象，这样才能了解文中人物的心迹，体会出文章的思想感情。只要你思考了想象了，谁都能把书读得正确、流利、有感情。记住，把课文读得正确、流利、有感情，这是一个重要的学习任务，而且应该说是第一位的。请大家捧起书，再一次走进《秋天的怀念》，自由读，声音不要大，也不要快，用心去品味。读吧。

（生再读全文）

## 四、 潜心涵泳，研读"母亲"

1. 默读，圈点批注

师：你们读书的表情和声音令老师感动。老师感觉得出来，你们是在用心读。下面，让我们先读"母亲"。（板书：母亲）读懂一个人，无非是听其言，观其行，察其色，也就是看他的行为，听他的话语，看他的表情。（板书：行　言　色）从这三方面认真思考，就能读懂一个人。请大家默读1、3、6段，边读边做记号，何处写"行"？哪里有"言"、有"色"？

（生潜心读书，师巡视、指导，并把学生们圈的重点词句写到黑板上）

[评：教师的提示相当于导向的路标，教师致力于导，帮助学生更好地

读。教师设计的这段导语，即母亲的言、行、色，是教师备课时深入钻研教材、设身处地地从学生读书的角度精心选定的，教师的作用体现得恰到好处，适时适势。朗读便于体验，默读适于思考，这个环节的设置十分必要。]

2. 再读，体会含义

师：同学们真能干，把关键词句都找出来了，请大家再读1、3、6段，体会自己画的词、画的句子的意思，一定要边读边思考。

（生默读，教室里非常安静）

3. 交流，整体感知

师：你从自己画的词句中读懂了什么？用最简练的语言来描述。

生1：我从这些词句中体会到母亲对“我”的关心。

生2：母亲非常爱“我”和妹妹。

生3：我体会到母亲对孩子无微不至的爱。

师：不错，体会到了母爱。如果有人要你回答什么是母爱，你怎样回答？

（师手指黑板上的“行”、“言”、“色”，提示生：母爱就是——，母爱就是——，母爱就是——）

生：母爱是行、言、色的提炼。

师：好一个“提炼”！你提炼出什么来了？

生：母爱在一个个动作里。

师：还在哪里？

生：母爱在一句句话里，母爱在一个个表情里。

师：你真会提炼！是啊，母爱就是一个个动作，一个个看似普通的动作；母爱就是一句句话语，一句句不起眼的话语；母爱就是一个个表情，一个个意味深长的表情。概括起来说，母爱是一堆细节。

（师板书：母爱是一堆细节，并请生把“母爱是一堆细节”这句话写在书上）

师：母爱就是一堆细节，一堆不起眼的细节。如果把母爱比作大海，那一堆堆的细节就是大海里的一滴滴水。正是这一滴滴的水，汇聚成了大海；正是这一个个的细节，铸成了伟大的母爱。把书捧起来，请你们再把你们画的语句好好读读，细心体会。

（生读）

师：作家史铁生正是通过一个个细节描写了伟大的母爱。细节往往是不起眼的，但是，细节决定一切，大家千万不要忽视细节。请你们再仔细品味这一个个的细节，眼睛盯看这些词，看，认真看；想，仔细想，每个细节又具体地告诉我们母爱是什么？

（生凝神默思）

[评：读中有写，写中有读，读与写是语文教学过程中同一事物的两个侧面，是密不可分的。在阅读中引导学生去品味“母亲是一堆细节”的内涵，同时领悟作者是如何选择和表现这些细节的，这已经是在了无痕迹、润物无声之中渗透了写作指导。高明的教师就是在不知不觉中让学生获得悟性，得到启迪。于老师的写作训练不单纯在作文课上。]

（下课）

## 第二节

### 4. 聚焦，解读细节

师：史铁生把家里的东西摔坏了，母亲为什么不制止儿子，反而躲出去？透过这个“躲”你看出了什么？

生：我看出了母亲非常了解儿子。

师：“了解儿子”，说得不错，谁能用一个更准确的词语？

生：理解儿子。

师：说得好！母亲理解儿子！面对此情此景，母亲会怎样想？是怎么理解儿子的？

生：母亲会想，儿子双腿瘫痪了，随他一点，他需要发泄。

师：保留“泄”字，谁能把“发”换个更确切的字。

生：宣泄。

师：好！这就叫用词准确。如果没有宣泄，他可能会发疯。一个“躲”字，让我们看出了母爱是什么？（生：是理解）对，是理解！没有理解，就没有真正的爱。泰戈尔说过：“爱是理解的别名。”

师：有一天，史铁生站在窗前，看树叶“刷刷拉拉”地飘落。母亲挡在窗前，不让儿子看，为什么？史铁生看着这落叶，他会想什么？

生1：他会想到自己就像那些落叶一样。

生2：他会觉得自己很绝望。

生3：他会想自己像叶子一样，从嫩绿到枯黄，从枯黄到落地。

生4：他会认为自己的生命很短暂，像黄树叶一样，要凋零了。

师：一片树叶黄了，落下来了，就意味着一个生命的结束。古人说：“自古逢秋悲寂寥”，到了秋天，人就感到悲凉；“一声梧叶一声秋，一点芭蕉一点愁。”身有残疾的史铁生面对这“无边落木萧萧下”的情景，他一定想到了自己，他会感到凄凉，悲怆，甚至于绝望。母亲这一“挡”，告诉我们——母爱是什么？

生：母爱就是一个动作，一个不起眼的动作。

生：这个“挡”，就是不让儿子看到落叶失去信心。

师：这个动作是给儿子的——

生：这个动作是让儿子不要失望，不要绝望。

师：挡住了绝望，给儿子一个希望。母爱就是呵护啊。

[评：这个片段中，孩子们的见解很深刻，表达很精彩，这正得益于老师的循循善诱。“史铁生看着这落叶，他会想什么？”这个问题，如同一把金钥匙，打开了通向文中人物内心世界的大门，学生和人物的情感共振点找到了：落叶悲秋复悲己。教师又信手拈来一些悲秋的诗句，更使课堂多了一分摇曳多姿的文学色彩。此时，再聚焦到这个寻常的动作——“挡”，于是，便“挡”出了母爱的深沉，“挡”出学生对母爱的深入体悟，也“挡”出了于老师对文本的细致独到的解读！]

师：再让我们聚焦一个不起眼的问号。当“我”表示愿意去看菊花的时候，母亲心里很高兴，她对我说：“你要是愿意，就明天？”这句话的后面为什么用问号而不用句号？用问号表明母亲是用什么样的语气和儿子说话的？

生1：用商量的语气。

生2：母亲是要征求儿子的意见。

师：征求意见，一种商量的口吻。这就是母爱，母爱是商量，是平等，是小心翼翼。母亲为了让儿子有好心情，处处是小心翼翼的！

[评：叶老说："一字未宜忽，语语悟其神。"作者用词造句准确传神，于老师引导学生咬文嚼字，在一个容易放过的标点上，品出了深刻的内涵。]

（师略述文章情节：儿子脾气暴躁，态度非常不好，可是母亲反而"笑"了）

师：一个"笑"字，看出什么？

生1：母亲能和儿子一起出去，她已经很满足了。

生2：她对儿子很宽容。

师：体会得真好，给点掌声！只有母亲才有这样的胸怀！儿子态度那么差，朝着母亲发脾气，她反而笑了。母爱是什么？母爱是宽容，只有母爱有这么博大的胸怀。

[评：一"笑"值千金！]

（指名读母亲临终前说的话）

师：母亲要死了，心里还惦念着子女。母亲的话没有说完就咽气了。史铁生知道母亲要说的是什么。你知道吗？

生：我希望他们好好儿活。

师：对了，希望他们两个好好儿活！母亲要死了，但她想着的还是她的儿女。母爱是什么？

生：母爱是母亲对儿子的牵挂。

师：掌声送给她。但不仅牵挂儿子，还牵挂女儿，因为女儿还小。

师：想起子女，母亲死不瞑目。母爱是牵挂，是永远的牵挂！这就是母亲，这堆细节告诉我们，母爱是理解，是尊重，是宽容，是让孩子有生活的希望。难道就是这些？不，多了，还有很多很多……谁也说不清博大的母爱！

[评：教师的文化底蕴是课堂教学成败的根基。这里，于老师以诗一般的教学语言，字字珠玑，演员一般的神情动作，感染着每一个人。教师与教材，教师与学生，学生与教材，浑然一体，人文和一，人课合一，既是课堂教学，又是艺术享受，情感的陶冶，价值观的形成，都在这如诗的气氛中，这才是我们追求的本真意义上的语文教学。]

师：同学们，把书捧起来，让我们一起来读倒数第二节。

（生动情地朗读）

## 五、 前后对比，研读作者

师：最后让我们来“读”作者，请大家读第一段的前三行和最后一段。

（生自由读，师板书“暴怒无常”和“泼泼洒洒”）

（指名读第一段的前三行）

师：大家看，文章开头说，作者是一个暴怒无常的人。什么是“暴怒无常”？下面的两句话就是对它的解释。大雁北归，意味着春天就要到来，多么令人高兴的事，但是他不喜欢；李谷一的歌声多么甜美，但是他不喜欢，不但不喜欢，反而更绝望，于是他摔东西，砸玻璃。这就叫“暴怒无常”。所以好多词语可以联系上下文去理解，不一定要查字典。把书拿起来，齐读这三行。

[评：字、词、句、段不可分割，并不受教学环节的限制，抓住契机，随时进行，妙在自然恰切。“暴怒无常”和“泼泼洒洒”所含内容非常丰富，此时理解，已有全文在胸，正当其时。教无定法，课成而法立，至人无法，非无法也，无法而发，是至法也。]

（生齐读）

师：这是以前的作者。后来，作者转变了——请大家读最后一节。

（生齐读最后一段）

师：又是秋天，作者再看到菊花盛开，这个时候，他眼里的菊花五彩缤纷、争奇斗艳、泼泼洒洒、朝气蓬勃。作者转变了吗？（生：转变了）但是作者没有直接写自己改变了对生活的看法，而是通过对菊花的描写，间接地告诉我们他转变了，这叫“含蓄”，叫“借景抒情”。作者开始写自己“暴怒无常”，最后写自己感到菊花的“泼泼洒洒”，感到花的生命力，同时自己也对生活充满了信心，这叫前后对比，前后照应。这就是文学的魅力！这就是语文的魅力！这就是读书的魅力！一定要好好读书，好好去体味。

[评：文章含蓄的表达方式、前后照应的写法，老师不讲，学生难以领会。语文老师在课堂上该讲的还得讲，该出手时就出手。于老师适时精当的讲解，使学生很快明了了文章的写作特点，花时少，效果好，体现了语文教学的本色。不要怕被别人说成是“讲”课，“讲”得精彩，有助于学生理解，有何不可？这种“讲解”其实也是一种引导和示范。]

（师简述作者后来的成就，出示《我·地坛·母亲》中的一段话）

幻灯片二

在我的头一篇小说发表的时候，在我的小说获奖的那些日子里，我真是多么希望我的母亲还活着。……母亲为什么就不能再活两年？为什么在她儿子就要碰撞开一条路的时候，她却忽然熬不住了？莫非她来此世上只是为了替儿子担忧，却不该分享我的一点快乐？她匆匆离开我时才四十九呀！

——史铁生《我·地坛·母亲》

（师动情地朗读）

师：史铁生是好样的！他没有辜负母亲的期望。如果真有在天之灵，我想他的母亲一定会含笑九泉！但是作者在文中没有这样写，是非常含蓄地告诉我们的。把书拿起来，再读最后一段。

（生齐读）

［评：阅读教学，读贯穿始终。初读、细读、品读、析读、朗读、默读，反反复复，循序渐进。现在的有些阅读教学，只说不读，只看课件不读书，是阅读教学效率低下的根本原因。朗读不考试，师生不重视，也是应试的恶果之一。于老师的课用生动的实例告诉我们，好的语文课一定是读书的课堂。］

## 六、 再读全文， 结课

师：全班起立。读这样的文字，一定要双手捧起来，站起来读。当我们对母亲、对作者有了这样的理解后，再读全文，你们一定会有新的体会，新的感受。请大家自由读全文。

（全体学生起立，端正站好，自由朗读全文）

师：学语文和读课外书，不但要知道文章写了什么，还要记住它的语言，能把课文读得很熟，语言就留下了。谁拥有了语言，谁就拥有智慧。下课。

［总评：“把语言留下！”送给孩子们的话，也许天真的孩子未必全懂！但这更是全国著名特级教师送给我们一线语文教师的一句箴言，一句值得永远谨记在心的箴言。让孩子把语言留下，我们该怎么做？大师的话，促我们深思。］

# 26.《祖父的园子》教学实录和评析

## 祖父的园子

我家有一个大花园，这花园里蜜蜂、蝴蝶、蜻蜓、蚂蚱，样样都有。蝴蝶有白蝴蝶、黄蝴蝶。这种蝴蝶小，不太好看。好看的是大红蝴蝶，满身带着金粉。蜻蜓是金的，蚂蚱是绿的。蜜蜂则嗡嗡地飞着，满身绒毛，落到一朵花上，胖乎乎，圆滚滚，就像一个小毛球，停在上面一动不动了。

花园里边明晃晃的，红的红，绿的绿，新鲜漂亮。

据说这花园，从前是一个果园。祖母喜欢养羊，羊把果树给啃了，果树渐渐地都死了。到我有记忆的时候，园子里还有一棵樱桃树、一棵李子树，因为樱桃和李子都不大结果子，所以觉得它们并不存在。小的时候，只觉得园子里边就有一棵大榆树。这榆树在园子的西北角上，来了风，榆树先呼叫，来了雨，榆树先冒烟。太阳一出来，榆树的叶子就发光了，它们闪烁得和沙滩上的蚌壳一样。

祖父整天都在园子里，我也跟着他在里面转。祖父戴一顶大草帽，我戴一顶小草帽；祖父栽花，我就栽花；祖父拔草，我就拔草。祖父种小白菜的时候，我就在后边，用脚把那下了种的土窝一个一个地溜平。其实，不过是东一脚西一脚地瞎闹。有时不但没有盖上菜种，反而把它踢飞了。

祖父铲地，我也铲地。因为我太小，拿不动锄头杆，祖父就把锄头杆拔下来，让我单拿着那个锄头的“头”来铲。其实哪里是铲，不过是伏在地上，用锄头乱钩一阵。我认不得哪个是苗，哪个是草，往往把谷穗当做野草割掉，把狗尾草当做谷穗留着。

祖父发现我铲的那块地还留着一片狗尾草，就问我：“这是什么？”

我说：“谷子。”

祖父大笑起来，笑够了，把草拔下来，问我：“你每天吃的就是这个吗？”

我说：“是的。”

我看祖父还在笑，就说："你不信，我到屋里拿来给你看。"

我跑到屋里拿了一个谷穗，远远地抛给祖父，说："这不是一样的吗？"

祖父把我叫过去，慢慢讲给我听，说谷子是有芒针的，狗尾草却没有，只是毛嘟嘟的，很像狗尾巴。

我并不细看，不过马马虎虎承认下来就是了。一抬头，看见一个黄瓜长大了，我跑过去摘下来，吃黄瓜去了。黄瓜还没有吃完，我又看见一只大蜻蜓从旁边飞过，于是丢下黄瓜追蜻蜓了。蜻蜓飞得那么快，哪里会追得上？好在也没有存心一定要追上，跟着蜻蜓跑几步就又去做别的了。采一朵倭瓜花，捉一个绿蚂蚱，把蚂蚱腿用线绑上，绑了一会儿，线头上只拴着一条腿，蚂蚱不见了。

玩腻了，我又跑到祖父那里乱闹一阵。祖父浇菜，我也过来浇，但不是往菜上浇，而是拿着水瓢，拼尽了力气，把水往天空一扬，大喊着：

"下雨啰！下雨啰！"

太阳在园子里是特别大的，天空是特别高的。太阳光芒四射，亮得使人睁不开眼睛，亮得蚯蚓不敢钻出地面来，蝙蝠不敢从黑暗的地方飞出来。凡是在太阳下的，都是健康的、漂亮的。拍一拍手，仿佛大树都会发出声响；叫一两声，好像对面的土墙都会回答。

花开了，就像睡醒了似的。鸟飞了，就像在天上逛似的。虫子叫了，就像虫子在说话似的。一切都活了，要做什么，就做什么。要怎么样，就怎么样，都是自由的。倭瓜愿意爬上架就爬上架，愿意爬上房就爬上房。黄瓜愿意开一朵花，就开一朵花，愿意结一个瓜，就结一个瓜。若都不愿意，就是一个瓜也不结，一朵花也不开，也没有人问它。玉米愿意长多高就长多高，它若愿意长上天去，也没有人管。蝴蝶随意地飞，一会儿从墙头上飞来一对黄蝴蝶，一会儿又从墙头上飞走一只白蝴蝶。它们是从谁家来的，又飞到谁家去？太阳也不知道。

天空蓝悠悠的，又高又远。

白云来了，一大团一大团的，从祖父的头上飘过，好像要压到了祖父的草帽上。

我玩累了，就在房子底下找个阴凉的地方睡着了。不用枕头，不用席子，把草帽遮在脸上就睡了。

班级：江苏省徐州市大马路小学五年级（6）班

时间：2012 年 9 月 22 日

评析：天津市南开小学　靳家彦（特级教师）

师：我们今天一起学《祖父的园子》，看老师写课题（板书）。课文预习了吗？

生：预习了。

师：你们预习的时候做了哪些事情？

生：将课文读到一字不错，会默写生字。

生：查不理解的词语，写出主要内容，提出对这篇课文的疑问，还了解了这篇课文的有关资料。

师：预习的内容真不少，我想问一下，你通过预习有什么问题吗？

生：呼兰河在哪里？

师：谁知道？

生：在黑龙江省。

师：谁能说得更具体一点？黑龙江哪个县？

生：呼兰县。

师：还有什么问题？

生：为什么要以《祖父的园子》为题？

师：这个题目是编者加的，《呼兰河传》这本书上没有。还有什么问题？

生：文中的“我”为什么不和爸爸妈妈在一起？

师：谁知道？——请你告诉他。

生：因为她是一个女孩，所以爸爸妈妈都不喜欢她，只有祖父非常疼爱她。

师：《呼兰河传》这部长篇小说的有关章节，你读了一些是吧？说得很对。

生：“我”在园子里瞎闹，为什么祖父不批评“我”？

师：这个问题很有意思，很有价值，一会儿好好读课文，会读明白的。其他同学也可以好好思考这个问题。

［评：这个问题提得多好啊！于老师很机敏地捕捉到它，并让其他学生读书时也思考它。学生预习时肯定会产生很多问题，教师要善于发现有价值

的问题。]

师：你们的问题提完了？那我要提个问题了，（出示 PPT“倭瓜”）谁来读？

生：倭（wō）瓜。

师：正确，一起读。（生读）

师：什么叫“倭瓜”？

生：倭瓜就是“南瓜”的意思。

师：你是怎么知道的？

生：因为日本人都叫倭寇，据东北人说，南瓜是从日本传来的，所以叫倭瓜。

师：不能说日本人都是倭寇啊。

生：倭寇就是日本的坏人就叫倭寇。

师：谁能说得更准确？

生：日本的土匪。

师：沾点边儿，但是不是一般的土匪，是“海匪”。（生笑）确切地说，是海盗。过去在海上干坏事的日本人，劫持我们的船只，骚扰我国沿海地区和海岛，我们中国人叫他们倭寇。我也问过黑龙江的老师，为什么东北人把南瓜叫倭瓜？他们说最早南瓜是从日本引进来的，这只是一种传说。再检查一个字——（出示：谎花）

生：谎花。

师：什么叫“谎花”？这个花会撒谎？

生：不是，是植物的雄性花、不结果的花。

师：也算是撒了一个谎。预习得果然不错。下面来检查写字。我听说班里好多同学字写得很好，我想请四位同学到黑板上来写。（请四人到黑板前，每人听写一个字，依次为：帽、瞎、抛、韭）

师：我很欣赏这个字（给“瞎”字加了一个圈儿），“抛”字写得更好，“韭”也不错（边说边画圈儿），“帽”字错了吧？

生：错了。

师：谁认为错了？请你来重写一个。（生板书）

师：字写得多好啊，很佩服你们写的字。注意“帽”（师板书）右上部分，再宽一点，里面的两横，谁都不靠。知道这个字念什么吗？

生：曰（yuē）。

师：不是曰，也不是日，因为这两横是不靠的，这个字念冃（mào）。最早，这个“帽”字是象形字（画帽子）；后来加个目，因为帽子戴在眼睛上面，成了会意字；后来为什么加“巾字旁”呢？古人好扎头巾，最早“帽”专指头上的头巾，再后来一演变，所有的帽子都用这个字来表示了。“帽”和“冒”的本义都没有了，“冃”更可怜，被人遗忘了，连个独体字都不是了，只是一个部首了。这个字有意思吧？每一个汉字都是一个故事，不仅“帽”这样写，还有我们上学期学的课文《少年王冕》的“冕”字上面要写成“冃”，冕就是帽子的意思，卫冕冠军，也是这个冕。

[评：教写字教出文化来了！每个汉字都是一个故事！一个有学养的教师，会给学生多少知识，多少启迪啊！这样教，学生能不喜欢语文吗？能说语文没有人文性吗？汉字本身就是文化，教扎实了，就有人文性。]

师：我们再来看看其他同学听写的字。谁愿意展示一下？（生展示）“帽”字写得非常好，“韭”写得有点夸张，（板书）竖要高一点，横要虚一点。写“抛”的时候要注意，不要写太扁了，跟着我写。（师在黑板上范写，生书空）

[评：诚如袁微子先生所说：“示范就是指导。”]

师：看来预习得不错，字都会默写了。请打开书，让我们再次走进《祖父的园子》，请同学们默读全文，你走进祖父的园子，你看到了什么？（生默读）

生：我看到了蜜蜂，蝴蝶，蜻蜓，蚂蚱。

师：不错，越说越自然，把你看到的写在黑板上。

生：我看到了狗尾草、谷子、韭菜还有野草。

师：把你看到的写在黑板上。

生：我看到了白蝴蝶、黄蝴蝶和大红蝴蝶，还有倭瓜、玉米。

师：你把“倭瓜、玉米”写到黑板上去。谁要补充？

生：我看到了虫子。

师：把“虫子”写到黑板上。

生：我看到了小鸟。

生：我看到了韭菜、树。

（生板书）

生：我还看到了文中的“我”和祖父。

师：请把祖父和“我”写在黑板上。写“我”的时候要加一个什么标点符号？

生：引号。

师：为什么要加引号？

生：如果不加引号就代表真实的我。

［评：绝妙的引导！这就是教师的作用。］

师：他们在做什么呀？

生：种菜、浇水、铲地。

师：请把这三个词语写到黑板上去。

师：（对在黑板上写的学生说）你们写的字，就像书法展览，“谷穗”写得特别好，这个同学好像练过魏碑。现在于老师要提问题了，你走进了祖父的园子都看见了什么？聪明的学生一定不会把黑板上的词语念一遍，用几个词就概括了，（对一生说）先告诉我你准备用几个词，小声一点，别叫人听见（生耳语），不够，没概括了。（对另一生说）你告诉我（生耳语），好，你来说说看。

生：我走进祖父的园子看到了许多动物、植物和人物。

师：人物就两个。应该说看到了许多动物、植物和两个人物。还有——

生：还有他们做的事情。

师：好，这样看来，用四个词语概括，当你走进祖父的园子你看到了——

生：我看到了许多动物、植物还有两个人，以及他们做的事。

师：你们看，要想把问题回答得正确、全面，不是那么容易的。今后你们回答任何一个问题都要想好再说，谁把刚才的话重复一遍？

生：我走进了祖父的园子看到了动物、植物、人物和他们做的事情。

师：你的回答非常完美，这叫会说。不但会说，而且会概括。更聪明的同学用两个字就可以概括出来。你走进了祖父的园子看见了什么？

生：我看到了园子里的许多事物。

师：同学们注意，一切东西都可以用这两个字概括：事物。谁站起来跟我对话？我要求先概况后具体地说，请你告诉我，你走进园子看见了什么？

生：我看到了许多事物。

师：有哪些事物？

生：有植物、动物、两个人和他们做的事情。

师：你走进祖父的园子看到了哪些动物？

生：我看到了蝴蝶、蜻蜓、蜜蜂、蚂蚱、小鸟、小虫……

师：聪明的同学不会说这么多的，多累呀！说上三四个，加上一个什么字就可以了？

［评：又一个绝妙的引导！于老师是“明”师。］

生：我看到了蜜蜂、蝴蝶、蜻蜓等。

师：对了。换一个人。谁站起来继续和我对话？我要求先概括后具体啊。——（对另一生）你走进祖父的园子看到了什么？

生：我看到了许多事物。

师：有哪些事物？

生：有动物、植物、人物和他们做的事情。

师：你看到了哪些植物？

生：我看到了韭菜、野草、谷穗和狗尾草等。

［评：这一环节精彩之极！书，学生自己读；板书，学生自己写；然后学生自己去说，去概括。学生的自主地位，得到充分体现。这一环节，既训练了表达，又训练了思维，具有很高的教学价值。］

师：这叫聪明！小朋友们要学会说话，一定要根据对方的提问来回答，要想说好话，必须多读书，练自己的胆量，尽量克服自己的语病。不过这位同学说得有一点不对。谁听出来了？（一生说：“谷穗”不是植物，是“谷子”的一部分。师给予肯定。）下面请大家再次默读全文，刚才是用眼睛看的，这次用心去看，透过这些事物你又看到了什么？文字的背后究竟想告诉我们什么？如果你用心读到了，就用笔写下来，可以是一个词，也可以是一句话。但是我告诉你们，绝不是一个词能概括得了的，作者要告诉我们的东西很多。（生默读后交流）

生：祖父很勤劳。

师：把“勤劳”写在黑板上。（生板书）

生：祖父很疼爱文中的“我”。

师：把“疼爱”写上。（生板书）

生：祖父非常有耐心。

师：还有比耐心更确切的词吗？

生：祖父很亲切。

师：还有比亲切更准确的词吗？

生：我觉得祖父很宽容。

师：你能读出“宽容”二字，很了不起！把“宽容”写上（生板书），还看到了作者的什么吗？

生：我读出了文中的“我”很调皮，天真可爱，和祖父在一起时很快乐，很自由。

师：你把“自由”“天真”写上。（生板书）

生：我看到了园子里生机勃勃。

师：把“生机勃勃”写上。（生板书）

生：我觉得祖父很慈祥。

师：把“慈祥”写上。（生板书）

生：我觉得园子里的动物、植物都是无拘无束的。

师：把“无拘无束”写上。（生板书）

生：我觉得文中的“我”很调皮，很有趣。

师：把“调皮、有趣”写上。（生板书）

生：我觉得文中的“我”自由自在，无拘无束。

师：把“自由自在”写上去。（生板书）

师：大家看黑板，同学们在课文中看到作者很天真，很调皮，自由自在，无拘无束，祖父很慈祥、很宽容、很疼爱她，看到了园子里生机勃勃，这正是作者要告诉我们的。这些，书上没直接写出来，完全是我们用心思考得来的，这是最重要的阅读，不但要看到字面的东西，还要思考字面背后的意思，因此要用两只眼睛看书，一只眼睛看到纸面上的文字，另一只眼睛看到纸的背后。刚上课的时候，有一位同学提了一个很有意思的问题，说祖父——

生：“我”在园子里非常调皮，甚至瞎闹，祖父为什么不批评“我”？

师：你现在明白了没？

生：明白了，祖父非常疼爱“我”，很宽容“我”。

师：祖父是一个慈祥、宽容的人。尽管作者做了很多错事，祖父不怪她，因为她是孩子。如果没有祖父的宽容，哪来作者的自由自在啊！正因为“我”自由自在，无拘无束，她才感到园子里的动物也好，植物也好，都是自由自在的，无拘无束的！看黑板（圈出“有趣”和“天真”），这是两个关键词，这篇课文写得最成功、最感动人的地方是作者写她的童真童趣，一个“真”，一个“趣”。读了这篇课文，有哪件事你觉得最有趣？就把那件事读一读，等一会儿我们交流，看能不能通过你的朗读把童真童趣表达出来。（生读课文）

师：你喜欢哪件事？先告诉我，是铲地，还是浇菜，还是别的？

［评：这一环节更精彩。如果说第一次读懂的是文章字面的意思，那么，第二次读则读懂了文字背后的意思。这一切源于教师的深度思考和对语文教育目标的理解。这是真正有效的课堂。于永正先生是当之无愧的小学语文教育大师！］

生：我喜欢铲地那件事儿。

师：在这篇课文中，铲地很有意思，而且写得比较具体。谁愿意站起来朗读？你们推荐一位朗读最好的女同学吧。

生：王莫菲。

师：好的，大家洗耳恭听，看她读得怎么样。（生读）

师：读得果然不错！不过，在读人物对话的时候还要注意他们不同的语气。下面请大家听于老师怎么读，看能不能读得有趣，请观察我读书时的表情。（师读得有声有色，读完生鼓掌）

师：同学们要读出我和祖父说话不同的语气。祖父很慈祥，很宽容，很疼爱作者，这样的祖父说话时的语气怎样？表情怎样？“我”很天真，很调皮，说话又是什么语气？什么表情？练一练。（生兴致勃勃地练读）

师：还得请刚才那位同学到前面来，这次单读他们的对话，注意表情啊。（生读，师适时指导，生读得大有进步）

师：咱俩对话好不好？我读祖父的话，你读小姑娘的话。（师生对读，生鼓掌）

师：现在你读祖父的话，我读小孩的话，看我读得像不像？（师生对读，生鼓掌）

［评：这样的师生对读近乎游戏。儿童的生活方式是什么？是游戏。这

种游戏式的教学也是于老师的一大特色。游戏即教学，教学即游戏，其效果不言而喻。歌德说："高兴学来的东西永远不会忘。"用孩子喜欢的方式学习，不仅带来了学习的快乐，也提高了教学效率。]

师：亲爱的同学们，以后不管是哪篇课文，一定要把它读好。下面有一个非常重要的作业需要大家来完成。这篇课文充满了童真童趣，给我们留下了深刻的印象。在当代作家中，写童真童趣很少有人能超过萧红。作者是怎样写铲地这件事的？你读到哪个地方觉得最有趣？

生：就是"我"把狗尾巴当作谷子；错了，还不认账！

师：首先要选一件有趣的事，把狗尾草当作谷子，这是多有趣的事。在写事的过程当中，能引起我们笑的又是什么？

生：是祖父和作者的对话。

师：最有趣的是对话！我们写童年的趣事，第一要把事情选好，这事可以很小，你看作者写睡觉，玩累了，找个阴凉的地方就睡着了，不用枕头，不用席子，就睡着了，多有趣。第二，在写的过程中，千万不要忘记写人物的对话，好多趣味是在对话里面体现出来的，记住了吗？还有几个细节，能充分体现祖父的慈祥和对"我"的疼爱。画出有关词语，读一读。

（生画出"拔"、"大笑"、"慢慢地把我叫过去"，师引导学生从中体会祖父的疼爱、宽容。生又画出"跑""抛"等词语，师引导学生从中体会作者的天真。）

师：请迅速回忆一下，从你记事那一天起，你做过哪些有趣的事情？

师：打开作文本，第一行空出来，等事写完了再写题目。写一件你的童年趣事，你觉得好玩就行了，时间10分钟。于老师也写了两件趣事，一件写我自己小时候的事，还有一件写我三岁半小孙女的趣事。一会儿咱们交流，看谁写的事能让人哈哈大笑，咱们比赛好不好？

师：（巡视）这件事可长可短，你看作者写浇菜，就几句话。当然也可以写长，像铲地，就写得比较长。（对一生："'我小时候发生了许多趣事，这是其中一件'，这句话可有可无，删掉，直接入题。"对另一生："'我小时候很好玩的，有一次'，这样入题就对了。"）

师：写好的同学反复念几遍，同位互相读一读。别忘了写好细节和对话。

[评：千万不要忽略于老师这些教学细节！这些细节告诉我们，什么叫

真教。]

师：谁写得最有趣？推荐三个。（有三个学生到讲台前读）

生1：（读）有一次我起床很晚。眼看就要到上课时间了。吃了几口饭，我急急忙忙背上书包就要走。正要出门，妈妈问我："水杯带了吗？"我连忙停住："没带。""红领巾呢？""也没带。"我忙把书包甩下，去拿红领巾和水杯。这时，妈妈突然说："七点五十啦！"我听到这话，背上书包，砰地一声，我破门而出。（师插话：用脚踢的？可见多急！笑声。）出了门，突然遇到了老朋友，他笑着问我："你好像少带了点东西吧？"我一摸脸上，哎呀，眼镜忘戴了！我尴尬极了，又连忙跑回了家……

师：结果？

生：迟到了。（笑声）

师：你看你，起晚了，你什么事都耽误了，有句话叫"早起三光，晚起三慌"。早起什么事儿都做完了。晚起什么事儿都慌。包括没戴眼镜。然后就迟到了。（笑声）起什么题目？

师：叫"晚起三慌"，好不好？

生：（笑）很好。

师：这个"三"是个虚指啊。不一定是三慌。表示慌得很。

[评：幽默是于老师教学的一大特点。幽默让课堂氛围变得轻松，让学习的效率更高，让学生更喜欢老师。]

生2：（读）有一次，奶奶对我说："到地里帮我采几个蒜吧？"我拿着铲子，来到地里，对着一棵小苗就挖了起来。可挖出来，（师插话：加个"一看"。）什么也没有。我又挖了几棵，还是什么也没有。这时奶奶来了，她问我："你在干什么？动作怎么这么慢呀？"我说："挖蒜呀。"奶奶听了哈哈大笑起来，（师插话："听了"改成"一看"。）说："你挖的不是蒜，是韭菜。"我听了奇怪地问："哪个是蒜？"奶奶指了指我后边一排的小苗说："那个才是蒜。"我一脸疑惑地问奶奶："我觉得这两个都长得差不多呀！"奶奶走过来耐心地说："你看看，韭菜的叶子长得比较窄，而蒜的叶子比较宽。再说了，蒜苗挖出来是有蒜头的。"我听了连连点头，对着蒜挖了起来。果然，我不一会儿就挖出了很多蒜。我对旁边的韭菜说："你再装蒜，我也不会上你的当了！"（笑声）

师：最后一句话有趣！所以大家一定要写好对话。（略去对其他两位学生习作的讲评）

［评：读写结合是学语文的基本规律。于永正老师是读写结合的教学高手。］

师：刚才四位同学的习作都有趣，大家听了都乐了。想不想看于老师写的？

生：想！

（大屏幕出示）

幻灯片一

**“礼　物”**

这是发生在小学四年级的事。

我的同桌叫蔡华。女的。她人倒是挺好，就是爱管我。上课偷看小人书，管我；和别人说话，管我；偷看画画，也管我。我稍有不满，她就威胁我：“不听话，告老师去。”

我心想，得治她。

一天，早自习，我送给她一个小盒子，悄悄地说：“这是我送你的礼物，请收下。”

她接过去问：“里面装的什么礼物？”

“小小的礼物，现在千万不要打开。”

她说：“越不让我开，我越得开。”她打开盒子，里面有个小纸包，她把小纸包打开，里面还是一个小纸包，她再把小纸包打开，里面还是一个小纸包。

我赶紧说：“最后一个小纸包别打开了，再打开，礼物就要跑了。”

她越发要打开。最后一个小纸包一打开，她吓得尖叫一声，把纸包扔在地上，大声骂道：“你这个大坏蛋，你别叫于永正，你叫于永歪算了！”

原来纸包里包的是一条毛毛虫！

（生大笑，有一生说：“于老师好坏哟！”）

师：我还写了一件我孙女的事。（大屏幕出示）

幻灯片二

**欢 欢**

欢欢是我的小孙女。三岁半了。

一天早上，她拿着我的剃须刀对我说："爷爷，剃须刀饿了。"

"是吗？"我笑了，"那喂它什么呀？"

"喂胡子呀，它把您的胡子吃到肚子里就不饿了。"

说着，她推了一下开关，剃须刀立刻叫了起来。她认真地说："看，它饿了吧，肚子咕咕叫了吧！"

我刮完胡子，欢欢抢过剃须刀放在嘴巴下面，来回蹭着，说："它还没吃饱呢，我再喂它一点。"

我哈哈大笑，说："小心，别刮破了皮。"

（生笑）

[评：我曾经对于老师说过，你要不做小学语文老师，一定会成为一位作家。读了于老师写的下水文，读过他写的《教海漫记》的人一定会有同感。叶老说过：教师善读善写，学生方能善读善写。于老师的优美的下水文，不但是学生的范文，学生从中能学到很多东西，而且会大大激发学生的写作兴趣。师生共写，也是对话教学在作文教学中的体现。]

师：有趣儿吗？这是我小孙女儿刮胡子的照片。（课件出示照片，生又笑）好玩吧？于老师是怎样写这两件小事的？先看《欢欢》这篇小文章，我刚才说了一句很重要的话，记住了吗？在事的选择上有趣儿，在写的过程中，要把对话写得有趣儿。因此，你们写作文的时候一定要学会写对话。在读课外书的时候，一定要注意作家是怎样写对话的。找时间修改一下，誊写到大作文本上，请你们的刘老师欣赏一下。

（下课）

## 总 评

读完于老师的《祖父的园子》实录，感慨良多。72 岁的老教师，能与时俱进，还是那么睿智，那么活泼，那么幽默，反应还是那么快，难得！于老师不愧为教学大师！读他的语文教学实录，就像读散文，悠然，轻松，感动，喜悦；又像吃大餐，每课有每课的味道，每课有每课的特色；又像游览风景，移步换景，有青山，有绿水，有碧树，有鲜花，有飞禽，有走兽……令人目不暇接，回味无穷。

于老师的课，是真正的语文课，最能体现学习语文规律的课。看于老师的课，最让我感动的是他的亲和力。课堂上，他完全和学生融为一体，在他的课上，学生没有紧张，没有害怕，心灵是完全自由的。微笑是于老师的名片。有了很高的语文素养，有了对语文教学规律的把握，有了对教材的准确解读，有了对学生的尊重和关爱，教学焉有不成功之理！

由于身体不好，我自 2005 年便告别了讲坛。为此，心里一直很痛苦。读了于老师的实录，心里又涌动起来——要是能再走上讲台，和老师们共同战斗，那该多好哇！真的，有时做梦都在上课！

愿于老师语文教学之树常青！

# 27.《爱如茉莉》教学实录和评析

## 爱如茉莉

那是一个飘浮着橘黄色光影的美丽黄昏，我从一本缠绵悱恻、荡气回肠的爱情小说中抬起酸胀的眼睛，不禁对着一旁修剪茉莉花枝的母亲冲口说："妈妈，你爱爸爸吗?"妈妈先是一愣，继而微红了脸，嗔怪道："死丫头，问些什么莫名其妙的问题!"我见从妈妈口中诱不出什么秘密，便改变了问话的方式：

"妈，那你说真爱像什么?"妈妈寻思了一会儿，随手指着那株平淡无奇的茉莉花，说："就像茉莉吧。"

我差点笑出声来，但一看到妈妈一本正经的眼睛，赶忙把很是轻视的一句话"这也叫爱"咽了回去。

此后不久，在爸爸出差归来的前一个晚上，妈妈得急病住进了医院。第二天早晨，妈妈用虚弱的声音对我说："映儿，本来我答应你爸爸今天包饺子给他吃，现在看来不行了，你呆会儿就买点现成的饺子煮给你爸吃。记住，要等他吃完了再告诉他我进了医院，不然他会吃不下肚的。"然而爸爸没有吃我买的饺子，也没听我花尽心思编的谎话，他直奔到医院。此后，他每天都去医院。

一个清新的早晨，我按照爸爸特别的叮嘱，剪了一大把茉莉花带到医院去。当我推开病房的门，不禁被跳入眼帘的情景惊住了：妈妈睡在床上，嘴角挂着恬静的微笑；爸爸坐在床前的椅子上，一只手紧握着妈妈的手，头伏在床沿边睡着了，初升的阳光从窗外悄悄地探了进来。轻轻柔柔地笼罩着他们。一切都是那么静谧美好，一切都浸润在生命的芬芳与光泽里。似乎是我惊醒了爸爸。他睡眼蒙眬地抬起头，轻轻放下妈妈的手，然后蹑手蹑脚地走到门边，把我拉了出去。

望着爸爸憔悴的脸和布满血丝的眼睛，我不禁心疼地问：

"爸，你怎么不在陪床上睡?"

爸爸边打哈欠边说："我夜里睡得沉，你妈妈有事又不肯叫醒我。这样睡，她一动我就惊醒了。"

爸爸去买早点，我悄悄溜进病房，把一大束茉莉花松松散散地插进空罐头瓶里，一股清香顿时弥漫开来。我开心地想：妈妈在这花香中欣欣然睁开双眼该多有诗意啊，转念又笑自己简直已是不可救药的"耍"浪漫。笑着回头，却触到妈妈一双清醒含笑的眸子：

"映儿，来帮我揉揉胳膊和腿。"

"妈，你怎么啦？"我好生奇怪。

"你爸爸伏到床边睡着了。我怕惊动他不敢动。不知不觉，手脚都麻木了。"

这么简简单单、平平淡淡的一句话，却使我静静地流下泪来。泪眼蒙眬中，那丛丛簇簇的茉莉更加洁白纯净。它送来缕缕幽香，袅袅娜娜地钻到我们的心中，而且萦萦不去。

哦，爱如茉莉，爱如茉莉。

班级：河南省信阳市第三小学六年级（3）班

时间：2011 年 7 月

评析：天津市南开小学　靳家彦（特级教师）

## 第一节

师：同学们，放假了，还来上课，心里有什么想法？

生：又可以见到同学了，我很高兴。

师：你有情有义。

生：上您的课，可以学到很多知识，我很高兴。

师：怎么上我的课就可以学到很多知识？

生：因为班主任老师说，您是全国有名的特级教师。

师：谢谢！但愿不让你失望。——我姓于，叫于永正，来自江苏省徐州市。见到我，印象怎么样？

生：您白发苍苍，肯定有丰富的教学经验。

师：你把头发染白，是不是马上就有丰富的教学经验了？（笑声）

生：听您的话语，可以看出您和蔼可亲，爱学生。（众赞叹）

师：大热天来上课，有没有不情愿的？——笑而不答的学生，大概有些不情愿，是吧？

生：（齐声）都情愿！

师：嘴巴没动的，肯定有些不情愿。（笑声）如果我是学生，让我假期来上课，我就不情愿。（笑声）不管怎么说，既然来了，就安心上吧！

[评：这一段沟通贴近了师生间情感的距离，“亲其师而信其道”，为正式授课打下了良好的基础。异地授课，这些铺垫不仅是必要的，也是必需的。]

（师板书课题《爱如茉莉》）

师：请齐读课题，齐读时声音要低。（生齐读）

师：检查一下预习情况。（板书“嗔怪”，生齐读）

师：请读读1、2段。读完这两段，“嗔怪”的意思就懂了。（生自由读后默读）谁读懂了？“嗔”什么意思？（无生举手）

师：预习时有没有查字典的？（无生举手）

师：大家默读1、2自然段，猜猜“嗔怪”什么意思。

（生默读）

生：“生气”的意思。

师：是的。嗔，就是“生气”的意思。嗔怪，就是妈妈对女儿的问话表示不满，生气。谁读妈妈说的话？看看能不能读出妈妈嗔怪的语气。（指名读，生越读越好）

师：这个“嗔怪”很有意思，是生气、不满，但又有点不是十分的、真的生气。你们看，它就不能用在敌人身上。对不对？我们的汉语真是太有意思了。

[评：结合上下文，在读中理解词语的意思和用法，并不要求死记硬背词语解释。这是在“字求其训，句索其旨”。]

（师又板书“眸子”，一生读这个词语所在句子）

师：“眸子”什么意思？

生：眼睛。

师：对，作者“触到了妈妈一双清醒含笑的眸子”，就是目光碰到了妈妈的眼睛。（师在“眸”下加一个点）眸的本义是什么？

生：是不是黑眼球？

师：（笑着说）离“眸”不远了。

生：是不是瞳孔？

师：是的。瞳孔也叫瞳仁。你们知道是哪个 rén 吗？

生：单人旁，加个“二”。

师：（板书“仁”）对。“仁”还可以写成哪个字？读书多的人，肯定知道。

生：还可以写成一撇一捺的“人”字。

师：不错！（板书“人”）为什么人们又把“仁”字写成“人”字呢？有没有知道的？（师请两位女生走到讲台前，让她们对视，看看对方瞳孔里有什么）

女生 1：她瞳孔里有个人。

师：谁？

女生 1：我。

师：（对另一女生）在她的瞳孔里你看到了谁？

女生 2：也看到了我。

师：你们二位都是人，对吧？（两女生和全班学生笑了）因为瞳孔能照出人影来，所以人们又把它（指黑板上的“人”字）写作“瞳人”。

[评：这个“瞳仁”和“瞳人”，引导得何其深刻！]

师：谁能用“眸”组词？

生：凝眸远望。（师表演“凝眸远望”，众笑）

生：明眸皓齿。

师：是说人的眼睛明亮有神，牙齿洁白发光。（说完，把眼睛睁大，露出牙齿的动作。众笑。）

生：回眸一笑。

师：这个词语出自哪里？

生：《长恨歌》。

师：诗中怎么写的？

生：“回眸一笑百媚生”。

师：下一句呢？

生：……

师：“六宫粉黛无颜色”。对不？

师：（笑着说）“回眸一笑百媚生”，这个词是形容杨贵妃的，所以它只能用在女孩子、姑娘身上，不能用在我身上，也不能用在你们男生身上。（众笑）

（请一女生上台表演“回眸一笑”，师又示范，很传神。众大笑。）

师：（笑着对男生说）我是在学女孩子的，可别用在我身上呀！（众笑）

［评：课上有情有趣，情趣盎然。于老师倡导的“五重教学”，头一条就是“重情趣”！］

（师板书“袅袅”。生齐读后，请一生读这个词所在的句子。）

师：在本课中“袅袅”是什么意思？请读书，联系上下文理解。（生读）

生：慢慢地上升。

师：（皱眉）不对，请坐。书上有一个词对它做了注释，找找看。

生：弥漫。

师：对，这里的“袅袅”，是形容茉莉花的香味四处扩散。在不同的语境里，“袅袅”的意思是不一样的。听我说一个词语：“袅袅婷婷”。这里“袅袅”是形容什么的？

生：形容女孩子姿势优美。（师表演女孩走路，惟妙惟肖。演后，又请一女生表演，也很美。）

师：“袅袅婷婷”是形容女孩子走路特别好看，姿态轻盈优美。还有“余音袅袅”、“垂柳袅袅”它们的意思都不一样。感兴趣，自己去查查词典。——同学们，学习来不得半点马虎，遇到生字，不但要查字典，读准字音，还得弄明白它的意思。下面我想了解一下读课文的情况。

（一生有感情地朗读第1段。师奖励她再读下去，一直读到第4段。）

师：我最欣赏她的语气，很自然，就像说话那么自然，听了很舒服。

（师请另一生读第5段，语气较平淡。师让该生重读“赶忙把很是轻视的一句话‘这也叫爱’咽了回去”这句话。）

师：引号里的话要读得实在一些，听我读。

（师读完，全班学生齐读）

师：请同学读第6、7段。（一生有感情地朗读）

师：这两段话感情真挚，动人心弦。这位同学体会得好，读得也好。再请个同学读第8段。（一生有感情地朗读第8段）“奔”，这里读“bèn”，因为有明确的目的地。（生继续读，直到读完。师随机予以评价。）

师：同学们，我认真听了你们的朗读。你们的优点我都听出来了，不足我也听出来了。希望你们像我听你们朗读一样，注意听我读，看我读得怎样，哪些地方值得你学习。

（师有感情地朗读全文后，全场热烈鼓掌）

师：认真练习一遍。我相信，你们一定读得比我好。

［评：示范与鼓励都是为了调动学生参与。］

（生练读，师巡视，时而耳语，时而蹲下倾听）

师：有的同学读完第一遍，又读第二遍，这叫自觉。现在我再次请同学读1、2、3、4段。

（一女生读，读得不错）

师：读得较好，只是读母女二人的对话，语气还欠缺一些。大家把妈妈，女儿说的话练一练，背下来更好，等会儿我请同学上来分角色朗读。

（全班有感情读对话）

师：谁愿意到前边来和我分角色读？（见举手学生稀少，笑着说）怎么不举手？不举手我就浑身冒汗了。请刚才对我“回眸一笑”女孩上台。（女生笑眯眯走上台，师生分角色朗读：师读妈妈的话，生读女儿说的话；然后，师读女儿的话，生读妈妈说的话。师生二人读得声情并茂，博得了一阵掌声。）

［评：师生同读也是示范带动的好方法。］

师：读好了对话，就读懂了人物的内心。再请一个学生读第7段，其余学生想，母亲说的话，该用什么语气读？（一女生大声地、有感情地读母亲说的话）

师：你呀，可以出院了。（众笑）我为什么说她可以出院了？谁知道？

生：她的声音大，不像住院的病人。（笑声）语气没有读好。

师：对呀！母亲是用什么样的声音说的？书上怎么交代的？

生：她是用虚弱的声音说的！

师：对呀！读书要细心呀！不要放过每一个字！大家都练习一下，都读读母亲说的话。再想想刚才我是怎样读的。（生自由练读）

［评：这是在教朗读，也是在教阅读。读得怎样，反映出理解和感悟的

深度。]

师：谁来试一试？（一女生有感情地有气无力地朗读）

师：你像重病在身的人了。你的确要住院治疗了。（生会心地笑了）

师：最难读的是作者走进病房那一幕，都练读一下，等会儿我找同学来读。（生练读）

师：谁愿意读？（一女生读，读得正确、流利）

师：这一段的第一句要读得实实在在，后面的声音放轻，速度放慢，为什么要放轻、放慢？

生：怕惊醒了他们。

师：对！病房里静谧美好，可不能破坏这种氛围呀！（师范读）

师：声音千万不要大，千万不要惊醒他们，自己试，自己体会。（全班学生练读，语气轻，节奏慢）

[评：要从理解语言的角度指导朗读。理解是第一位的，技巧是第二位的。]

（师请一女生读这一段，读得很好，众生和在场老师热烈鼓掌）

师：这一段写得最精彩。“爸爸坐在床前的椅子上，一只手紧握着妈妈的手，头伏在床沿边睡着了”，连初升的阳光都感动了，阳光，所有的生命都有了情感；“初升的阳光从窗外悄悄地探了进来。轻轻柔柔地笼罩着他们。一切都是那么静谧美好，一切都浸润在生命的芬芳与光泽里。”这是写景，写景的目的是什么？

生：衬托。

师：作者把阳光当作人，阳光都感动了，我们读了，就更加感动！对两位老人的互相关爱更加敬佩。

[评：读中有写，写中有读，读写指导，融为一体。]

## 第二节

师：“爱如茉莉”中“爱”指谁和谁的爱？

生：爸爸和妈妈的爱。

师：课文已经读懂了一半。为什么说“爱如茉莉”呢？茉莉有什么特点呢？请大家默读课文，把所有写茉莉特点的词语做上记号。——不动笔墨不读书。

（生默读）

师：默读要专心，需要思考的地方，可以停下来。

［评：读书要动口、动脑，也要动手。“画、批、注”曾经是阅读教学的重要手段，今天也仍不失为一种锻炼学生阅读能力的好方法。］

师：谁来说说描写茉莉特点的词语？要按课文的顺序说。我找个不举手的，不举手的不代表没画。（请一个不举手的学生发言）

生：（读）妈妈寻思了一会儿，随手指着那株平淡无奇的茉莉花，说：就像茉莉吧。

师：这句话中，哪个词语要圈出来？

生：平淡无奇。（师板书“平淡无奇”）

（全班学生齐读这句话）

师：茉莉花的确平淡无奇，花朵不大，而且都是白色的，很不起眼。还画了哪些写茉莉的词语？

生：缕缕幽香。（板书：“缕缕幽香”）

（生齐读词语）

师：还画有哪些词语？

生：洁白纯净。（板书：“洁白纯净”）

（生齐读这两个词语所在的句子）

师：这是最重要的写茉莉花的词语。请大家再画出写爸爸妈妈相互关爱的有关词语和句子。（生认真默读并将相关句子画下来）

师：谁先来读？

生：（读）映儿，本来我答应你爸爸今天包饺子给他吃，现在看来不行了，你呆会儿就买点现成的饺子煮给你爸吃。记住，要等他吃完了再告诉他我进了医院，不然他会吃不下去的。（师板书：买，吃完）

师：还有呢！接着读下去。

生：（接读）然而爸爸没有吃我买的饺子，也没听我花尽心思编的谎话，他直奔医院。此后，他每天都去医院。（板书：没，没，直奔）

师：看（师指板书的词语），爸爸和妈妈相互的关爱，就是一句句平淡无奇的话，一件件微乎其微的事，的确就像平淡无奇的茉莉花那样，却感人至深！

师：再看女儿清早来到医院，看到的最感人的一幕。你看看哪些词最能表现出爸爸对妈妈的关爱，并建议老师写在黑板上？把你建议板书的词语圈下来。（生圈画）

生：“爸爸坐在床前的椅子上，一只手紧握着妈妈的手，头伏在床沿边睡着了，初升的阳光从窗外悄悄地探了进来。”这句话中，“坐、握、伏”是关键词语。（板书：坐　握　扶）

师：（高兴地对这位女生说）我早就发现你很厉害！你很会读书，很会抓关键词语！“坐、握、伏”，就这么三个动作，多么感人啊！爸爸对妈妈的关爱，就是一个不起眼的一个“坐”字，一个不起眼的“握”字，一个不起眼的“伏”字！父母之间的爱就像茉莉般平淡无奇，所以作者说，爱如茉莉！（生齐读课题“爱如茉莉”）

师：妈妈睡着了吗？说了些什么？（一生有感情地朗读最后一部分）

（板书：怕　麻木）

师：你想着我，我想着你；你关心着我，我关心着你。爱，就这样悄悄地传递着，无声无息地传递着，就是那么淡淡的，但却感人至深。所以作者说（指课题）——

生：（齐声）爱如茉莉！

[评：点睛之笔。紧扣题目，点明为什么用“爱如茉莉”作文章的标题。]

师：妈妈睡着了吗？妈妈什么时候醒的？

生：妈妈早就醒了。

师：从哪儿看出来的？

生：“妈妈躺在病床上，嘴角挂着恬静的微笑”，从妈妈的表情上可以看出妈妈早就醒了。

生：从“触到了妈妈清醒含笑的眸子”可以看出妈妈不是刚醒。

师：同学们，读书要细心呀！爸爸真睡得很沉吗？

生：不是。

生：从爸爸一双眼“布满血丝”，可以看出爸爸并没睡得沉。

师：“血丝”这个词确实说明爸爸没有睡好。还有哪些词？

生：从“爸爸边打哈欠边说”，也可以看出爸爸没睡好。

师：是啊，边走边打哈欠，一双眼睛布满血丝，爸爸对妈妈的关爱，就

在这字里行间。让我们齐读一下。（全班深情地朗读课文最后两段）

师：茉莉的清香飘进我们的心里。请“大将”出马读读这两段感人的文字。（师称班里朗读水平很高的女生为“大将”。该生读课文最后两段。听课老师为之赞叹。）

师：不仅父母之间，就是朋友之间、同学之间、母女、父子之间的互相关爱也如茉莉。同学们，当朋友遇到困难，帮助一下；当朋友受到挫折，对他微笑一下！生活中，最感人的往往是小事，是细节。我们读书、作文，也要关注小事，关注细节，写好细节。

［评：景物描写、动作描写和细节描写都结合具体语言加以指导。］

师：下面咱们写字。先观察“掬、欠、缕、幽”这四个字，边看边书空。再描红，请在课文上把这四个字描一遍（书上要求写的字是红色的）。然后“临帖”，每个字临写三遍。临帖要求“一看二写三对照，一个要比一个好”。（生临帖）

师：推荐四个小书法家，两男两女，到黑板上写这四个字。

（四生上台，每人写一个，其余学生在座位上临帖）

（评“掬”字）

师：第五笔横折钩起笔要低，在撇的下边起笔。里面第二横长，竖折、竖往里收。再临写一遍。（生临写“掬”）

（评“欠”字）

师：这个字稍微进行整容一下就好。（在学生写的欠字上修改）整容后有什么区别？

生：“横勾”动了。

师：“横勾”我没动，我动了第一笔“撇”。（众笑）第二笔横勾起笔要低，记住！

师：（范写“欠”）请把“欠”写一遍。（生临写）

（评“缕”字）

师：给这个字（指学生写的）稍微整整容。（众笑）第九笔小捺千万不要写大，女字的横要写长。（示范，书写“缕”）请临写一遍。（生认真临写）

（评“幽”字）

师：“幽”字上宽下窄。下面的竖折，竖向右收，最后一笔的竖向左收。（边说边示范）把“幽”写一遍。

（生临写）

师：字是人的第二张脸，第一张脸是爹妈给的，第二张脸是自己给的。同学们要写好字，读好书，作好文。马上要下课了。告诉我，你们喜欢于老师吗？喜欢哪一点？

生：喜欢您的慈祥。

生：喜欢您的幽默。

师：幽默是我的第一位助手。

生：您太有才了！（众大笑）这两节课我学到了很多东西，来得很值。谢谢您！

师：所以，你们一开始就说，很情愿来上课。

［评：呼应开头。］

生：于老师很亲切，像我们的朋友一样。（一片赞叹声）

师：我愿做你们的大朋友，老朋友。下次再见面就是老朋友了。（众笑）

师：感谢欧阳老师（该班班主任姓欧阳），你的学生很有教养，有很好的习惯，唯独字要好好练。回去动员人人买本字帖练字。字，是照着字帖练出来的！谢谢电教老师，您辛苦了！谢谢“陪读”的家长（那天有好多家长在听课），请提宝贵意见。谢谢同学们！

（下课）

## 总评

语文课程具有多重功能，涉及丰富的内容和许多方面的目标，而在课堂教学中教师往往只抓了一部分，而忽略了其他方面，脱离了核心的目标。例如，有些教师在阅读教学中，往往会脱离课文中相关的语言文字的运用情况，过度讨论、评析作品和作者的思想感情。

《爱如茉莉》一课的教学，突出体现了课堂的目标和内容聚焦于“语言文字运用”上，突出语文课的实践性和综合性。这节课的教学充分体现了于永正老师教学风格的独特性和创造性，教学手段异彩纷呈，教学目标和内容都紧紧围绕着一个核心，教学的种种举措和行为也都指向这个核心。这是一节不可多得的经典课堂！

# 28.《卜算子·咏梅》教学实录和评析

**卜算子·咏梅**

毛泽东

（读陆游咏梅词，反其意而用之）

风雨送春归，飞雪迎春到。已是悬崖百丈冰，犹有花枝俏。

俏也不争春，只把春来报。待到山花烂漫时，她在丛中笑。

**卜算子·咏梅**

［宋］陆游

驿外断桥边，寂寞开无主。已是黄昏独自愁，更著风和雨。

无意苦争春，一任群芳妒。零落成泥碾作尘，只有香如故。

班级：江苏省无锡市天一实验小学六年级（1）班

时间：2007 年秋

评析：天津市南开小学　靳家彦（特级教师）

师：谁愿意背一首古诗给于老师和同学们听？

（生背诵《早发白帝城》和《题临安邸》）

师：背得好，你们会背词吗？比如《如梦令》《念奴娇》《卜算子》。（板书：卜算子）

（生背诵陆游的《卜算子·咏梅》）

师：还有没有会背词的？

（生背诵苏轼的《水调歌头》）

师：原国家主席江泽民，在一次接见台湾代表团的时候，就背了这首词中的五句话。你猜猜江主席会背哪几句，哪几句最能表达大陆人民对台湾同胞的思念？

生：我觉得应该是这五句："人有悲欢离合，月有阴晴圆缺，此事古难全。但愿人长久，千里共婵娟。”

师：对了。在那个特定的情况下，这几句最能表达我们对亲人的思念之情。这就是古诗词永恒的魅力所在。引用古文、古诗的句子来表达自己的感情既儒雅，又有力，多么好哇！今天，我们来学习两首《卜算子》。一首是毛泽东写的，一首是陆游写的。“卜算子”是词牌名。

[评：把两首词放在一起对比着学，这是一个创造。]

师：请你来读第一首毛泽东写的《卜算子》前面的一句话。

生：(朗读) 读陆游咏梅词，反其意而用之。

师：今天这节课，如果你能把这句话读懂，这两首词的意思就领会了。(板书：反其意而用之) 请小朋友认认真真地读这两首词。学习古诗文，第一要凭借注释，好多古文古诗都有注释，它能帮助我们理解。请大家借助注释，先自己读，看能读懂多少，看看你对“反其意而用之”这句话能理解多少。先自己学，自己思考，不要急着讨论。先朗读，要求读得正确。

(生自由朗读，师巡视、指导。经检查，生都能正确地读出来。)

[评：先让学生借助注释自己学，看能读懂多少，在朗读中理解。读正确是第一位的要求。]

师：下面请同学们默读这两首词，默读的时候认真看看这两首词的注释，看看谁能通过注释读懂这两首词。“读书切忌太慌忙，涵泳工夫兴味长”，读书要静静地读，静静地思考。智慧在哪儿呢？智慧在宁静中，宁静以致远。如果这两首词的意思基本上读懂了，请你考虑这句话——“反其意而用之”的意思。“用”和“之”分别是什么意思？思考好了，在小组里交流一下，来个小组合作。(该班正好是分小组坐的)

(生读书、交流，师参与其中一个小组的讨论，继而让生默读，静下心来思考。)

[评：朱熹所谓“熟读精思”即引导学生掌握读书方法。于老师在这里融汇古人读书法之精髓，教会学生读文言诗词，可谓功力深厚。]

师：通过自己的思考，通过听别人的发言，理解了“用”和“之”的意思了吗？咱们一起讨论一下。

生：我认为，“用之”，就是毛主席也用“卜算子”的词牌，写的也是梅花。

生：毛泽东写的《卜算子》题目和陆游的相同，写的也都是梅花，可是两首词表达的意思不同。

师：他把“反其意而用之”这句话的意思大体上说出来了，同意他的说法吗？

生：同意！

师：毛泽东用陆游的词牌，词牌一样，写的东西一样，都是梅花，这就叫“用之”。能理解这个“用之”，多了不起！再看“反其意”的意思。刚才一位同学说了，毛主席的《咏梅》和陆游的《咏梅》意思怎么样？

生：相反。

[评：抓住“反其意而用之”的“用”和“反其意”这两个关键词，便掌握了比较两首词意蕴不同的钥匙。这种引导能起到四两拨千斤、点石成金的作用，关键在教师对教材钻研的深入和对学生学习规律的掌握。]

师：能看出这一点的同学更了不起！于老师再给大家出个难题，请大家再仔仔细细地读，认认真真地想：毛泽东写的和陆游写的《咏梅》有什么不同？这两位诗人笔下的梅花有什么不一样？要学会比较。

（生有的默读，有的小声读）

师：（插话）同学们要注意关键的词，关键的字、词、句子要画下来，做个记号，它会帮助你理解。经过自己的深思熟虑，在这个基础上，可以交流一下自己的看法。

（生小组讨论，师分别到其中的几个小组参与讨论）

[评：组织学生进行小组合作学习，互相启迪，师生平等交流，调动参与，充分体现了《课标》理念。]

师：毛泽东和陆游的《咏梅》到底有哪些地方不一样？先说陆游笔下的梅花怎么样。——现在，咱们“大组”——全班一起讨论。

生：陆游笔下的梅花有点凄惨。

师：凄惨。还有其他意见吗？

生：陆游笔下的梅花让人感觉悲哀、悲伤，因为没有人来欣赏它，正如朝廷里没有人欣赏陆游一样。

师：这个你从哪里知道的？

生：我从资料中找到的。

师：你很会学习。

生：我觉得陆游笔下的梅花比较孤独、悲观。

（师板书：孤独、悲观）

生：我从“驿外断桥”中，看到陆游笔下的梅花无依无靠。

师：“无依无靠”用得好，你很善于表达。

生：孤苦伶仃，无人欣赏。

师：驿站本来就很少有人住，它的旁边有座桥，这座桥还断了，就更无人去了，谁敢过断了的桥呀！梅花就长在断桥旁，无人问津，无人照顾，更无人欣赏。

生：如果把陆游笔下的梅花比作一个人的话，就好像一个要走向生命尽头的人一样，非常地悲观和孤独。

师：体会得多好啊！陆游笔下的梅花除了孤独和悲观之外，还有别的吗？思考的时候，眼睛不要离开书，读书思考。

生：陆游这首《咏梅》，是用凄苦抑郁的调子来写的，梅花虽然已经凋零了，但是它的香味仍然存在。

生：陆游笔下的梅花，受到了百花的妒忌，都来攻击它。“无意苦争春，一任群芳妒。”

生：都把它碾成泥了。

师：但它怎么样？

生：“只有香如故”！它还很香。

师：是的，表达了一种骨气，但是也表达了一种无奈。无奈中，自己还觉得怎么样？——尽管“群芳”攻击我，打击我，但是我决不和这些花同流合污，有人说这叫什么？

生：孤芳自赏。

师：（板书：孤芳自赏）这是一种傲骨，我同意大家的意见。人不可有傲气，但不能没有傲骨。特别是在敌人面前，在侮辱面前。——再看毛泽东笔下的梅花和陆游笔下的梅花有何不同。

[评：先领会陆游词的意思，与之对比，再体悟毛泽东笔下的《咏梅》，对照鲜明，相反相成，耐人寻味。]

生：毛泽东笔下的梅花，写的是梅花的勇敢和坚强。

师：（板书：坚强）你从哪儿看出来的？

生：从“已是悬崖百丈冰，犹有花枝俏”中看出来的。虽然春天已向我们走来，但还是冰天雪地的，梅花却迎着冰雪，不怕严寒。

生：从最后几句可以看出梅花的大方。

师：还有比“大方”更准确的词语吗？

生：大度。

师：（板书：大度）你们能理解到“大度”，很了不起。还有不同的理解吗？

生：我认为毛泽东笔下的梅花还有一种精神在里面。

师：什么精神？

生：默默无闻为别人奉献的精神。

师：（板书：奉献）他说的比“大度”更具体了，默默奉献，大家看于老师写这个“奉”字，“春字头”的一撇一捺要写得夸张一点。（边说边两臂展开做了一个伸展的动作）默默无私奉献。这个同学说得多好啊，到现在为止，还没有看到一个人理解为“奉献”的。还有不同意见吗？

生：我觉得毛泽东笔下的梅花十分地勇敢，有大无畏的精神。从“已是悬崖百丈冰，犹有花枝俏”这一句可以看出，那时天气十分寒冷，但是梅花依然开放得很俊俏。

师：面对着严寒，灿烂地开放，有一种无畏的精神。

生：我可以用两个成语来形容他笔下的梅花：毫不利己，专门利人。

师：（板书：毫不利己，专门利人）大家一起书空。这真是一种独特的见解。毛泽东笔下的梅花，是坚强的，是无畏的，是默默奉献的，是毫不利己、专门利人的。“俏也不争春，只把春来报”，它并不跟别的花争奇斗艳，而只是默默地告诉人们，春天来到了。

生：它不与别的花争名夺利。

师：是的，只是告诉人们，告诉其他的花：春天来了，让我们一起分享春天的温暖、春天的阳光。

生：我从“待到山花烂漫时，她在丛中笑”中看出，毛泽东好像把自己比成了那朵梅花，把山花比作自己的国家和人民，当自己的国家繁荣昌盛的时候，他就会在人民之中，十分地开心。

师：好的。说到我前面去了，不得了。（笑声）咱们通过自己的读和思，看出了这两位词人笔下的梅花的不同点。刚才于老师说了，读古诗文，第一，要借助注释；第二，有些古诗文还要知道作者写作的时代背景。（板书：写作背景）也就是说，作者在什么情况下写的这首诗、这首词、这篇文章。如果了解了作者的写作背景，那么对这两首词真正的寓意，也就理解得更清楚、

更明白了。下面来看介绍陆游情况的资料。（出示投影）

［评：先从字面理解两首词的意思，再从背景上领会两位诗人为什么会有如此不同的感受，虽同是“咏梅”，却咏出了截然不同的感受，探寻其中的深意，有助于学生进一步感悟。］

幻灯片一

陆游是南宋著名爱国主义诗人，坚决主张抗金。但他的北伐主张失败，皇帝不信任他，投降派打击他，他陷入孤立，感到悲凉寂寞，因作此词。

师：齐读一遍。

（生齐读）

师：陆游写了许多首咏梅的诗词，这是其中的一首。再看毛泽东是在什么情况下写这首词的。（出示投影）

幻灯片二

1961 年，我国连续三年遭到严重自然灾害，国家很困难；美国大肆反华，苏联也背信弃义，撤走援助中国的专家，逼中国还债，并攻击中国共产党要当国际共产主义的领袖。毛主席写这首词来鼓励全党同志。

师：大家一起读读。

（生齐读）

师：这就是两位诗人当时写《咏梅》的背景。了解了他们写作的背景，对这两首词的理解就会更深刻。大家说说这两首词究竟表达了什么样的思想感情。古人说过“诗言志”，诗是表达自己的思想感情的。先说陆游的。

生：表达了他在不受皇帝的信任，而且投降派也在排挤他的时候，不动摇，坚持自己的看法和孤芳自赏的精神。

师：孤芳自赏是当时情况下的一种无奈，正如你刚才说的，它不仅表达了一种无奈，而且表达了自己的一种骨气、一种傲骨，表明自己爱国的思想是永远不变的。陆游活了 85 岁高龄，他的绝命诗，大家会背吗？

（生齐背《示儿》）

师：陆游至死不忘国家的统一！将来国家统一了，别忘了到坟上告诉我一声！尽管皇帝不信任我，尽管投降派排挤我，打击我，但是，我不会和你们同流合污的！我的爱国情怀永远不变！“零落成泥碾作尘，只有香如故”！

（在师震撼人心的诵读中，生不禁也跟读起来）

师：大家再看，毛泽东在这个背景下写这首《咏梅》，想表达什么样的思想感情？

生：他想鼓励全党同志，不要害怕，要像梅花一样坚强无畏。

师：要敢于和一切困难做斗争。（板书：敢于斗争）毛泽东的性格是不屈服的。什么困难他也不怕，什么敌人他也不怕。明明美国很强大，他说：“美帝国主义和一切反动派都是纸老虎。”这就是毛泽东的性格。仅仅是不怕困难吗？仅仅是敢于斗争吗？你看，当时的苏联攻击中国共产党想当国际共产主义领袖。那毛泽东写这首词是什么意思呢？

生：大度。

生：这是一种胸怀。

师：什么胸怀？

生：宽广的胸怀。

师：对了。我们中国共产党人不是为了争当国际共产主义的领袖，我们一切为了人民，当自己的国家繁荣昌盛的时候，当我们的人民生活富裕了，我们就感到无比的欣慰。这就是毛泽东要表达的思想感情。“俏也不争春，只把春来报。待到山花烂漫时，她在丛中笑。”多么宽广的胸怀，这就是中国人民的胸怀。

［评：这个环节是全课的高潮，也是最难处理的部分。学生年龄小，对封建时代人们的思想意识和当时国际斗争的形势难以领会，这两段话的启迪诱导作用恰如其分，多了不行，少了也不行，这就要看教师对学生年龄特征和学习规律的把握了。］

师：通过今天这两首词的学习我们来简单归纳一下读古诗文的方法：第一，要反复诵读，读的时候要注意注释，它会帮助我们理解；第二，有些古诗文，要想真正理解它的意思还必须了解它的写作背景。“反其意而用之”，懂了吗？

生：懂了。

师：在这里，他们用的都是“卜算子”这个词牌，写的都是梅花，但是他们两个写的意思不一样，表达的思想、感情不一样！好了，下面我们来看谁能读出这两首词的不同感情。各人练习各人的。先读陆游的，再读毛泽东的。

（生自由练习朗读）

师：练得怎么样了？会背了吗？第一，要背下来，然后再站起来有感情地朗诵。会背的举手。

（生举手不多）

师：再背。给大家 10 分钟时间。

（生继续背诵）

[评：学古诗文必须熟读成诵，学习毛泽东诗词也应如此。]

师：谁能读出这两首词不同的思想感情？第一次大家可以看着书朗读，第二次要求不看书背诵。请你（指坐在前排的一男生）来帮我指定一个。

（师对该生说了一句悄悄话）

生：高欣。

师：请你先读陆游的。

（生朗诵陆游的《卜算子·咏梅》，读后掌声一片）

师：再读毛泽东的，要读出不同的感情。

（生朗诵毛泽东的《卜算子·咏梅》）

师：好。读出区别来了。谁愿意来背诵，而且到前面来和于老师比赛？（还找到那个男生说悄悄话）请你再推荐一个。

生：（微笑着）郭嘉。

师：请到前面来。能背吗？

（背诵两首《卜算子·咏梅》，在背诵陆游的词时，有一句话背错了，师及时进行了纠正。生背完后，大家报以热烈的掌声。）

师：该我背了，大家坐好。请看于老师的表情。

（师声情并茂地朗诵，两首词的感情迥异。读后赢得全场热烈的掌声。）

[评：这里着重说“看老师的表情”。旧《大纲》曾对朗读提出过“有表情地朗读”，后改为“正确、流利、有感情”。其实，“有感情”不只反映在声音上，人的面部表情是内心情感的集中外化，“看老师的表情”是于老师的一大创造！]

师：这边的四组同学把你最喜欢的毛泽东的词里面的句子写下来，那边的四组写陆游的。我也把我最喜欢的句子写下来，过一会儿送给大家。（生

认真地写）

师：（拿起一生写的）他喜欢的诗句是："俏也不争春，只把春来报。待到山花烂漫时，她在丛中笑。"多么宽广的胸怀啊。大家看，于老师把自己写的诗句展示给大家。（投影精心书写的硬笔书法作品，用楷书和行草誊写的毛泽东词和陆游词中的名句）我喜欢的毛泽东的名句也是："俏也不争春，只把春来报。待到山花烂漫时，她在丛中笑。"我喜欢的陆游的名句是用行草写的："无意苦争春，一任群芳妒。零落成泥碾作尘，只有香如故。"我喜欢陆游的傲骨和坚贞不屈的爱国主义情怀。我把这些作为礼物送给小朋友，希望小朋友把字写好。

（生互相传递复印的书法作品）

师：大家喜欢于老师的这幅字吗？

生：喜欢。

师：不仅要喜欢字，更要喜欢这名句中所表达的意思，喜欢这两首词。

（下课）

## 总评

会读、会讲、会背、会写，这些任务全部在课上完成了，这就是低负高效的课堂。学语文，教语文，没有那么多的花拳绣腿，实实在在地培养学生能读能写、能听能说的能力，发展他们的兴趣和创造力，就是最好的语文课。

我们永远不会忘记于永正老师当年讲《草》的经典课堂教学，那是一座中国小学语文教学史上难以逾越的里程碑。今天，这两首《咏梅》词的教学，又在我们面前树起了一座高峰。它创造性地将陆游和毛泽东的佳作放在一起进行教学，"不薄古人爱今人"，达到了一个令人惊叹的教学境界！

古诗文（含今人的文言）教学在小学语文教学中如何进行，如何得法，如何得当，于老师为我们树立了典范。

值得一提的是于老师的朗读功力和书法底蕴，不是一般的好，而是专业的艺术水准，这对那些依靠音响和电脑课件教语文的老师而言是一个光辉榜样。自己不敢读、不敢写，怕读不好、写不好，那还怎么教小学语文？我自己常常惭愧得无地自容！

# 后记

做老师的，要赢得学生的喜欢、尊重，把课上好是关键。因为学生在教室里度过的时光最多。学生评价一位老师，往往都先评价老师的课上得怎么样。所以我很重视上课，努力把课上好。虽然我不能担保把每节课都上得精彩，但每学期总要有让学生难忘的课，让学生在我的课上感受语文的魅力，从而让学生喜欢语文。

教学中，学生不但要获得语言以及书写、朗读、表达等能力，还要受到良好的情感陶冶，得到人生的启迪；课堂上，学生能感受到老师的人格、情操、学识、才华，体会到老师在教学过程中所体现的民主、平等、尊重、激励、负责等。这些方面，对学生的成长来说，更为重要。

有人说：课即人，课品即人品。我想，老师们在读我的教学实录时，一定会读出我这个“人”来的。是的，教学不仅仅是教学。

于永正

2013 年 10 月 10 日于徐州南湖花园

出版人　所广一
项目统筹　代周阳
责任编辑　代周阳
装帧设计　许　扬
责任校对　贾静芳
责任印制　叶小峰

**图书在版编目（CIP）数据**

于永正课堂教学实录.1，阅读教学卷 / 于永正著. —北京：教育科学出版社，2014.1（2024.5 重印）
（于永正教育文集）
ISBN 978－7－5041－8207－4

Ⅰ.①于…　Ⅱ.①于…　Ⅲ.①阅读课—课堂教学—教学研究—小学　Ⅳ.①G623.202

中国版本图书馆CIP数据核字（2014）第 001595 号

于永正教育文集
**于永正课堂教学实录Ⅰ（阅读教学卷）**
YU YONGZHENG KETANG JIAOXUE SHILU Ⅰ（YUEDU JIAOXUE JUAN）

| | | | |
|---|---|---|---|
| **出版发行** | 教育科学出版社 | | |
| **社　　址** | 北京·朝阳区安慧北里安园甲 9 号 | **邮　　编** | 100101 |
| **总编室电话** | 010－64981290 | **编辑部电话** | 010－64989422 |
| **出版部电话** | 010－64989487 | **市场部电话** | 010－64989009 |
| **传　　真** | 010－64891796 | **网　　址** | http://www.esph.com.cn |

| | | | |
|---|---|---|---|
| **经　　销** | 各地新华书店 | | |
| **印　　刷** | 运河（唐山）印务有限公司 | | |
| **开　　本** | 720 毫米 × 1020 毫米　1/16 | **版　　次** | 2014 年 2 月第 1 版 |
| **印　　张** | 21.75 | **印　　次** | 2024 年 5 月第 17 次印刷 |
| **字　　数** | 360 千 | **定　　价** | 68.00 元 |